大型科技企业媒介形象管理研究

崔俊铭　庞　静　著

天津社会科学院出版社

图书在版编目（CIP）数据

　　大型科技企业媒介形象管理研究 ／ 崔俊铭，庞静著.
天津 ：天津社会科学院出版社，2024. 10. -- ISBN 978-
7-5563-1040-1

　　Ⅰ. F272-05

中国国家版本馆 CIP 数据核字第 20247U7M83 号

大型科技企业媒介形象管理研究

大型科技企业媒介形象管理研究

DAXING KEJI QIYE MEIJIE XINGXIANG GUANLI YANJIU

选题策划：韩　鹏
责任编辑：王　丽
装帧设计：寒　露
出版发行：天津社会科学院出版社
地　　址：天津市南开区迎水道 7 号
邮　　编：300191
电　　话：（022）23360165
印　　刷：北京建宏印刷有限公司
开　　本：710×1000　　1/16
印　　张：17
字　　数：237 千字
版　　次：2024 年 10 月第 1 版　　2024 年 10 月第 1 次印刷
定　　价：98.00 元

前　言

　　如今是一个社会急速发展、科技日新月异的时代，人们获取信息和资讯的方式发生了根本性的转变，人们的生活方式也因此发生了巨大改变。在这一大环境中，大型科技企业对自身媒介形象的构建和管理也应当及时进行调整，以适应时代发展和企业未来的长远规划。

　　第一章绪论，主要阐明专著的选题意义，介绍了国内外相关研究的情况、研究的主要内容和研究框架、研究方法及理论基础。

　　第二章大型科技企业媒介形象管理相关概念解读，主要阐明媒介形象概念、大众传媒概念、媒介形象管理概念、大型科技企业概念，为下文做好明确的概念界定。

　　第三章大型科技企业媒介形象内容分析与表现，主要阐述了大型科技企业媒介形象的构成要素、表现特点、价值体现以及几种典型媒介传播方式的作用表现。

　　第四章媒介建构的大型科技企业形象呈现及其成因，其中包括大型科技企业在媒介中呈现的形象特征、媒介建构的大型科技企业形象类型等，阐释了企业形象呈现的效果及如何呈现，为企业形象的构建提供底层逻辑支撑。

　　第五章大型科技企业媒介形象发展情况及影响因素分析，主要分析了大众传媒下大型科技企业形象发展状况及大型科技企业海外传播力，研究了大众传媒的正面作用和负面作用，探索大型科技企业媒介形象构建的根本因素。

第六章大型科技企业媒介形象建构的报道框架分析，主要阐述了大型科技企业媒介形象报道的基本情况、内容分析和话语分析，以框架理论为理论基础，对企业形象建构进行框架层面分析。

第七章大型科技企业媒介形象的构建与传播，主要阐述了传播内容的多元化、传播符号的多义性、传播方式的生动化、传播效果的量化分析，点明企业形象构建和传播过程中应侧重的四个方面。

第八章大型科技企业媒介形象管理潜能分析，主要从公关机制、用户沟通机制、传播机制、媒介资源与传播内容、媒介形象识别体系五个方面展开分析，从中发现大型科技企业媒介形象管理过程中有待改善之处。

第九章大型科技企业媒介形象管理提升策略，针对上一章提出的五个方面，分别提出对应的提升策略，包括企业形象与媒介形象相结合，建立媒体公关常态化机制；媒体形象与用户感知价值相结合，建立用户网络沟通机制；新媒体端企业形象传播与大型科技企业新媒体传播机制的创新；媒介资源的整合与传播内容的丰富；建立规范的大型科技企业媒介形象识别体系。

第十章对专著所研究的相关问题及提出的提升策略进行归纳与总结，探索性地提出新的思路与想法，以期对大型科技企业及其他企业媒介形象的良好构建提供重要的理论与实践上的参考。

本专著内容丰富、结构严谨、层层递进、语言深入浅出，系统而全面地介绍了大型科技企业媒介形象管理的相关研究，希望能对大型科技企业媒介形象构建与管理相关专业及相关从业人士有一定的学习和参考价值。

目 录

第一章 绪 论

第一节 选题意义

本专著以大型科技企业媒介形象为研究对象，探究其在全媒体环境下如何进行企业媒介形象管理。首先，这一研究方向和内容是对习近平总书记提出的"推动媒体融合发展 构建全媒体传播格局"思想的贯彻落实，借助这一思想的引领，挖掘大型科技企业媒介形象管理的价值。其次，大型科技企业媒介形象的管理具有前瞻性，对其进行研究可以探索在全媒体环境下的媒介形象管理的新趋势和新发展。最后，对大型科技企业媒介形象管理的研究与经验具有一定的普遍性，可以为相关大型企业提供借鉴价值，进一步促进我国大型科技企业或是大型企业高质量发展。

大型科技企业媒介形象管理的研究具有以下现实意义。

首先，大型科技企业是科技企业的领军者与表率。由于其规模与体量较大，在公众面前具有相当的曝光度，因此，大型科技企业的形象对于一家大型科技企业来说至关重要，其直接影响大型科技企业长远发展、近期内部管理和企业的社会影响力。大型科技企业具有一定的规模与影响力，因此，其在国家经济发展过程中发挥着重要的作用。大型科技企业媒介形象不只对于企业发展有着极为重要的影响，同时还对国家经济健康且持续的发展起到重要的推动作用。

其次，大型科技企业在整个科技行业之中有重要的影响力，是整个行业的风向标，大型科技企业作为科技行业的龙头，引导着行业的走向，甚至不只影响本行业，还对相关行业有引领和带动作用。由于大型科技企业在本行业中占有重要的地位，是科技行业发展的重要部分，可以引领并带动整个行业不断向前发展，因此，大型科技企业的形象代表着科技行业的整体形象，大型科技企业的发展影响着科技行业的整体发展。

再次，对于大型科技企业来说，一个好的媒介形象有利于在社会公众面前营造一个良好的企业形象，可以说，媒介是大型科技企业对外宣传重要的渠道与途径。大型科技企业与外界沟通与交流的方式，主要通过各种媒介来实现。大型科技企业以一个良好的媒介形象展示在社会、行业、公众等面前，会给大型科技企业带来一个积极且健康的企业印象，企业开展一些与外界沟通交流的事项，也更容易实现和进行。

最后，媒介形象是大型科技企业维护自身形象的重要凭借，大型科技企业媒介形象存在的重要价值，在于引导和督促企业时刻关注自身形象。大型科技企业通过媒介对外进行宣传以及与外界进行沟通时，媒介形象还可以引导或激励大型科技企业时刻保持一个健康且良好的企业形象。

综上所述，大型科技企业对自身媒介形象进行有效的管理，不仅对社会经济发展有着积极的推动作用和示范引导作用，还对科技行业有着引领与带头作用，对其他大型企业有可资借鉴的价值与意义。另外，大型科技企业媒介形象对于企业自身健康且良性的发展具有直接且广泛的影响。对于大型科技企业来说，其媒介形象管理是否得当，影响企业长期利益以及短期利益，甚至会影响大型科技企业发展过程中各个环节的进行。可以看出，大到国家和社会层面，小到行业与企业层面，再到公众以及大型科技企业生存和发展过程中的各参与方，都与大型科技企业媒介形象有着或大或小、或直接或间接的关系。

第二节　国内外研究情况

针对大型科技企业媒介形象管理的研究，本专著在知网、读秀、互联网等渠道收集相关资料。

在知网上，以"大型科技企业"为主题关键词进行搜索，有45条论文资料，但大部分资料为"科技企业"或"企业科技"相关的信息，有305条期刊资料，但与"大型科技企业"密切相关的资料占很少一部分；以"科技公司"为主题关键词进行搜索，有3492条论文资料，66497条期刊资料；以"科技企业 媒介 形象 管理"为主题关键词进行搜索，有12条论文资料，1条期刊资料；而以"大型科技企业 媒介 形象 管理"为主题关键词进行搜索，没有相关资料。

在读秀上，以"企业 形象"为关键词进行搜索，有336本专著资料；以"企业 形象 管理"为关键词进行搜索，有23本相关专著；而以"大型科技企业 形象 管理"为关键词进行搜索，则没有相关资料。

在百度上，以"科技企业 媒介形象 管理"为关键词进行搜索，有9840万条信息；以"大型科技企业 媒介形象 管理"为关键词进行搜索，有9580万条信息，但与"企业形象管理"相关的资料与信息占大多数；以"企业 媒介形象 管理"为关键词搜索，有9560万条信息；以"大型科技企业媒介形象管理"为关键词进行搜索，有2320万条信息，其中大多数是与"企业形象管理"相关的信息与资讯。

综上所述，通过各种资源搜索渠道，搜索与"大型科技企业"相关的资料均不多，与本专著研究内容相关性较大的信息数量有限，而有针对性的资料少之又少。

一、国外研究情况

研究国外的媒介形象，学界较早开始探讨，已逐步建立了一套完整的理论框架。象征互动理论由米德（George Herbert Mead）和库利（Charles Horton Cooley）共同提出，是媒体研究的一个重要发展方向。随后，其他学者拓展了该理论，形成了符号互动理论。1969 年，布鲁默（Herbert Blumer）进一步发展了自我互动理论，认为个体的自我意识是在与社会、他人互动的过程中内化形成的，这一理论强调了个体内部与外部互动的复杂性。李普曼（Walter Lippmann）基于符号互动理论，提出了拟态环境假说，认为媒体塑造了一种虚拟的现实环境，大众通过媒体的报道来认知和判断现实世界。他强调了人们的行动情境、对情境的想象以及想象对行动的影响，这三者之间的互动对于舆论的形成及人们的思想、情感和行为决策过程具有重要作用。另外，班杜拉（Albert Bandura）的研究指出，媒体可以作为"示范"学习的工具，利用符号化的媒体榜样，有效地将知识传递给广泛的人群，显著提高了学习和传播的效率。在对媒介形象的进一步研究中，梅罗维茨（Joshua Meyrowitz）和格伯纳（George Gerbner）提供了更深入的见解。梅罗维茨指出，人们的行为在很大限度上是由其所处社会环境定义的场景塑造和修改的。这种观点揭示了媒体如何通过塑造公众的行为环境，间接影响个体的行为模式。格伯纳进一步强调了在现代社会中，由大众传媒塑造的象征性现实对人们的现实世界认知和理解起着决定性的作用，这种影响深远且持续影响着社会结构和文化形态的发展。麦奎尔（Denis Mc Quail）强调媒介是社会关系的中介，大众媒介作为社会结构中的一环，既连接着多种社会体制，也连接着受众；通过大众媒介建构，将直接影响受众对现实世界的理解、接受和实践；社会各方面、各层次围绕着媒介这一中心相互作用，扭

结成一个整体 ①。

关于框架理论在媒介形象构建中的应用研究。框架的概念最早可追溯至贝特森（Bateson），高夫曼（Goffman）将这一概念引入文化社会学，形成了框架理论。该理论认为人们通过已有的认知结构，从一套框架转到另一套框架来建构社会真实，并指出框架一方面源自过去的经验，另一方面受到社会文化意识的影响。在高夫曼思想的基础上，甘姆森（Gamson）将框架进一步分为两类，一类是界限，代表了取材的范围，可引申为对社会实践的规范；另一类是架构，指人们以此来解释外在世界 ②。他认为框架体现一个话语单元的核心组织观念或故事脉络，它不仅使事件具有意义，还确定了议题的性质，并逻辑地推导出一些显而易见或符合逻辑的处理对策 ③。

上述理论成为我国研究媒介形象的理论基础，国外对"媒介形象"的研究不仅重视理论研究，还比较重视实证研究。但近年来国外关于大型科技企业媒介形象研究的相关文献不足，并且由于国内外体制有所不同，营商环境有差异，本专著对大型科技企业媒介形象文献综述侧重于国内的研究，并进行综述。

二、国内研究情况

近年来，国内对大型科技企业媒介形象管理的研究，其中有不少研究成果颇具代表性。

电力行业垄断既是行业垄断也是地区垄断。徐国准认为电力企业是关系国家能源安全和国民经济命脉的国有重要骨干企业，应塑造认真负

① 王朋进.《媒介形象》研究的理论背景、历史脉络和发展趋势 [J].国际新闻界，2010，32（6）：123-128.
② 王培培.近年新闻传播领域框架理论研究综述 [J].青年记者，2009（21）：53-54.
③ 万小广.论架构分析在新闻传播学研究中的应用 [J].国际新闻界，2010，32（9）：6-12.

责的国企形象、真诚规范的服务形象、严格高效的管理形象、公平诚信的市场形象和团结进取的团队形象。尽量缩小企业目标形象与公众形象的差距，达到塑造供电企业良好的社会形象①。王世健指出，塑造供电企业形象有助于增强综合竞争实力，推进企业的不断壮大发展，塑造良好的供电企业形象十分重要。认为塑造供电企业形象应导入 CS 理论，以理念、行为、视觉三方面的塑形为切入点②。严泽民、栾福茂认为，没有竞争的垄断必然会导致各种侵害消费者权益的行为，垄断带来电力产业的效率损失，严重侵害了消费者和企业的利益，使国家对电力垄断管制失位③。

徐晓敏认为，媒介形象建设应具有系统性和创新性，应取得社会与经济效益双赢，应重视文化内涵，避免过度娱乐性④。李艳君将媒介形象分为经济形象、政治形象、文化形象和社会形象，认为媒介形象的构建对企业的发展发挥了不可替代的作用⑤。

一些学者分析垄断行业内部因信息不对称自然形成的问题，认为这是造成媒介负面形象的关键因素，并在相关研究中提出解决策略。例如，任战虹在《电力新闻的危机处置》中，以及李燕萍与赖莘宏合著的《加强新闻公关优化电网建设舆论环境》中，均指出信息不对称不仅存在于企业的内部与外部之间，还涵盖了政府的内外信息流。这种隔离导致了机会主义的盛行，进一步强化了信息掌控者出于利益最大化的动机，有时甚至以牺牲他人利益为代价。这些观点揭示了信息不对称在塑造公众对媒体的负面看法中的作用，及其对社会信任结构的潜在破坏影响。

---

① 徐国准.关于供电企业形象塑造的思考 [J].湖北电力，2007（S2）：42-44.

② 刘惠珠.供电企业形象塑造的内涵及途径 [J].云南电业，2001（11）：26-27.

③ 严泽民，栾福茂.中国电力行业垄断的评析 [J].辽宁工业大学学报（社会科学版），2010，12（2）：10-12.

④ 徐晓敏.从东方卫视看中国媒介形象建设 [J].浙江传媒学院学报，2007（4）：17-19.

⑤ 李艳君.中国电视媒介形象的构建——以湖南卫视为例 [J].科技创新导报，2008（21）：204.

总的来看，目前国外对于媒介形象的研究已经形成了较为系统的理论，同时对于实证研究也非常重视。我国国内的媒介形象相关研究主要是在国外已有理论的基础上展开的，有的研究确实也在理论上取得了一定的突破，不过很多研究依然存在系统性不强、研究较分散、研究深度不足等问题。最突出的是在关于科技企业媒介形象管理方面的研究资料较少，而关于大型科技企业媒介形象方面的文献更是少之又少。因此，本专著的研究可以说为填补这一方面的空白提供了一些研究方法与理论参考，同时也能够丰富大型科技企业媒介形象相关领域的理论研究。

第三节 主要内容与研究框架

本专著的主要内容与研究框架如下。

本专著第一部分为绪论，主要介绍了选题的研究意义、国内外在媒介形象方面研究的情况、本专著的主要内容以及研究框架、所使用的研究方法、所依据的理论基础。通过问卷调查、专家访谈调查问题、对大型科技企业进行实地调查的方式进行研究，通过直接和间接的方式搜集相关资料。

第二部分阐述大型科技企业媒介形象管理相关概念的解读，其中包括媒介形象的概念、大众传媒的概念、媒介形象管理的概念、大型科技企业的概念。从本专著所涉及的相关概念入手，对大型科技企业媒介形象管理有一个初步的认识与理解。

第三部分阐述大型科技企业媒介形象内容分析与表现，其中包括大型科技企业媒介形象的构成要素、表现特点、价值体现，以及几种典型媒介传播方式的作用与表现。针对大型科技企业媒介形象进行更为具体和深入的解析。

第四部分阐述了媒介建构的大型科技企业形象呈现及其成因，其中包括大型科技企业在媒介中呈现的形象特征、媒介建构的大型科技企业形象的类型、媒介中大型科技企业形象呈现的成因分析三部分内容。从大型科技企业媒介形象的基本属性入手,分析其产生并呈现的原因。

第五部分在前文的基础上,对大型科技企业媒介形象发展情况及影响因素进行分析,其中包括大众传媒下大型科技企业形象发展状况的分析,阐述大众传媒的正面作用和负面作用。对影响大型科技企业媒介形象塑造的因素进行分析与总结,再对大众传媒对大型科技企业产生的正面和负面作用进行深入的阐释。

第六部分是对大型科技企业媒介形象建构的报道框架分析,其中包括大型科技企业媒介形象报道的基本情况、内容分析、话语分析三个方面。阐述了媒介在对大型科技企业进行报道的基本状况、可能涉及的内容以及所使用的语言风格。

第七部分为专著的重要部分,阐述大型科技企业媒介形象的构建与传播,其中包括传播内容的多元化、传播符号的多义性、传播方式的生动化、传播效果的量化分析。从定性式分析到定量化分析,阐释大型科技企业媒介形象的构建与传播所涉及的相关关键要素。从三个定性方面以及一个定量环节进行大型科技企业媒介形象的构建与传播。

第八部分为阐释大型科技企业媒介形象管理过程中可能存在的问题,其中包含五个方面:公关机制、用户沟通机制、传播机制、媒介资源与传播内容、媒介形象识别体系。五个方面均为大型科技企业媒介形象管理中涉及的重点方面,每一个重要环节都有可能出现一些问题,这是大型科技企业进行媒介形象管理时需要特别注意的方面。

第九部分针对前文所发现的问题,进一步提出大型科技企业在提升媒介形象管理时的策略,与第八部分相对应,从五个方面提出相应的提升策略,包括企业形象与媒介形象相结合,以建立媒体公关常态化机制;媒体形象与用户感知价值相结合,以建立用户网络沟通机制;新媒体端企业形象传播与大型科技企业新媒体传播机制的创新;媒介资源的整合与传播内容的丰富；建立规范的大型科技企业媒介形象识别体系。

第十部分为专著的结论与总结部分，进一步明确专著所得出的策略与结论，提炼全书精华。

大型科技企业媒介形象由两个方面构成：一是企业内在总体风格和特征，二是企业外在总体风格和特征。企业媒介形象的总体风格和特征是企业通过媒介呈现出的可以代表企业整体情况的特点，是公众对企业经济活动和社会活动的概括性认识。

大型科技企业内在总体风格和特征由精神要素构成，形成企业的无形媒体形象，由公众的综合感知而形成。其中包括企业的价值观和精神，风格与特点，企业的社会信誉，企业凝聚力，企业的综合实力，员工精神风貌，企业管理水平，对用户、市场、社会的服务水平，受众群体的选择。

大型科技企业的总体风格和特征由物质要素构成，是有形的媒介形象，外在风格和特征可以直观地传达给公众，并在公众脑海中产生鲜明的形象。其中包括产品品质、技术及设备状况、办公环境、办公用品及设施等独特的标志与色彩、建筑布局、室内和室外装饰、旗帜、图案、员工仪容与仪表。

第四节　研究方法

无论是文献研究法、内容分析法、比较分析法，还是问卷调查法、专家访谈法、实地调查法，其中都包含定性分析与定量分析两个角度。

一、总体与抽样

通过门户网站、报纸、短视频等新媒体平台，收集和整理有关"大型科技企业"的相关报道，这类新闻报道种类繁多。从发布的形式上来看，以文字、音频、视频等形式为主，较难进行整体且统一的分析；从发布的媒体上看，非权威性的自媒体平台数量较多，其发布内容的阅读量差异较大；从发布的内容上来看，彼此间内容重复度较高，很大一部分内容为诸多新闻报道内容重新拼接而成。因此，本书选取中国新闻网新闻库，对 2017 年到 2021 年这 5 年间的新闻报道进行样本选择，有以下三点原因。

第一，中国新闻网新闻库所收录的媒体为权威且专业的媒体，同时这些媒体平台具有一定的影响力，其所报道的内容可信度较高。

第二，这些媒体对于同一事件的报道，重复率较低，内容的原创性更高，相互之间的引用度和借鉴度较低。

第三，这些媒体报道的新闻内容专业度较高，且更为规范，这些新闻报道以文字形式为主，以便于本书做质化分析。

二、一手数据收集工具

用爬山虎采集器采集软件对中国新闻网新闻库有关科技公司的新闻报道数据进行收集，以"企业""大型科技企业"为关键词进行搜索。

三、数据收集

本书所研究内容的数据来源主要是新闻内容和数据，通过对相关新闻、数据、文献进行梳理，可以将信息数据来源分为五类：第一类源自媒体，即媒体通过对大型科技企业相关事件进行采访而获得的新闻报道；第二类源自政府，包括政府网站、政府短视频号、政府公众号等媒体平台直接发布的新闻内容；第三类源自大型科技企业，即企业通过官网发布的有关企业经营活动和社会活动的新闻内容；第四类源自个人或是自媒体，即以个人名义在媒体平台发布的企业的新闻内容；第五类为综合类，即包括两种或是两种以上信息来源的企业新闻报道，这一类新闻报道内容建立在其他媒体平台报道的基础上，内容的时效性较弱，但其内容的综合性较强。

四、数据处理与分析

样本文章可以分为经济主题、社会主题、文化主题、法制主题四个主题。所报道的地区可以省份为单位，涉及两个或两个以上省份的可以归为全国，关注海外地区的划分为海外地区，而没有标明报道地区的可以划分为其他。根据新闻报道引用的情况，可以分为四类：第一类为直接引用，即新闻报道中直接明确指出被引用人的职务和姓名等信息；第二类为模糊引用，即在新闻报道中有引用，但并未公布被引用人的身份信息，通常以"据……说""据知情人透露""据业内人士透露"等模糊表达为主的引用；第三类为无引用，即新闻报道内容完全为媒体撰写，为媒体自身的观察和观点，没有相关的引用信息；第四类为混合引用，即包含直接引用和模糊引用两种引用方式的新闻报道内容。

大型科技企业媒介形象管理相关新闻报道内容和数据的具体处理与分析具体有以下方法。

（一）文献研究法

文献研究法在企业媒介形象管理的研究中发挥着基础且关键的作用。研究者通过深入探索和系统整理基础理论图书、重要文献、学术论文以及专业网站等资料，从而获得关于企业媒介形象的有价值数据。这一方法不仅帮助研究者掌握当前企业媒介形象研究的主流方法和成果，而且使其能够跟踪并分析新媒体如网站、短视频、微博和公众号等平台上大型科技企业的最新媒介形象动态。通过这种深入的文献梳理和数据分析，研究者能够揭示行业内的趋势变化及其对企业战略的意义。

（二）内容分析法

内容分析法则是研究媒介内容的另一重要手段，通过定性与定量相结合的方式，深入解读大众媒体中大型科技企业的形象传播。研究者挑选典型案例，并运用公共关系学和传播学的理论框架，对企业媒介形象的管理和传播进行系统分析。特别是在处理企业危机事件时，内容分析法能有效识别和评估媒介报道对企业形象的影响，从而为企业制定危机管理策略和优化媒介形象提供依据。

（三）比较分析法

比较分析法通过对比新旧媒体在企业形象传播中的表现和效果，揭示了新媒体带来的变革和挑战。这种方法强调了在传统媒体和新媒体环境下，企业媒介形象传播策略的差异性和互补性。研究者通过此法不仅能识别新媒体对企业形象造成的负面影响，还能探讨如何有效利用新媒体的优势，提升企业形象和增强与公众的互动。这一过程有助于深入理解企业在现代媒体环境中应采取的策略以及媒介形象管理的新方向。

（四）问卷调查法

问卷调查法是社会科学研究中常用的一种数据收集方法，它通过预先设计的问卷来获取所需信息。问卷本质上是一种控制式的测量工具，使研究者能够以标准化的方式对研究问题进行量化。通过这种方式，研究者可以收集到可靠、系统的数据，以便进行后续的统计和分析。问卷通常以邮寄、个别分送或集体分发等形式进行传递，并要求调查对象根据问卷的指示填写答案。与面对面访谈相比，问卷调查具有成本较低、数据更为标准化的优点，且容易控制调查过程，保证了数据的一致性。

1. 问卷填答者类型

问卷调查可以分为自填式和代填式两种类型。自填式问卷调查让被调查者直接填写问卷，这种方式可通过报刊、邮政或直接送发等方式进行。这种调查形式的优势在于可以大规模地收集数据，同时减少了研究者与被调查者之间的直接互动，降低了数据收集的主观性影响。代填式问卷调查则需要研究者或调查员介入，通过访问或电话与被调查者交流以填写问卷。这种方式适用于需要深入了解被调查者情况的研究，可以通过直接交流解决问卷填写中的疑问，提高问卷的完成质量和回收率。

2. 调查问卷的设计原则

（1）问题的种类

在具体的问题设计中，问卷通常包含背景性问题、客观性问题、主观性问题和检验性问题。背景性问题旨在收集被调查者的基本信息，如年龄、性别、教育背景等。客观性问题关注已经发生和正在发生的事实和行为，这类问题的设计应基于事实，易于被调查者准确回答。主观性问题涉及被调查者的思想、感情、态度等，这类问题需要设计得尽可能激发被调查者的真实想法和感受。最后，检验性问题用于验证回答的真实性和准确性，这类问题的设计需巧妙地插入问卷中，以评估被调查者整体回答的可靠性。

（2）设计问题的原则

问卷设计是问卷调查法的核心环节，其质量直接影响到调查结果的有效性。设计问卷时，应遵循四个基本原则：客观性、必要性、可能性和自愿性。问卷中的问题应客观反映研究现象，避免引导性或偏见性的措辞。每个问题都应紧密围绕研究主题和假设，避免冗余。同时，问题的难度应适应被调查者的理解和回答能力，确保其能有效回答。此外，问卷设计还应考虑到被调查者的自愿性，避免设计可能引起抵触或不适的问题。

3. 问题表述

问题表述包括两个方面的内容。

（1）表述问题的原则

在设计问卷调查时，问题表述的准确性至关重要，它直接影响数据的可靠性和研究的有效性。问题必须具体，避免抽象和笼统的表述，以减少被调查者的理解偏差。问题内容应保持单一，避免将多个问题融合在一次询问中，这有助于提高回答的针对性和精确度。问题的表述应尽量通俗易懂，避免使用专业术语或者陌生语言，确保所有受访者都能理解。表述的语言需要具备准确性，避免使用模糊不清或可能产生多种解释的词汇。为确保问卷的客观性，问题应避免诱导性或显示出任何偏向性的表达，同时应尽量避免使用否定形式，以免增加理解的复杂度。

（2）特殊问题的表述方式

对于特殊或敏感问题的表述，研究者采用了几种特定的策略，以获取真实有效的回应。释疑法通过在问题前添加说明性文字来消除可能的疑惑，帮助受访者更好地理解问题的意图。假定法使用假设性的情景作为问题的前提，询问受访者在该假设情景下的意见或反应，这种方式有助于探讨受访者的潜在态度或行为。转移法通过将问题的焦点从受访者转移到第三者，促使受访者从客观的视角进行评价。对于涉及个人隐私或敏感信息的问题，如个人收入，模糊法允许使用不太具体的选项来回答，从而使受访者能够在不透露确切细节的情况下提供真实的反馈。这些策略的应用确保了数据收集的广泛性及后续分析的深度，同时也维护了调查的伦理标准。

4. 回答类型

回答共分为三种类型，一是开放型回答，二是封闭型回答，三是混合型回答。

（1）开放型回答

开放型回答指的是不会针对问题提供具体的正确答案，而是完全由调查者根据自己的想法进行填写。

开放型回答具有适应性强、灵活性强的特点，这样的回答对于答案复杂、答案类型较多且在事前不能对答案进行确定的问题是比较适用的。而且，这样的回答更有助于将被调查者的创造性和主动性调动起来，促使其将自己真实的意见和想法充分地表达出来。通常来说，从开放型回答中获得的信息要远远多于封闭型回答，有的时候还能获得一些出人意料的、能给人启示的回答。当然，开放型回答也具有一定的不足之处，比如给出的回答标准化程度比较低，在对其进行分析与整理时有着一定的难度，可能会存在一些准确度及价值比较低的信息。另外，这样的回答对于被调查者的文字表达能力有着更高的要求，要求被调查者多拿出一些时间进行填写。这样一来，问卷的有效率以及回复率就会受到一定的影响。

（2）封闭型回答

封闭型回答指的是把问题的主要答案甚至是所有存在可能性的答案都一一列举出来，被调查者需要从这些答案中选择一种或者是多种作为回答，不得做出所列举答案中没有的回答。这样的回答通常会对回答的方式给出一些说明或者是指导，这些说明往往会附在问题的后面，并用小括号括起来。

（3）混合型回答

混合型回答则是将封闭型及开放型回答结合起来的一种回答，从本质上讲，其属于一种半开放和半封闭式的回答。

5.注意事项

（1）相关性原则，即设计的答案必须与询问的问题相关。

（2）同层性原则，即设计的答案必须具有相同层次的关系。

（3）完整性原则，即设计的答案应该穷尽一切可能的、起码是一切主要的答案。

（4）互斥性原则，即设计的答案必须是互相排斥的。

（5）可能性原则，即设计的答案必须是被调查者能够回答，也愿意回答的。

（五）专家访谈法

专家访谈法就是对有着丰富经验的专家型消费者进行访谈，了解他们的想法、询问他们意见的方法，对于一些大型的科技公司来说，他们会对获得的想法与意见进行整理和利用，并以此为依据做出生产、经营以及管理方面的决策。该方法要求访谈对象的消费行为具有很强的代表性，消费经验必须是非常丰富的，并且消费和使用商品没有特殊的怪癖。为了与调查研究相配合，还要求这些访谈对象在语言表达上是比较好的，可以充分、准确地将自己的想法表达出来，然后根据自己的判断标准对商品做出评价。

1.专家访谈法的流程

（1）挑选专家

市场上有很多咨询机构，这些机构都有很多专家库的资源，同时会对这些专家进行明码标价。电话访谈也是通过这些咨询机构的电话会议系统进行，并非直接与专家进行沟通和联系，通常在进行专家访谈时，并不知道专家的姓名和联系方式，而是由咨询公司的电话会议系统进行转接，同时咨询公司就可以记录通话时长，来作为结算依据。

对于挑选专家，可以重点考虑以下几个方面。

第一，很重要的一点，最好挑选已经离职但离职时间不长的专家。之所以不挑选在职专家，主要因为很多情况下要问的问题，通常是行业或者这家公司的隐私信息、机密信息，一般来说在职的员工很难提供真实可信的信息。他们会以涉及公司机密信息为由，不予分享。而对于离职的员工来说，其所顾虑的事情会稍微少一些。但如果专家离职时间很长，也不利于信息的采集。因为离职时间很长的话，公司的内部机密机制已经发生了一些变化，专家可能不清楚企业后来变化的情况。所以最合适的就是离职1—3个月，最长半年内的专家。

第二，就是注意专家所在的部门和职位。有时候咨询机构提供的专家，并不是访谈想要了解的那个部门的人员。比如想要了解某家社交电商的用户新增方式，那么最了解的应该是渠道部门或者运营部门。如果这位专家是产品经理或者设计师，虽然也能回答，但他并不清楚前台的BD机制。BD即Business Development的缩写，意指企业商务拓展，也就是企业如何通过商业活动来促使企业更好地发展。BD机制是企业为了实现商务拓展制定的相应规范和流程，其包括市场定位、业务流程、资源整合、商务谈判等，以逐渐扩大企业的商业影响力和市场份额。所以一定要判断专家所处的部门和职位是否能够回答得了访谈的问题。

第三，了解一个行业的核心竞争力，通常访谈业务或销售出身的人更加合适。一般中后台的人对公司在行业中的竞争力并没有那么了解，但是做业务的人、做市场的人，因为经常接触客户，他会清楚客户真正的诉求，知道市场以及公司的走向。

（2）准备问题提纲

选定了合适的专家后，咨询机构会帮助约定双方合适的电话沟通时间。这时，需要提前准备问题的提纲。

首先，访谈的问题最好不要超过 15 个，时间控制不要超过 1 小时，除了经费因素以外，专家接受访谈的时间超过 1 小时会开始疲劳，提供的答案质量也会有所下降。

另外，在设计问题提纲时，可以先设计一两个问题，来测试专家是否理解行业、是否具备专业度。有时候咨询机构介绍的专家，虽然已经在行业很多年，但是其实对行业的理解并没有那么深。

一般如果前 15 分钟，通过 1—2 个关键问题，判断出一个专家不适合时，可以直接结束访谈，并且告诉咨询机构这位专家不符合要求。如果前 15 分钟就结束这次通话的话，一般咨询机构不会收费。

所以在前 15 分钟，用 1—2 个关键问题来测试专家的专业度和对行业的理解程度，非常重要。

（3）进行实际访谈

实际访谈中，我们会花 2—3 分钟，快速介绍访谈的目的。因为只有当专家理解你的访谈目的，他的回答才会更有针对性。

接下来就是前 15 分钟，去问关键的两个问题，确定是否要继续。如果这个专家不专业，可以马上结束这通电话，这样就不会产生费用。如果这个专家足够专业，就可以继续下面的访谈。

那么在接下来的访谈中需要注意的是，很多专家在接受访谈时会跑题，或者说一些无关紧要的话。这个时候需要注意，付费的情况下，每一分钟都十分宝贵，千万要及时打断他，不要担心会不礼貌，可能存在的情况是，很多新人出于礼貌考虑，不会打断专家的"天马行空"。

这个时候，我们要有礼貌地把专家引回主题，可以说："不好意思打断一下，我还是希望我们可以回到这个问题的正轨上。"记住，不要被专家带偏，更不要被专家带跑题。

在访谈的过程中，最好自己可以记录一些关键的数字，方便随时进行交叉验证。当专家提供的信息出现前后矛盾时，要及时询问。

（4）结论整理

这一步也非常重要。在访谈的过程中可以请一名同事帮忙记录，或者通过事后转录录音，来整理所有的对话内容。

最好在文档的最上面，提炼出每一条关键结论，例如，这次的访谈的核心结论有以下几个方面。在重新整理资料时，只需要看核心要点，这样也利于提高资料的使用效率。

（5）费用结算

当确认结束这次咨询后，就可以把双方签署的合同交由财务部门进行结算。这里需要提醒的是，一些咨询机构会要求先付费后咨询，也可以提出先咨询后付费。

因为当拿到专家提供的信息，特别是数据后，是需要去做交叉验证的。如果后期我们发现专家提供的信息与我们从其他渠道收集到的信息差异较大的话，可以再委托咨询机构找到专家进行核实，请专家给出相应的解释。

如果专家给出的解释非常牵强，甚至可以看出是在编造数据的话，可以及时与咨询机构协商，减免费用。如果后期进行数据交叉验证时，发现专家提供的数据有很多破绽，就以这次咨询水分较大为由，和咨询机构协商费用减免问题。

（六）实地调查法

实地调查法是针对案头调研来说的，在实地开展的调研活动被统称为实地调查法。在有的情况下，只进行案头调研是不能充分满足调研需求的，也就是说，无法实现调研的目的。如果不能及时且准确地收集资料，就必须根据实际情况开展实地调研，从而及时获得一手情报与资料，以确保调研工作的有效开展并切实解决实际问题。而实地调研其实就是对一手资料的调查活动。

如今社会经济不断发展，各种营销手段层出不穷，去往实地进行资料收集的方式也越来越多。

实地调研指的是调研者获取一手资料的过程。如果市场调研者无法获得充足的二手资料，就要亲自去收集一手资料。而对于收集国内还是国外的原始资料，仅仅会在程度上有所不同。对于调研成功和失败的最重要的影响因素是被调查者提供信息资料的意愿是怎样的。

很多调研项目都会包括两个部分，一是案头调研，二是实地调研。比如那种以消费者为调查对象的街头访问，调研者通常要在调查之前根据案头调研对调查对象的特点、竞争品牌的情况等有一定的掌握，再以此为依据进行访问问卷的设计与制作，还要对访问员进行培训，最后让访问员进行实地访问。

直面被访问者其实就是实地调研，其包括多种形式，如在商业街进行街头采访、对商店的消费者进行观察、在居民家中与居民面对面地进行访问等。在市场调研中，在大街上进行实地调研的可能性要远超过其他地方。

在很多情况下，实地调研是指在实地对人员进行观察，特别是对某一特定群体进行的人文观察。

1.实地调查的方法

（1）访问法

访问法是一种常用的实地调研技术，其中调查者通过直接面对面的交流、书面方式或电话等手段向被调查者提出预先设计的问题。这种方法不仅是信息收集的方法，也是一次人际交往的体验，允许双方在交流中相互作用和影响。主要形式包括面对面访谈、信件调查和在线调查等。在这种调研方式中，访问者与被访问者的互动对于获取深入、真实的反馈至关重要，使得调查结果更加全面和深入。通过访问法，研究者能够直接解读被调查者的言辞及非言语信息，从而获得更为丰富和具体的数据。

（2）观察法

观察法是一种基于实地的调查技术，它侧重于对被调查者进行间接的观察和记录，而不需要被调查者明确知道他们正在被观察。这种方法的优势在于能够捕捉到被调查者在自然状态下的真实行为和反应，避免了直接调查可能引发的自我意识影响。常用的观察技术包括行为追踪、实际痕迹测量以及直接观察等。与访问法相比，观察法更能隐秘地收集信息，减少调查对被调查对象行为的影响，使得数据展现出更高的自然真实性。

（3）实验法

实验法是最具系统性和科学性的一种调研方法，它通过在控制条件下系统地操作和观察影响因素，以识别不同变量之间的因果关系。实验法特别适用于需要精确测定变量关系的研究场景，如产品测试和市场试销等。通过设定实验组和对照组，研究者可以有效地隔离和分析因素之间的相互作用，确保获得的结果具有高度的可靠性和解释力。此方法在各种科学研究及市场研究中发挥着核心作用，特别是在新产品开发和市场策略制订过程中，实验法提供了一个不可或缺的工具，以测试假设和预测结果。

2. 实地调查的问题

在实地调查中，问卷调查和抽样调查的方法普遍存在，然而这些方法在不同国家的应用会因文化、政治、经济等因素的不同而面临特定问题。

（1）代表性问题

代表性问题是抽样调查中常见的挑战。理想的抽样应能反映总体的真实特征，但实际操作中，由于缺乏对总体特征的深入了解或可靠的样本名单，样本的选择往往带有偏差。市场和公共场所抽取的样本可能在人群属性上存在显著差异，这种非随机的抽样方式往往难以保证调查结果的普遍性和准确性。从这些地点获取的数据可能不足以代表整个研究群体，从而影响研究结果的可靠性和推广性。

（2）语言问题

语言问题则是进行国际问卷调查时另一个不容忽视的问题。语言的准确翻译至关重要，任何翻译上的失误都可能导致问题理解的偏差，进而影响调查结果的真实性。例如，尽管法语是扎伊尔的官方语言，但该国流利使用法语的人口比例并不高。此外，每种语言都有其独特的表达方式，如俗语和谚语，这些特定表达的翻译难度较大。因此，设计问卷时必须考虑到语言的地区性特征和表达习惯，以避免文化差异而引起的误解。

（3）通信问题

在问卷调查中还存在一个比较重要的问题，那就是想要将调查问卷寄到一些欠发达国家是比较困难的。这些国家的邮寄系统都存在很多问题，就拿巴西来说，国内有将近30%的信件是无法送到收件人手中的。因此，对于这样的国家来说，问卷调查的可行性是很低的。而在有的发展中国家也不是家家户户都有电话等通信工具，只有那些富裕阶层才拥有电话，除非仅调查富裕阶层，否则电话调查法也是行不通的。即便被调查者有电话，也不是可以顺利地使用电话调查法。拿开罗来说，开罗将近有一半的电话线会出现同时失灵的情况。在这些国家，即便是进行工业调研，使用电话调查法也是不可行的。

（4）文化差异问题

在国际市场调研中，文化差异是一个重要的考虑因素，尤其在调研发展中国家时，由于文化背景的不同，可能出现被调查者拒绝回答或提供不真实信息等问题。为了有效应对这些挑战，调研团队需采用跨文化的研究方法，并且深入理解和尊重当地文化特性，以增强调研的适应性和有效性。借鉴其他国家在国际市场调研中的成功经验，对于评估和选择最合适的调研方法具有很好的指导意义。这包括对各种调研技术的适用性进行精确评估，并确保所采用的方法能够在特定的文化环境中发挥最大的效果。

3. 解决方法

为了减少文化差异对调研结果的影响，一种有效的策略是利用当地的双语者来进行调研。这些调研人员不仅熟悉当地语言和文化，还必须接受有关市场调研和营销的专业训练。这样可以有效避免文化误解，确保数据收集和分析的准确性。使用"返翻法"检查问卷的词义准确性也是一种行之有效的技巧，即把问卷从一种语言翻译成另一种语言后再翻译回原语言，通过这种方法可以发现和纠正可能的错译或误解。持续对调研人员进行专业培训，使其能够熟练掌握多种调研技巧，并能够根据具体情况灵活调整调研策略，这对于提高调研质量和应对复杂的国际市场环境至关重要。通过这些综合措施，可以大大提升跨文化调研的有效性，确保调研活动顺利进行并获得可靠的市场信息。

第五节　理论基础

形象管理是一门较为新颖的学科，它是一门整合性学科，涵盖传播学、行销学、社会学、心理学和美学的概念。其中主要涉及的理论包括麦肯锡 7S 模型、公共关系、VI 管理、广告管理、框架理论。

一、麦肯锡 7S 模型

麦肯锡 7S 模型（Mckinsey 7S Model），简称 7S 模型，是麦肯锡顾问公司研究中心设计的企业组织七要素，指出了企业在发展过程中必须全面地考虑各方面的情况，包括战略（strategy）、结构（structure）、制度（system）、风格（style）、共同的价值观（shared values）、员工（staff）、技能（skill）。

在模型中，战略、结构和制度被认为是企业成功的"硬件"，风格、共同价值观、员工和技能被认为是企业成功经营的"软件"。麦肯锡的 7S 模型提醒世界各国的经理们，软件和硬件同样重要，很多公司长期以来忽略的人性，如非理性、固执、直觉、喜欢非正式的组织等，其实都可以加以管理，这与各公司的成败息息相关，绝不能忽略。

（一）硬件分析

1. 战略（strategy）

战略的概念在企业管理中扮演着核心角色，它是企业在考虑内部和外部环境以及可利用资源的基础上，为实现长期和稳定的发展而制定的全面计划和目标达成途径。20 世纪 50 至 60 年代，随着社会经济的发展、市场竞争的加剧以及产品与技术的进步，发达国家的企业经营者开始根据自身的管理经验总结并形成企业战略管理理论。这一时期，战略管理逐渐被视为企业成功的关键因素。例如，1947 年，美国只有 20% 的企业制定了明确的发展战略，但到了 1970 年，这一比例增至 100%。1967 年在日本进行的调查显示，在 63 家大型企业中，几乎都明确制定了战略规划。在美国，超过 90% 的企业家认为，战略规划的制定是企业经营中最具挑战性且耗时最多的活动。这一转变标志着企业经营已经进入一个以战略为核心的新阶段，战略规划成为评判企业未来成功的一个决定性因素。

2. 结构（structure）

组织结构是实施战略的基础，它关乎企业如何配置人力、资源、信息和目标，以形成有效的运作机制。一个企业的组织结构决定了其战略能否得以成功执行。20 世纪 50 年代末，通用电气公司采用了相对简单的事业部作为其组织结构。20 世纪 60 年代公司销售额大幅提升，原有的行政管理制度未能有效适应快速的业务扩展，导致公司在控制经营管理方面出现困难，从而影响到了企业的长期和短期利润。到了 20 世纪 70 年代初，通用电气针对这一问题进行了组织结构的调整，更加重视战略经营为单位的结构设计，使得行政管理更好地支持企业战略的实施。这种结构调整有助于企业更有效地控制多样化经营的方式，并且显著提高了利润。这一例证清楚地表明，企业组织结构必须与企业的整体战略相适应，才能确保战略的成功实施并实现企业目标。

由此，可以明显地看出，企业的组织结构必须与企业的长期以及短期发展战略相适应，这也是企业贯彻发展战略的一个基础方式以及组织保障。从中也可以看出来，管理越是简单化，越是能够让企业运营变得更有效率。在企业之中，不在于员工人数多少，主要看每名员工的效率与能力，一个几百人的公司同样可以管理着上百亿元的业务，与此同时，也可让公司运转流畅。

3. 制度（systems）

在企业之中，一个完善的企业制度作为保障可以让企业的发展与战略的实施更加流畅，而在实际的企业经营中，企业的各项制度是一家企业的自身文化、企业精神、未来发展战略等思想的集中体现。因此，在企业的长远发展中，应当制定与未来发展战略相一致的企业制度体系，而要尽量避免不协调不适宜的制度出现，更不要出现与企业发展战略相违背的战略。这里以 3M 公司为例，这家公司为制度作出了诸多方面的创新，如一名员工开始对新产品进行创新研发，这名员工的薪资就会随着新产品的研发进度，甚至根据新产品最后在市场上的表现，相应的提成也会显示在其总的薪资中。一种制度如果可以一直激励员工不断向更高的职位努力，就表明这一制度在设定时是成功的，可以让企业在良性的发展中保持持续性的增长。

（二）软件分析

1.风格（style）

一些成规模的企业都会呈现出既有中央集权，又有部门分权的宽松与严格相兼的管理方式，这一管理方式使得企业的各个部门既可以保持自身的自主性，又有自主决断的能力，与此同时，还遵守着企业传统的文化与价值。

2.共同的价值观（shared values）

从上文已经清晰看出，战略是一家企业发展的大体方向与指导思想，而这一思想需要企业中的每一名员工都接受并且认同，与此同时，企业的战略也应当可以作用于企业发展的实践中，如此一来，战略对于企业才能有真正的意义与价值。因此，可以看出来，对于企业的战略研究不能只停留在企业的管理层面，而应当让企业每一名员工都切实认可与理解企业总体的发展思路。企业员工所拥有的共同的价值观具有一定的凝聚、辐射、激励作用，与此同时，还具有一定的导向性与约束性，可以激发员工的工作热情，员工一旦有了统一的意志与工作目标，可以凝聚起更大的动力。因此，企业在制定战略之后，应当通过各种手段进行宣传，让企业中的每一名员工都知晓企业的发展战略以及总体目标。与此同时，企业员工还应当理解和熟记企业的战略思想，并以此来指导自己的工作和行动。从经济管理的角度来分析，企业应当充分沟通领导层与执行层的思想，做到领导与执行相统一，让企业看不见的战略与思想真正落实到可见的工作实践中。除此之外，还应当注重落实过程的效率问题。

3. 员工（staff）

企业的战略实施自然需要企业员工的通力合作，以此来实现企业所制定的目标，甚至大多情况下，有没有适合的人选直接关系到企业战略实施的成功与否。通过企业的实践可以证明一点，企业战略的实施与企业内部的人力资源有着密切的关联性。例如，IBM 公司，是一个极为尊重个人能力的公司，其以人为本的原则，在长时间以来一直都作为公司发展过程中一项重要的原则与标准。在 IBM 看来，公司员工不管处于哪种职位，都能为公司产生效益。从这些方面可以看出来，企业领导者不仅要制定好企业长远发展的规划，更重要的是，要将与企业战略思想相匹配的人力资源配置到位，企业要对所有员工进行专业而系统的培训，使各个层次的员工都可以在统一的战略思想上开展各自的工作。企业战略所制定的发展大方向需要真正落实在每名员工具体的工作中，需要每名员工执行到位，最终完整地实现企业的长期或短期的发展战略。

4. 技能（skills）

在执行公司战略时，需要员工掌握一定的技能，这有赖于严格、系统的培训。松下幸之助认为，每个人都要经过严格的训练，才能成为优秀的人才，譬如在运动场上驰骋的健将们大显身手，但他们惊人的体质和技术不是凭空而来的，而是长期在生理和精神上严格训练的结果。如果不接受训练，一个人即使有非常好的天赋资质，也可能无从发挥。

因此，在企业发展过程中，要全面考虑企业的整体情况，只有在软硬两方面能够很好地沟通和协调的情况下，企业才能不断沿着良性的发展道路向前迈进。

二、公共关系

公共关系（Public Relations，P.R.，简称"公关"）是由英文"Public Relations"翻译而来，中文可译为"公共关系"或"公众关系"，无论是其字面意思还是其实际意思基本上都是一致的，都是指组织机构与公众环境之间的沟通与传播关系。

公共关系主要从事组织机构信息传播，关系协调与形象管理事务的咨询、策划、实施和服务的管理职能，包括选创组织的成功、降低组织失败的影响、宣布变更等。

随着科技的发展和网络的普及，如今社会公众使用网络的频率越来越高，社会舆论以及公共事件的评价受网络影响的程度也在不断加大。消费者想要了解一个品牌或者商品的评价，已经慢慢习惯通过网络来获取。通过网络，可以迅速地将信息传播开来，从而产生巨大的影响，因此，网络逐渐成了企业开展公关活动的重要阵地。企业开始热衷于通过网络对外进行宣传，从而树立良好的品牌形象。此外，网络宣传还具有成本低、效率高的优势，因此，随着网络宣传的不断扩大，也对企业良好形象与口碑的树立起到了重要的作用。扩大对外宣传，树立企业品牌。网络宣传成本较低，且针对性强、效率高，网络宣传作用日益扩大，对于企业口碑的形成也有重要推动作用。

新闻公关还叫新闻行销，具体来说就是基于企业或产品宣传的目的，通过新闻报道的形式进行的行销手段。同样是为了向消费者传达产品信息，广告可能在人们看来是在自夸，给人非常张扬的感觉，看多了会使人产生厌烦之感。相比于广告的形式，新闻公关则会显得更为公正且客观，会在不动声色中将消费者慢慢吸引过来。可以说，新闻公关是公共关系与营销策略之间的一种巧妙组合。

新闻公关的核心在于传播。传播目的在于张扬企业良性信息、提高企业知名度，最后达到促进产品销售或塑造企业品牌的目的。出色的新闻公关有三个层面的应用：思维创新、品牌传播与事件营销。不同层面的新闻公关应用会有不同的效果。

这一类定义强调公共关系是组织一种特定的传播管理行为和职能，认为公共关系离不开传播沟通，我国公共关系学者廖为建就持此种观点。其定义是：公共关系是一个组织与其相关公众之间的传播管理。

（一）公共关系的管理职能

公共关系在现代组织管理中被认为是一个核心的管理职能，其定义和理解在学术界和实践中已经得到广泛的认可和应用。美国学者莱克斯·哈洛博士对此有着深刻的阐释，他将公共关系定义为一种特殊的管理职能，不仅帮助组织建立和维护与公众之间的交流、理解、认可和合作，还参与处理各种社会问题和事件。哈洛博士强调，公共关系的角色包括帮助管理层了解并响应公众意见，明确并强调组织服务公众利益的责任，以及作为社会趋势的监视者，确保企业的行为与社会发展保持一致。公共关系通过使用有效的传播技巧和研究方法，成为企业战略中不可或缺的一部分。

国际公共关系协会以及著名学者卡特李普（Scott M. Cutlip）和森特（Allen H. Centre）也对公共关系的管理职能持类似看法。他们认为，公共关系是一种持续且有计划的管理功能，旨在通过精确估量公众舆论，并通过有组织的信息传播策略，调整和协调组织的政策与行为，以获得公众的理解、同情和支持。这种策略的成功实施能够促进组织与公众之间的互利互惠关系，从而有效地推动组织目标的实现。卡特李普和森特进一步强调，组织的成败很大程度上依赖于其能否维护与公众的良好关系，这反映了公共关系在现代企业管理中的战略重要性。通过这种方式，公共关系不仅增强了组织与公众的连接，也显著提高了企业在复杂社会环境中的适应能力和成功概率。

（二）公共关系的传播管理

"传播管理说"这类定义将管理说和传播说结合起来，强调公共关系是组织一种特定的传播管理行为和职能。当代美国公共关系学术权威、马里兰大学的詹姆斯·格鲁尼格教授认为，公共关系是一个组织与其相关公众之间的传播管理。

1.形象说

这类定义从塑造形象的角度揭示公共关系的本质属性，强调公共关系的宗旨是为组织塑造良好的形象。这类定义认为公共关系是社会组织为了塑造组织形象，通过传播、沟通手段来影响公众的科学与艺术。

2.协调说

"协调说"（或者"平衡说"）是对"关系说"的深化，认为公共关系主要是协调组织与公众之间的社会关系，即公共关系是"维持企业的营利性和社会性之平衡"。

三、VI 管理

视觉识别系统（Visual Identity，简称 VI），作为企业全面身份识别系统（Corporate Identity System，简称 CIS）中至关重要的部分，承担着将企业核心理念和文化特质转化为具体可视化形象的任务。通过整合企业的视觉表达要素，如标志、标准字体、颜色和象征图案等，VI 系统不仅传递了企业的基本信息，更通过一致和系统化的视觉语言，增强了公众对品牌的感知力和记忆力。这种视觉上的统一性和连贯性是构建企业形象和增强品牌认知度的关键，能有效地将企业的内在价值观和经营理念通过视觉元素传递给目标群体，从而在激烈的市场竞争中塑造独特的品牌优势。

视觉识别系统的实施涵盖了基本要素系统和应用要素系统两大领域。基本要素系统主要包括企业的核心视觉标识，如企业标志、标准色彩、标准字体及象征图案等，这些是构成企业视觉识别的基础和核心。应用要素系统则更为广泛，包括企业的所有视觉表达应用场景，如办公用品、建筑环境、产品包装设计、广告媒体呈现、交通工具涂装、员工服装设计以及销售点的视觉布局等。通过这些具体应用的视觉统一和标准化，企业能够在不同接触点与公众进行有效沟通，进一步深化公众对品牌形象的认知和理解。在整个 CIS 战略中，视觉识别系统凭借直观和普遍的接触性特点，成为企业传达其商业价值和文化理念的重要媒介，有效地促进了品牌形象的稳固和市场影响力的扩大。

（一）系统设计

视觉识别系统设计的明显特征为具有外在表现，呈现形式最直接、最具有传播力，同时也最具感染力。这一设计是企业标志的基本要素，其以有效的方针和管理系统在具体工作中展开，形成企业稳定的视觉形象，通过视觉符号对企业文化、理念、精神等方面进行设计，有效地将企业知名度、形象对外进行宣传推广。视觉识别系统能够充分体现出企业本质的理念、精神，让企业产品向名牌化方向发展，同时能够有效地促进企业产品进入市场。这一系统通过视觉表现所表现出的企业文化、企业理念、企业精神等最终形成了企业的整体形象。

（二）系统作用

视觉识别系统是将企业识别系统中最具传播力和感染力的部分体现出来而被大众接受，运用系统、统一的视觉符号系统，使受众实现对企业或产品品牌形象的快速识别与认知，在企业对外宣传和企业识别上能产生最有效、最直接的作用。

视觉识别系统通过标志、标准色、专用字体等"基础规范"及办公事务、宣传识别、户外环境系统等"应用规范"，增强企业品牌识别度并形成统一完整的视觉形象，有助于实现品牌的现代化及国际化。

（三）基本要素

1.企业名称

企业名称是展现企业形象的重要路径，是 CIS 设计的关键，能通过文字展现企业独有的识别要素。企业名称并非一个单纯的名字，而是一个能真实反映该企业经营思想和理念的特殊代号，所以在设计企业名称之前必须对企业有足够的了解。此外，企业名称要具有一定的特殊性，尽量不要产生歧义，所用字的读音都要足够响亮，并争取做到每个字都让受众容易识别、容易读出，还要特别注意谐音的含义，以规避不好含义的联想。名字的文字部分要简单明了，尽可能向国际化的方向靠拢，同时要考虑其英语翻译，避免外国人在听到该名字时产生不好的联想。

2. 企业标志

企业标志指的是用生动的形象、简洁的造型展现企业的经营理念、产品特性以及具体内容等信息的一个符号，是企业的象征，也是人们识别企业的特殊符号。企业标志是整个 CIS 设计的中心。设计企业标志时不但要保证其能对所有观者产生强烈的视觉冲击，还要具有特殊的个性以及强烈的时代意义。此外，人们可以用各种各样的用品、材料和媒体来完成企业标志的制作。

3. 企业标准字体

企业标准字体的设计需结合具体的内容或信息来决定，如企业的名称、地址和企业的品牌等，所以企业标准字体可以是中文，也可以是英文，甚至可以是任意一种字体。标准字体不仅要直接展现企业名称和品牌，还要能发挥辅助作用，如扩大企业品牌影响力，提升企业形象。企业标准字体的使用与应用场合有很大关系，在某些特定场所中，企业的名称可以使用简称或只能使用全称。设计企业标准字体时，首先保证使用正确的字形，在保证字形准确性的基础上增强其艺术性和审美特性，并且所增加的艺术性要易于受众识别。另外，在字体的线条和笔画的设计上，要尽量在简化有力的基础上，富有装饰性和设计美感。

4. 标准色彩

企业的标准色彩指的是能展现企业象征意义的以及可以应用到 VI 设计中各种媒体上的定制色彩。标准色彩能作用于观者的视觉，通过感官刺激使观者产生相应的心理反应，不仅能展现出企业独特的经营理念和产品特性，还能展现出企业的特殊属性和情感。标准色彩还是一种特殊的符号，能使观者在视觉识别过程中获得更大效果。企业的标准色彩需要符合国际标准，颜色数量也不能太多，最好不超过三种。此外，企业标准色彩还必须符合企业所在行业的特性，且尽量不与同行业中其他企业所用颜色产生冲突，能产生别具一格的效果。

5. 象征图案

为了能够更好地体现企业文化、企业精神、企业理念，企业可以选择通过象征图案传递企业想要表达的内涵。在各种媒体上，为了更好地配合企业形象广泛而生动地呈现，企业象征图案能够有效衬托和优化企业形象。象征图案以丰富的造型设计，有效地补充标志符号建立起的企业形象，能够让企业形象更具表现力、内涵更丰富，给人带来更为深刻的印象，其表现的丰富度与深度能够得到有效提升。企业象征图案在表现形式上，能够通过简单而抽象的图形与标志图形构成和谐的视觉效果，对企业标志图形是一种有效的补充与丰富。企业也可以选择构成标志的造型图形来设计象征图案，以让象征图案与标志图形的贴合度更高，这样在整体上能够给受众一种统一和谐的印象。

6. 标语口号

企业的标语口号并非简单的几句话，而是企业理念的高度概括，是企业将这种概括性内容用简洁、押韵的文字描述出来以达到宣传企业的目的。标语口号最重要的特性就是文字简洁、朗朗上口。通常精准、洪亮的标语口号不仅能激发企业员工的工作积极性，为了企业发展贡献自己力量，还能完美展现企业的发展方向、发展目标，进一步加深企业在民众内心的形象印记。从某种意义上讲，标语口号根本的作用就是提升企业以及品牌在人们心中的形象，让普通民众通过视听感受对企业和品牌有更深层的理解，更认可企业以及品牌。

7. 企业吉祥物

企业吉祥物通常以一个可爱、平易近人的拟人化形象，表现出企业文化、精神、理念、内涵等各方面的信息与内容，并以这种生动活泼的形象激发受众充足的好奇心和好感。

8.专用字体

专用字体指的是对企业应用的数字、文字以及产品名称等进行统一设计后得到的一种特殊的字体形式。它包含了影视广告、招贴广告、报刊广告等广告设计的标题以及刊头的字体，企业在举办对外活动或对内活动时所用的标识字，企业在设计产品时的标识字。

（四）应用要素

应用要素系统设计是对不同媒体应用基本要素系统制定的详细规范。确定了企业视觉识别系统中的企业标志、标准字体、标准色彩、标语口号等基本要素后，就可以在此基础上进行细化的应用项目开发。在应用项目开发过程中视觉设计要素的组合方式会根据应用项目的区别进行适当的调整，换言之，当确定一个应用项目后，其对应的视觉设计要素的组合方式也应确定下来，以便于通过系统化、同一化的方式来增强视觉祈求力的作用。应用要素系统主要包含以下几方面。

1.办公事务用品

办公事务用品的设计必须能够凸显企业的理念和思想，其制作也要具备规范性、统一性。设计办公事务用品时首先要做的就是根据图形、文字、色彩、尺寸等标准排列不同形式办公用品的顺序，确保办公事务用品的格式是规范的、统一的、精确的、完整的、严肃的，保证设计出来的作品能给人焕然一新的感觉，同时对外展示企业独特的风格、高度集中的现代化办公方式以及现代企业文化不断向其他领域传播、渗透的行为痕迹。常见的办公事务用品有公文表格、账票、文件夹、工作证、徽章、名片、信纸、信封、资料袋、备忘录、请柬、便笺、介绍信等。

2. 外部建筑环境

企业外部建筑环境是在公共场所当中展示的，让人们对企业有简单、直观了解的一种公开化的、带有强烈企业色彩的群体设计，是集成企业面貌特性的系统。在设计企业外部建筑环境时必须充分考虑企业与周边环境的融洽程度，在和谐的基础上强化企业的识别标志，凸显企业形象，将正规化、标准化以及具有统一性、坚定性的企业形象展现在观者面前，让观者可以在纷繁场景中感觉眼前一亮。企业外部建筑环境包含广告塔、路灯指示牌、公共标牌、招牌、门面、旗帜、建筑造型等。

3. 内部建筑环境

企业的内部建筑环境其实就是指企业内部的会议室、销售厅、办公室、休息室等区域的环境形象。在设计企业内部建筑环境时，关键的就是从根本上将企业的识别要素充斥到整个内部环境当中，通过渲染、塑造、传播等方式让企业形象深入人心，展现其统一性。企业的内部建筑环境包含企业形象牌、各部门标识、pop 广告、吊牌、吊旗、货架标牌等。

4. 交通工具

交通工具作为企业最主要的出行工具，可以通过其公开外在和反复流动传播企业形象，每当企业交通工具出行一次，都能让观者对企业形成一丝记忆，创建模糊的企业形象，多次之后企业形象就能深入人心。设计交通工具时必须充分考虑其本身的特性，如快速性、流动性，所以交通工具的外观必须具有统一性，所绘制企业标识的字体和色彩必须使用标准字体和标准色彩，而且标识的字体要足够醒目、色彩要足够强烈，确保能吸引更多观者的注意力，实现宣传效果最大化。企业常用的交通工具包括客车、轿车、工具车、货车等。

5. 服装服饰

企业的服装服饰的设计不仅要保持统一，而且要兼具高雅、整齐，员工身穿这样的制服不仅能产生更多的荣誉感、归属感，还会产生主人翁意识以及强烈的责任心。在这种背景下，员工会主动改变自己的精神面貌，严格遵守规章制度，自然能大大提升工作效率。设计服装服饰时需要根据员工的岗位、职权、工作性质的不同分别制订相应的服装。企业的服装服饰包含普通员工制服、中级管理者制服、经理制服、领带、衬衫、礼服、胸卡以及工作帽等。

6. 广告媒体

企业在宣传过程中会选择在多种媒体上发布广告，这样不仅能在最短的时间内将企业的相关信息传播得更远、更广，宣传效果更强，还是一种更长远、更整体的传播方式，许多现代企业在传播信息时一般都会选择这种方式。企业的广告媒体包含电视广告、路牌广告、杂志广告、报纸广告、招贴广告等。

7. 产品包装

产品是企业与人们相互了解最直接的途径，关乎企业的经济命脉，所以，企业产品的包装不仅能起到保护作用，还是一种展现企业形象、传递企业信息的特殊路径，是一种商品化、信息化、记号化的企业形象。从某种意义上讲，产品包装还能体现出商品价格的高低以及质量的好坏，因此，产品包装至关重要，需要系统化设计。成功的产品包装可以用最便捷、最直接的方式来宣传企业、展现企业形象。企业的产品包装包括包装纸、陶瓷包装、金属包装、纸盒包装、塑料包装、玻璃包装、木箱包装、纸袋包装等。

8. 赠送礼品

企业礼品一般都是用来送给客户的日常用品，一方面可以作为沟通交流、联络感情、协调关系的媒介，彰显企业的人情味；另一方面可以通过礼品展现企业形象和企业精神。换言之，企业礼品是带有企业标识、承载企业形象的特殊日用品，也是宣传企业信息的有效手段。企业的礼品包括礼品袋、纪念章、雨伞、钥匙牌、打火机、领带夹、领带以及T恤等。

9. 陈列展示

陈列展示是一种特殊的企业营销活动，在活动中可以运用各种广告媒体来彰显企业形象，传播企业信息，展示并销售企业产品。陈列展示的设计要着重强调其整体性、新颖性和秩序性，确保能完美展现企业的精神面貌。企业的陈列展示包含陈列商品展示、货架商品展示、展览展示、橱窗展示等。

10. 印刷出版物

企业的印刷出版物是企业形象、企业思想、企业理念的高度集合，是人们了解企业最直接的方式，对企业发展有着至关重要的作用。设计印刷出版物时首先要做的就是保证其具备极佳的视觉效果，使用标准字体、标准色彩，无论是企业标识还是字体、图像都要按照版式风格进行统一的编排，体现出绝对的规范性、统一性，展现企业精神，打造出一个和谐、统一的视觉形象来加深观者对企业的美好印象。企业的印刷出版物包含企业简介、年历、企业简报、产品介绍、商品说明书等。

（五）VI 管理的工作职责

（1）依据公司 VI 手册，对 VI 应用及店容店貌进行调整、指导、维护，确保视觉形象符号合理、规范。

（2）实施设计、制作、审核企业及卖场的各类印刷品、宣传品、广告工作，维护公司品牌形象。

（3）通过设计、组织、实施卖场总体美化布置方案和区域整体促销活动以及大型节假日的卖场气氛布置方案，提升卖场形象。

（4）依据公司 VI 手册和相关管理文件，设计、制作、审核企业及卖场的 VI 导视系统，提升形象。

四、广告管理

广告管理是一种特殊的管理行为，其定义有广义和狭义之分。

广义的广告管理包含两方面内容，一是广告公司管理公司以及管理相应经营活动的行为，即广告公司的管理活动和经营活动；二是政府相关机构、社会监督组织和广告行业管理广告行业以及各种广告活动的行为，如指导、监督、控制、查处等，即对广告行业以及广告活动等广告内容的社会管理。

狭义的广告管理只指代对广告行业及广告活动的社会管理。

（一）广告管理的特点

广告管理是对广告行业和广告活动的管理，广告管理的对象、方法、内容和范围的独特性，决定了广告管理具有自己独有的、不同于其他管理的特点。这些特点可包含以下几个方面。

1. 广告管理具有明确的目的性

广告管理作为一个专业领域，涉及对广告行业及其相关活动的综合管理。这种管理的核心目的在于确保广告业的健康和有序发展，同时也保护消费者免受虚假和违法广告的侵害。在不同国家，通过行政立法方式实施的广告管理不仅反映了国家对经济活动的宏观调控需求，而且体现了对公众利益的保护。例如，在中国，广告管理的主要目标是引导广告业支持国家的宏观经济战略，同时规范市场秩序，提升行业整体水平，保护合法经营者的权益，并严厉打击非法广告行为，保护消费者的权益。

2. 广告管理的规范性

广告管理的规范性是其另一个显著特征。作为国家对经济行为的一种管理方式，广告管理严格依据法律法规执行。全球许多国家都设立了专门的广告监管机构，并制定了详尽的法规来规范广告活动，确保广告内容的真实性和合法性。这些法规不仅为广告行业的运作提供了明确的法律框架，而且确立了一套标准操作流程，使得广告业的发展既符合法律要求，又能满足市场和社会的需求。规范性和强制性的特征使得广告管理成为维护市场公平与消费者权益的重要工具。

3.广告管理的多层次性

广告管理具有多层次性的特点，是指政府对其进行行政立法管理，广告行业自身保持自律，社会对其进行广泛监督管理，各个相关方之间可能相互协作管理。对广告行业和各种广告活动进行多层次的协作管理，即使国家相关的法律法规制定得再完善，也会有疏漏的情况出现，不能做到尽善尽美。时代在不断向前发展，社会也发生着变化，总会有新的事物出现，因此也就会有新的情况和新的问题出现，只由国家层面一方对整体广告行业进行监管，不可能解决所有的问题和情况。此时，就需要广告行业协会和社会各界对广告行业进行监督管理。

广告行业具有复杂性和广泛性，其包含着诸多方面的内容与内涵。广告可能涉及各个领域、各个方面的内容与信息，可能涉及每一个行业，涉及各家企业或公司。从现实中考虑，每家企业或公司都有可能与广告打交道，也几乎都会通过广告的形式对企业或公司自身进行宣传与推广。无论是对企业自身形象的宣传，还是对产品和服务的推广，大多都需要广告这一营销方式。因此，针对广告行业的复杂性与广泛性，需要国家、行业协会、社会公众等各方对广告行业进行全方位的监督管理，以更好地规范广告行业的发展。

（二）广告管理的内容

对广告主的管理、对广告经营者的管理、对广告发布者的管理、对广告信息的管理，以及对广告收费的管理、对户外广告的管理，构成了广告管理的主要内容。

1.广告主管理

对广告主的管理是广告行业法律框架的一个关键组成部分，旨在通过监管广告主的活动来确保广告市场的整体健康与合法性。广告主不仅是广告活动的发起者，同时也是资金的提供者，他们决定广告的数量、时机、手段以及合作的广告代理和发布者。因此，他们的决策对广告活动的性质和效果有着直接和决定性的影响。通过对广告主进行有效的管理，广告监管机关实际上是在源头上控制广告活动的质量和合法性，这是维护市场秩序和保护消费者权益的基石。确保广告的真实性和合法性，防止虚假和违法广告的产生，是对广告主管理工作的直接目标，也是净化广告行业环境的必要手段。

广告管理机关在对广告主进行管理时，主要聚焦于两方面：一是保护广告主依法进行广告活动的权利，二是确保广告主的广告活动符合国家关于广告的法律、法规和政策要求。这种管理既涵盖了对广告主合法权益的保护，也包括了对其责任的明确，确保广告主在从事广告活动时，在法律允许的范围内操作。一旦广告主的行为违反法规，他们必须承担相应的法律责任，接受广告管理机关的监管与处罚。这不仅促进了广告业的规范发展，也加强了广告法规的执行力度，形成了一种有效的法律约束和监督机制。

在实际操作中，广告管理机关依据《广告管理条例》《广告管理条例施行细则》《中华人民共和国广告法》（以下简称《广告法》）及其他相关法规，对广告主的管理内容进行了具体规定。

（1）要求广告主提供合法主体资格证明。

（2）广告主的广告活动严格在其经营范围或国家授权的范围内进行，所有广告内容必须事先经过审核，不得包含任何超出许可范围的宣传内容。

（3）广告主只有通过具备合法经营资格的广告发布者和经营者才能发布、代理、设计以及制作广告。

（4）广告主必须提供保证广告内容真实性、合法性的真实、合法、有效的证明文件或者材料。

（5）广告主应依法申请广告审查。

（6）广告主只有与他人经过商定并签订书面协议的情况下才能将其形象、名义应用在广告当中，对于那些限制民事行为人以及无民事行为能力的人，只有在获得其监护人书面同意的情况下才能将其形象、名义应用在广告中。

（7）广告主如果想要发布烟酒类商品广告，需先向广告管理机关申请，获批后才能发布广告。

（8）广告主设置户外广告应符合当地城市的整体规划，并在工商行政管理机关的监督下实施。

（9）广告主应合理编制广告预算，不得把广告费用挪作他用。

2. 广告经营者管理

广告经营者在广告产业链中扮演着至关重要的角色，作为广告主与广告发布者之间的纽带，其活动的合法性和规范性对整个广告行业的健康发展产生了深远的影响。因此，加强对广告经营者的管理是广告行业监管的核心内容。广告经营者的管理主要涉及审批登记、广告业务员的资格认证、广告合同管理、广告业务档案的维护以及年度注册检查等方面。这些管理措施旨在确保广告经营者在法律框架内运作，保障其业务的透明度和合法性，同时也有助于广告市场的公正竞争和消费者权益的保护。

广告经营者的审批登记管理是由政府相关职权部门按照国家广告法律法规执行的一项重要行政管理行为。此管理过程确保广告经营者在获取广告业务资格前，必须通过一系列的法定程序以及相关企业登记的基本要求。只有在满足特定的资质条件并通过法定的审批程序后，广告经营者才被允许注册并正式开展业务。这种制度性的管理不仅防止了非法广告活动的发生，而且强化了广告经营者对广告法规的遵守，进一步维护了市场的规范运作和广告业的整体信誉。

3. 发布者管理

广告发布者管理，亦称广告媒介物管理，是指根据国家广告管理法律与法规，广告管理机关对广告发布活动全程的监督与管理。这包括对媒介单位如电视台、广播电台、出版社、报纸、期刊等在广告发布前后的各项活动进行规范，确保这些活动符合法律法规的要求。广告发布者不仅传播新闻和信息，还兼营广告业务，他们的活动直接影响到广告内容的质量和公信力。对广告发布者的管理，旨在维护市场秩序，保护消费者权益，同时确保广告活动的合法性和透明度。

（1）对广告发布者经营资格的管理

广告管理机关对广告发布者实施的管理主要聚焦于经营资格的核实与审批。具体操作中，广告发布者必须向地方工商行政管理局提交兼营广告业务的登记申请，并接受审查以确定其发布广告的条件和资格。只有当广告发布者满足特定的资质条件后，才能被授权从事广告发布业务。这一过程中，广告管理机关依法为合格的广告发布者登记并发放广告经营资格证明，从而合法化其广告发布操作。未经登记获得合法资格证明的广告发布活动被视为非法经营，相应地，广告管理机关将对非法行为进行查处。

（2）对广告发布者提供的媒介覆盖率的管理

广告管理部门还负责监管广告发布者提供的媒介覆盖率数据的真实性。媒介覆盖率，包括媒介的覆盖范围和覆盖人数，是广告定价的重要依据。不同类型的媒介，如电视、广播、报刊等，其覆盖率以收视率、收听率和发行量等形式表现。广告管理机关通过审查这些数据的准确性，不仅保护了广告发布者的信誉，也保障了广告主和广告经营者的合法权益，进而保障支持广告市场的健康发展。通过这种综合性的监管，广告管理部门力求创建一个公正、透明的广告运营环境，从而提升整个行业的标准和效率。

（3）对广告发布者利用媒介时间版面和篇幅的管理

广告发布者虽然是媒介使用权的拥有者，但这并不代表广告发布者可以无限制地增加广告在媒介中刊播所占用的篇幅、版面以及时间。国家相关行政管理机构需充分发挥其行政职能，制定相关规定限制媒介在刊播广告中的篇幅、版面以及时间，保证媒介正确发挥其社会职能，实现健康发展。

4.广告信息管理

广告信息包含两方面内容，一方面是广告信息内容，另一方面是广告信息内容所引起的相关表现。广告信息其实就是通过媒介发布、传播的广告作品中所包含的内容。如今，广告信息管理早已成为世界各个国家广告管理的关键内容。

广告内容的管理其实就是判断广告内容是否合法、是否真实的管理行为，保证人们看到的广告内容都是合法的、真实的、健康的。

《广告管理条例》第三条规定："广告内容必须真实、健康、清晰、明白，不得以任何形式欺骗消费者。"《广告法》第 7 条规定："广告内容应当有利于人民的身心健康，促进商品服务质量的提高，保护消费者的合法权益，遵守社会公德和职业道德，维护国家尊严和利益。"《广告法》第 7 条对广告中不得出现的内容，《广告法》第 14 条、第 17 条对药品、医疗器械和农药广告中不得出现的内容都作了明确规定。此外，还有一些单项法规明确规定了某个领域中广告内容的有效范畴，如《酒类广告管理方法》《食品广告管理方法》《化妆品广告管理方法》《医疗器械广告管理方法》《药品广告管理方法》《关于加强对各种奖券广告管理的通知》《关于加强融资广告管理的通知》《关于加强体育广告管理的暂行规定》等。

广告需要通过一定的表现形式和方法，将产品或服务的信息传递给受众群体，突出产品或服务的关键性信息，满足消费者或受众群体的需求，以激发这部分人群的购买欲望，并尽量在其心中留下深刻印象。广告的表现需要通过广告的表现形式和方法予以呈现。

广告表现其实就是根据广告内容对消费者、公众、社会、市场等开展的一系列宣传活动，或者是为了实现盈利目的应用的一系列宣传手段。所以，广告表现既需要接受广告管理相关部门制定的相关法律法规的约束，还需要接受道德以及社会规范的限制。广告表现管理包含对其真实性、合法性、道德性、公益性、独创性、可识别性的管理。

5. 收费管理

广告收费指的是广告主将广告业务委托给广告发布者和广告经营者，他们在完成委托后收取的相关费用，如广告发布费、广告代理费、广告设计费以及广告制作费等。

广告收费管理指的是广告管理部门根据广告管理的相关法律法规协同公安、城建、物价等职能部门对广告发布者、广告经营者在广告的发布、代理、设计以及制作等广告业务活动中收取费用的行为是否合法的管理。我国的广告收费管理遵循国家定价管理和备案价格管理相结合的原则。

我国对广告发布者收费的管理主要按照备案价格管理执行，具体的收费标准是按照广告发布者发布广告使用的媒介（如杂志社、报社、电视台、广播电台等）的发行量、收视率、收听率以及其在地方或全国的覆盖率和影响来制订的，此收费标准需上报到当地的物价管理部门以及工商行政管理机关，进行备案处理。

我国对广告经营者收取的广告代理费的管理主要按照国家定价管理执行，具体的收费标准是由相关法律规定的，在全国范围内都是统一的。当广告经营者承接的是国内广告业务时，广告经营者收取的代理费用是广告费用的 10%；当广告经营者承接的是外商来华广告业务时，广告经营者收取的代理费用是广告费用的 15%。

我国对广告经营者收取的广告设计费和制作费的管理主要按照备案价格管理执行，具体的收费标准是由广告经营者结合广告的设计、制作成本以及自身的制作水平、服务质量、综合信誉等因素制定的，此收费标准需上报到当地的物价管理部门以及工商行政管理机关，进行备案处理。

对于建筑物占用费、户外广告场地费等费用的管理主要按照政府定价管理执行，具体的收费标准是由当地的工商行政管理机关与城建部门、物价部门结合当地的经济发展情况，建筑物和户外场地的所在位置是否处于闹市区或商业中心、周边人流量大小、发布广告区域等因素综合考虑制定的，此标准需上报当地人民政府，经政府批准后任何单位和个人都不能更改，严格按照此标准执行。

6.对户外广告的管理

户外广告指的是在建筑物、码头、车站、机场、旅行沿线、交叉路口、商业中心、闹市区、繁华地段等露天场地以及相关交通工具上绘制、设置、张贴的广告。从某种意义上讲，户外广告的质量、数量以及设置地点的合理性能从侧面反映该地区或城市的经济情况、文化内涵、精神面貌、环境保护以及城市美化的程度。通常情况下，户外广告应与自然环境、社会人文环境相匹配，绝对不能对古物建筑、城市环境、市容风景、交通等造成影响。

户外广告的管理涉及多个部门的协作和综合规划，使其成为一种相对于其他形式的广告管理更为复杂的任务。在户外广告的管理体系中，公安机关、环保部门、城市建设部门及工商行政管理机关等都扮演着重要角色，共同负责广告的规划、质量控制、地点选择以及安全标准等方面。这种管理模式要求在县级以上人民政府的指导下，相关部门需共同制定和实施户外广告的区域布置和规格设定等策略，然后将规划方案提交给地方政府审批。一旦获得批准，工商行政管理机关便负责监督这些规划的执行，确保户外广告的安装与维护符合规定的标准和安全要求。

户外广告的具体管理过程中，实施登记管理是核心环节。这一流程涉及县级以上的广告管理部门与公安、环保、城建等相关部门协作，共同审核和核准申请在指定区域和地点经营户外广告的个人或单位的资格。这些部门依据当地人民政府批准的户外广告规划和管理办法，审查申请者的经营资格和必要条件是否满足规定。只有那些符合条件的申请者才被允许在指定的区域和地点设置户外广告，并进行相应的登记手续。对于未经核准和登记，擅自设置户外广告的个人或单位，将视为非法经营，按照法律规定予以取缔，这样的严格管理措施有助于维护公共安全、环境保护及城市美观，同时也保护合法经营者的权益。

户外广告的内容必须具有合法性和真实性。户外广告的发布是一个相对漫长的过程，单纯的广告发布完成并不代表整个发布活动的完结，也不代表发布者履行完自己的职责，还应包括后续的广告设置、安装以及安装完成后的日常维护、维修、售后等都属于广告发布活动的范畴。在广告发布活动的过程中，广告管理部门会协同公安、城建、环保等相关部门对户外广告的设计过程、制作过程所用材料、安装过程和安装材料、广告与建筑物的连接情况以及广告安装完成后的安全情况进行切实有效的管理。对于那些不符合要求的、影响城市整体形象、存在安全隐患等问题的户外广告，广告经营者应当及时维修、维护、更换，保证户外广告与周边环境和谐共融。

五、框架理论

框架理论起源于人类学，历经多年发展，如今已广泛应用到社会学、心理学、传播学等诸多学科领域中。1995 年，贝特森首次在人类学领域提出"框架"的概念。1974 年，框架理论被戈夫曼（Goffman）引入社会学中，他在 1974 年所著的《框架分析：一篇关于经验组织的论文》中阐释了框架的内涵"是指人们用来阐释外在客观世界的心理模式，或是在特定时间内理解社会境遇的一套特定期望，所有我们对现实生活经验的归纳、结构与阐释都依赖于一定的框架"①。这是从社会学角度出发的人们面对现实世界的框架。他认为："基于情境化的视角，可得知人们如何建构现实事物或者某个意义的特定所指，在建构的特定现实的过程中找到遵循的普遍规律。"② 也就是说，人们通过特定的框架来认知和解释

---

① 吴晓波. 风景中的企业家——三十年企业家形象的变迁 [J]. 中国企业家，2007（6）：54-55.

② 高焕静.《人民日报》（1950-2014）少数民族形象建构研究 [D]. 杭州：浙江大学，2015.

客观真实的社会信息，框架作为一种认知结构，人们对现实生活经验的归纳和总结，都依赖于一定的框架。直到 20 世纪 70 年代中期，框架理论渗透到新闻传播学领域，广泛应用于分析媒介内容，并逐渐成为传播学的主流理论。20 世纪 80 年代，吉特林（Gitlin）极具前瞻性地将框架理论进一步运用到大众媒介和政治传播研究之中，他认为框架是"关于存在着什么、发生了什么和有什么意义这些问题上进行选择、强调和表现时所使用的准则"①。目前，框架理论成为社会互动、组织传播、政治传播的重要理论基础，结合多学科视角的特征日趋明显。新闻框架是媒介形象建构的基础，媒介通过新闻框架生产了媒介形象。

框架理论在新闻传播学中占据重要地位，主要探讨媒体如何通过特定的处理方式影响信息的接收和解释。罗伯特 M. 恩特曼指出，框架的运作主要通过选择性强调某些文本要素，从而使信息更易于被观众注意、理解和记忆。中国学者黄旦进一步阐释了框架理论在媒介生产中的作用，强调媒体如何构建社会现实并塑造公众的认知。他指出，新闻框架的体现通过新闻文本或话语，强调这一构建过程是开放、多元和动态的。此外，学者如 Charlotte Ryan, Kevin M. Carragee 和 William Meinhofer 通过媒体研究和行动项目（MRAP）展示了框架理论在实际应用中的有效性，特别是在支持社会运动与新闻媒体互动方面。MRAP 利用框架分析帮助社会运动和社区团体利用新闻媒体推动其议程，显示了框架理论在实际行动中的实用价值和广泛适用性。

对于影响新闻框架形成的因素，渥夫斯菲德（Wolfsfeld）曾归纳出五点：一是"新闻媒体的自主性，或是受政府控制的程度"；二是"社会事件的提供者，即消息来源"；三是"新闻组织的流程或常规"；四是"新

---

① 杨岱若.改革开放以来我国企业家报道的研究——以《经济日报》为主要分析对象 [J].新闻记者，2004（6）：37-39.

闻工作者的意识形态";五是"社会事件受原始组织影响的程度"①。

　　暨南大学的张晓莺教授深入探讨了框架理论与媒介形象建构之间的关系,提出了新闻框架是媒介形象建构的关键基础。她指出,新闻框架通过"取景框架"和"叙事框架"两大机制影响媒介形象的构建过程。其中,取景框架主要体现在新闻报道的消息来源选择和报道主题的确定上,叙事框架则通过新闻的叙述方式和修辞手法实现。这种理论框架为理解和分析媒介如何塑造科技企业等大型组织的公众形象提供了方法论的支持。基于此理论视角,本研究将内容分析法和话语分析法作为主要研究方法,探索大型科技企业如何通过媒介策略管理其公众形象,这不仅有助于学术理论的深化,也为实际的企业媒介管理策略提供了指导。

---

① 乔冬.基于媒体报道背景下的煤矿企业家形象比较研究[J].中国报业,2012(16):73-75.

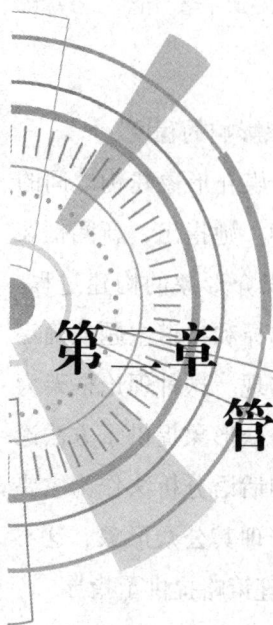

第二章　大型科技企业媒介形象
管理相关概念解读

第一节　媒介形象概念

一、主要概念界定

就定义角度而言，不同视角下对媒介形象的定义显然会存在明显差异。以媒介的主体角度进行定义，媒介形象的主体在社会交往中所呈现出的吸引力往往与品相和样貌有关，是受众群体的印象集合。而这一视角下的媒介形象定义显然具备"有价""被评价""技术表征""唤起联想"等特性，并且充分彰显出媒介形象主体符号化的社会色彩。就这一个定义视角而言，学者宣宝剑对媒介形象的定义作出了更为明确的概述，即人们对于大众传播媒介，以及再现事物的总和。他认为，媒介形象的形成过程受到的制约因素较为广泛，其中包括媒介主体、受众群体、外部环境等多个方面。同时，他还认为媒介形象的形成过程是一个极为开放和复杂的系统，其中包括传播者形象和媒介再现两个子系统，前者应立足价值、物质、审美三方面进行深入分析，后者则要立足主动媒介再现形象、部分主动媒介再现形象、被动媒介再现形象三个方面进行分析[①]。

就媒介形象的内涵而言，往往可以通过两个角度对其加以理解。第一个角度为媒介形象就是在社会中具体表现出的媒介形象，或者是通过某一种媒介传播手段所呈现出的一种公众形象，这一角度是人们对于媒介形象最传统和最直接的感觉，如社会团体形象、行业形象、企业形象、产品形象、品牌形象等。第二个角度就是媒介个体或者媒介组织呈现在大众面前的形象，一方面指的是同一时空下若干媒介形象在大众头脑中形成一个整体物质形象；另一方面指的是非相同时空下，某一媒介呈现在大众面前的形象。除此之外，还可以指不同时空下的多个同类媒介个体给人们留下的集体印象[②]。

综合以上观点的阐述，不难发现在进行媒介内涵的研究与分析过程中，应该以第一种角度为主，让其影响媒介形象树立的相关因素能够得到充分确立，之后再结合具体的影响因素进行深入细化与分析，由此可以将媒介形象的树立过程进行深入挖掘。针对大型科技企业而言，影响因素往往会包括来自企业自身的因素，也包括来自社会发展大环境和与之相关的微观因素。就企业自身的因素而言，通常会体现在企业文化、企业品牌、产品服务等多个方面。就企业以外的社会环境因素而言，往往会体现在国家经济与社会发展的大环境、行业发展的大环境、公众认知水平等多个方面。这些显然也让人们能够针对媒介形象的概念界定有着更为清晰的认知，即媒介形象就是大众传播媒介和再现事物认知的总和。

---

① 宣宝剑.媒介形象内涵分析 [J].中国广播电视学刊，2008（3）：27-28，24.
② 栾轶玫.媒介形象的研究现状及重新定义 [J].今传媒，2006（9）：16-19.

二、"形象"解读

（一）形象

中国最早出现关于形象的记载来自《尚书》，同样在《淮南子·精神训中》中也有关于形象一词的书面记载："古未有天地之时，惟象无形"，《易传》中也有："在天成象，在地成形。"在古代，虽然人们已经将"形""象"结合在一起使用，但是并未将其作为一个固定词语加以使用。"善说者若巧士，因人之力以自为力，因其来而与来，因其往而与往。不设形象，与生与长，而言之与响；与盛与衰，以之所归。"主要指的是具体事物。《红楼梦》中："这会子画得这个形象，你还敢领东西来！"此时的"形象"二字主要是对事物的一种具体描述。在《现代汉语词典》中，"形象"被解释为"能引起人们的思想或感情活动的具体形态"，是具象和抽象的统一。[①] 人类在头脑中对于某一对象形成的具象化的印象与图像是西方学者科勒对"形象"一词的具体概括。随着社会的进步及传播媒介的不断发展，"形象"一词的含义不断得到丰富与充实，当人们在对特定组织的形象进行研究时，"形象"的含义是指，组织为了吸引公众的注意力和博取公众的关注，以获得某种利益，而创造某种形象，并借助一定的营销手段和宣传方式，到达受众的认知层面，继而影响受众的态度和行为的"印象"，具有一定的虚拟性，可能与实际情况不相吻合。[②]

（二）媒介形象

形象概念在传播媒介的影响下逐渐衍生出了媒介形象这一概念。通常来说，媒介形象包括两个层面的含义，第一层是媒介自身所特有的一

[①] 秦启文，周永康.形象学导论 [M].北京：社会科学文献出版社，2004：124-125.
[②] 易洋.媒介融合语境下的纸媒官方微信传播研究 [D].广州：华南理工大学，2015.

种形象，主要表现为公众对媒介所持有的一种认知态度，具体反映了在公众心目中的媒介外在表现与内在品质；第二层指的是媒介在传播过程中，由国家政府机构、企业、组织或是个人面向受众展现或塑造的一种外在形象。媒介形象需要借助媒介使得媒介形象得以传播、意义化及构建，通过一定传播手段对公众认知产生影响，或许其真实形象并非如此。本书则是在第二层意义的视角下，对故宫博物院在全媒体时代的媒介形象展开研究的。

（三）媒介形象建构

李普曼的"拟态环境"认为新闻机构为公众构建了一个"拟态环境"，这个"拟态环境"不是对现实世界镜子式的再现，而是传播媒介通过对事件或信息进行选择、重新加工整合后向公众展示的环境。[①] 因为人类自身存在一定的局限性，要想了解真实世界，需要借助大众传播媒介得以实现，一般来说，受众用来认识世界、采取行动以及作出判断的主要依据就是"拟态环境"。可以说，媒介形象的建构就是大众传播媒介对现实世界中的事物进行的结构化与再加工。萨义德（E.W.Said）认为"建构的策略基本上依靠文本"，因为刻板印象就是通过书面的形式来表现的。[②] 事实上新闻报道本质上是一种文本，大众传媒就是通过各种话语运作的文本再现，或隐或显建构着不同群体的形象。[③] 总而言之，相关组织在媒介中借助"他者"或"自我"以制造意义、框架、文本、视觉符号等进行形象塑造的过程，可以从某种程度上对人们的认知与行为产生一定的影响。

[①]　郭庆光.传播学教程 [M].北京：中国人民大学出版社,2011：25.

[②]　Cavallaro D. Critical and Cultural Theory: Thematic Variations. London and New Brunswick [M]. *NJ: The Athlone Press*, 2001: 126.

[③]　童兵，潘荣海."他者"的媒介镜像——试论新闻报道与"他者"制造 [J].新闻大学，2012（2）：72-79.

三、媒介形象的内涵

针对"形象"而言,其实质并不复杂,原因在于每个人或每一件事物都会有自身的形象。就人而言,穿戴、谈吐、行为、办事能力都是重要表征。

自古以来,中国就是一个礼仪之邦,对于形象来说更是极为看重,通过汉字形成的过程,便可知形象在我国文化发展中的重要性,通过形象人们能够对文字的真正含义以及事物的由来产生深刻理解。

从一般意义角度讲,"形象"往往是指形状相貌,而并非单纯指某一事物的表象,通常还包括更深层面的含义,即一种因事物表象而引起的情感或思想活动的表达,与此同时,也是一种意识的知觉的概括。

美国著名公关策略学家威廉·拉德曼明确指出形象并非单纯指向正面形象,是生存和成长道路中一切有帮助的因素,这些因素如不进行有效调节也极容易使人与成功擦肩而过。与此同时,也有部分学者从其他角度对形象进行了详细研究,如美国著名视觉传播学者保罗·梅萨里,他认为暗含的促销论点便是形象。

(一)媒介形象的含义

就目前学术界关于"媒介形象"的研究来说,学者凌昊莹在《媒介经营管理》所作出的具体阐述已经得到普遍认可,并将媒介形象定义为媒介本身的社会形象,公众对媒介所持有的一种具体看法,其本质属于一种知觉性概念,其主体为社会所有媒介消费者,客体为媒介本身,通常来说,媒介形象包括两个特征,即内在特征与外在特征,并且媒介形象的树立或更正需要通过多种途径得以实现,包括广告、公共关系、公共宣传等。该定义的提出显然是以媒介经营为主要视角,然而媒介形象的树立过程显然不能局限在媒介经营这一视角之下,它往往还会在意识形态层面存在,大多数情况下也会将其看作一种符号象征。

因此，关于"媒介形象"的定义，清华大学的栾轶玫教授在其撰写的《媒介形象学导论》一书中给出了明确答案，他认为人们在社会交往过程中形成的一种可以吸引注意力的品相，是媒介组织的印象集合，因此它具有"有价性""被评价性""技术表征"和"唤起联想"的属性，是媒介符号化的具体表征。

在进行媒介评价过程中，社会公众应当作为评价主体，此处并非仅指媒介的受众群体，究其原因在于媒介形象实质上是全体公众对媒介的一种认知，这种认知具有一定的理性化与综合性。而媒介形象在公众内心之中的全面形成并非具有先天性，而是受到各种媒体影响可以塑造的，并且一再追求最终产生的结果。这一过程无疑是极为漫长的，并非一蹴而就，同时该结果的形成往往也表现出极强的稳定性，对公众而言，会在内心产生持续性影响，很难在短时间内消除。

（二）媒介形象与媒介品牌

清华大学栾轶玫的博士论文《媒介形象的生成与建构》首次将"媒介形象"引入传播学的研究领域，作为一门新兴学科，人们尚未对其概念达成共识。故此，大量研究学者将以往研究过的媒介品牌概念与媒介形象概念混为一谈，此类做法有些欠妥。

"品牌"这一概念对于大多数人而言早已不再陌生，虽然与西方国家相比，我国对于品牌的研究起步较晚，但是，通过研究史料不难发现，我国古代人民早在数千年前便已有了"品牌"意识。古挪威语的 brandr 是英语"品牌"（brand）一词的由来，原意为"打上烙印"。早期的先民为了证明自己是所饲养牲畜的主人，便会在其身上打上烙印。此后，这一烙印逐渐被引申为商品的标识与标志，是区别于其他同类产品的一大特质。从本质上看，产品的品牌是一种产品价值及其附加价值的具体体现，而非一种产品无纸化形式的代表。从某种意义上来看，企业在市场中的认知程度与形象可以通过品牌得以反映。从根本上说，一种全新的生活方式与价值观念可以通过品牌宣传形式向公众传播。

1. 媒介品牌的含义

如果单纯地从字面上理解媒介品牌这一概念，很容易与企业品牌的概念混为一谈，媒介品牌的概念一方面意为媒体塑造的符号、设计、名称等的代表，另一方面更加注重对于媒介机构与受众之间的深刻体验与密切联系。

媒介品牌具有多重价值，既能够为其所有者带来良好的经济效益，又能为其受众带来一定的增值效果。媒介品牌从本质上是一种无形资产，有着独特的意义与内涵。由于媒介生产的产品内容集准确、权威、真实于一体，与其他组织品牌相比，在公信力方面具有一定优势。

随着媒体市场化的不断加剧，媒体之间的竞争愈演愈烈，在激烈的市场竞争中，媒介品牌的积极作用日益凸显。总的来说，媒介品牌与普通商品一样，具有一般品牌的共性特点，象征着整个媒体的综合表现。媒介营销的每个环节都会涉及媒介品牌的建设与维护，可以说，媒介品牌的形成受到了多方因素的影响，包括广告风格与种类、读者互动、播出、发行、时段安排、版面设计、内容规划等。

2. 媒介形象不同于媒介品牌

就当前学术研究领域而言，诸多学者会混淆媒介形象和媒介品牌，或者会在其归属方面产生一定的分歧，其主要的原因在于没有意识到前者是在一个极为复杂的社会活动中生成，并且所处的社会环境相对而言更加复杂。具体来说，由于更多公众力量与经济力量等因素的参与，媒介形象得以形成，而在诸多因素中产生直接影响的因素包括受众素养、传播者水平和传播制度。然而媒介品牌的树立离不开对市场营销学的有效运用，这样做使得品牌所带来的效益无论体现在社会层面还是经济层面，那么它本身的性质都是在经济利益驱使下形成的。

所以，学者栾轶玫在探究媒介形象这一工作之前，首先针对二者之间的区别进行了明确阐述，由此确保媒介形象研究工作的深入开展，栾轶玫认为二者之间的区别主要表现在以下三方面。

（1）媒介品牌往往与"商业机构"较为相似，这一定义显然是从市场营销的视角出发，其最终的目的在于将"产品"推销出去，而其本质显然体现在追求商业价值的最大化，充分体现出对经济利益的追求。然而，"媒介形象"与之存在明显不同，通常是以"社会组织"的形象存在，表现出的社会价值和社会意义更为明显，其定义往往也包含了媒介品牌的定义。

（2）如果媒介失去其固有的"市场属性"，那么品牌对媒介而言自然毫无意义。众所周知，品牌本身具有一定的社会教化功能，然而当品牌处于一种非市场化的环境中时，品牌失去了在市场环境中的交换价值，与此同时，因交换产生的品牌价值自然也不复存在。可是，在任何社会环境之下都会存在交往，媒介组织会在各种环境中发挥着促进社会交往的作用。针对身处各种社会环境下的媒介机构来说，要想对其"社会关系"与"身份"加以识别，媒介形象是一个重要条件，其作用更是体现在为社会交往创造社会工具的方面，显而易见的是，媒介品牌并不具备此功能。

（3）由于媒介品牌的商业属性与其他品牌相比具有不同之处，故此在塑造过程中往往很少受到外界因素的影响，只要高度专注地满足商业诉求就能够达到其最终目的，也就是说只要通过品牌营销链的构建这一视角入手，就能够将媒介品牌充分塑造起来。然而，媒介形象因为要始终处于社会交往之中，因此在塑造的全过程往往受到社会的影响与制约因素较多。

通过上述观点阐述能够发现媒介形象与媒介品牌存在本质上的区别。具体来说，所谓媒介品牌主要指的是产品属性的总体表现，以及产品与媒介所具有的市场属性，是一种受众与媒介之间的关系契约，而媒介形象是指受众对大众传播媒介组织的印象集合。

四、媒介形象研究的理论基础

媒介形象涉及许多研究领域，是一门新兴的交叉性学科，吸纳了众多学科的思想，为了达到最佳的研究目的，需要借鉴诸多社会科学学科，如符号学、美学、传播学、心理学、管理学和市场营销学等。

（一）符号学

通常来说，在传播过程中，符号是基本元素，也是构成形象的基础，而针对符号展开专门研究的学科，我们称之为符号学。与符号相关的研究都可归为符号学的范畴。符号并非凭空产生，也不能独立存在，其包含着丰富的内涵与信息，蕴含着各种意义。媒介形象不是现实存在的实物，其是一种无形的、需要借助一些符号赋予载体某些特定意义。当形象经过一段时间的传播，在公众心目中形成一种极具说服力、信誉度和权威性的象征时，该形象就可以逐步演变为从符号学角度出发的一种具有某种特定意义的符号。此时，符号所表现的不仅是这一形象的载体，还表现出权威的、高质量的、值得信赖的、具有可靠性的某种地位、品质、个性、特色等。媒介形象的形成过程，其中符号所表现的意义与内涵均为相同的道理。

（二）传播学

传播学作为一门独立学科，其研究对象分别为传播与社会和人的关系、传播过程的发生、发展规律以及人类的一切传播行为。简言之，人类通过符号运用对社会信息进行交流与传递的具体途径便是传播学的研究内容。对于人类来说，信息的传递是一项基本的社会功能，凡是研究人与人之间关系的科学均与传播学有关，例如，人类学、哲学、语言学、政治学、社会学等。

具体来说，传播学的研究内容包括大众传播的受众理论；不同传播媒介的功能与地位；信息与受众之间的交互作用，包括信息的生产、获取、加工、反馈；在传播过程中，每一个传播要素之间的相互制约与相互联系等。

媒介形象的研究与传播学有重要的关联性，媒体本身就属于传播学范畴的研究对象，对媒介形象进行研究，需要借助各种相关理论，例如，媒体传播效果、媒体与社会文化、传播者与受众关系、媒介传播技巧等理论。

（三）美学

研究美的本质及其意义是美学作为一门独立学科的研究主题，其研究出发点为人对现实的审美关系，研究对象主体为艺术，具体包括美感的经验，美的创造、发展及其规律，崇高、美丑等人的审美意识与审美范畴。从美学理论角度出发，建立美感在新闻传播过程中尤为重要。企业媒介形象传播的内容最重要的就是满足美学要求，要在保证新闻传播的真实性和客观性的基础上，在信息准确性的基础上，可以进行大胆的艺术表现与构思，通过各种表现方式，对所呈现信息和内容进行突出和扩大。例如，可借助诗歌的优美意境、音乐的节奏与旋律、电影的蒙太奇手法，将各种美感运用到企业媒介形象传播的过程中，使所传播的内容与信息更加丰富，具有感染力，吸引受众的关注。

美会直接呈现在人的情感、喜好、情绪、激动等方面，美能令人产生一种精神上极大的愉悦与满足。可以说，受众对于企业形象从认知到喜爱再到接受的心理过程，从本质上看就是一种审美过程。良好的企业媒介形象能够给人带来审美情趣的提升，能在无形中提高审美能力和创造美的能力，人的心灵也会因此而得到美化。

（四）心理学

心理学（psychology）作为一门独立学科，其研究对象主要是人的心理现象发生、发展与活动规律。其中，消费心理学、团体心理学、公关心理学、认知心理学以及社会心理学等均为心理学的主要分科，可以说，媒体形象与上述分科均有着密切联系。在传播的过程中，企业需要考虑受众的心理变化和心理动向。企业需要根据受众群体最真实的需求，构建企业媒介形象，当了解了受众本质的诉求，企业将更有针对性地设计产品和服务。在竞争日益激烈的市场大环境中，企业只有充分了解消费者各个方面的最真实可靠的需求，才能抓住消费者的内心，将企业自身优势与消费者的本质需求统一在一起，最终转化到企业产品和服务中。企业对消费者了解得越深入，在今后企业长远发展的过程中，推出其他产品或服务时，越能够更好地把握消费者的心理，或是把握消费者的购物趋向，保证其产品或服务不会偏离市场或消费者的预期。

（五）管理学

管理学是从系统层面对管理行为和活动的一般方法及基本规律展开研究的一门科学，这门学科的产生主要源于现代社会化大生产的实际需要。在实际情况下，借助对物质、财力、人力等因素进行科学合理的组织与配置，使得整体生产力得到提高，便是管理学研究的最终目的。通过管理能够有效组织共同劳动，一般来说，塑造与形成媒介形象，仅依靠某个人或若干人是无法实现的，而是需要每个人参与其中，并通过各种管理活动来实现。管理活动能够促进社会经济的整体发展。不管技术达到什么水平，新思想的涌现，都需要有先进管理水平与之相对应，否则，即使再先进的技术或思想都不能发挥其应有的作用与水平。

企业媒介形象在宣传推广的过程中，需要管理学提供理论支撑，通常来说，管理学范畴包括企业战略管理、企业品牌管理、企业形象经营管理。企业管理的过程，从本质上看就是对企业媒介形象的塑造与经营过程。

五、媒介形象的构成

想要从深层次对"媒介形象"的概念进行认识和了解，需要对"媒介形象"内部构成有更多的认识。媒介形象本质上是一种企业形象，借由大众传播媒介得以形成，公众对媒介组织的评价与总体认识，通常来说，内在总体特征和风格，以及媒介外在总体特征和风格上的把握就是其构成要素。

（一）媒介的外在总体特征与风格

企业媒介形象的"硬件"基础指的就是企业媒介形象的外在特征与总体风格，这种媒介形象一般是以一种可感知、可看见的物质形象呈现出来的。通过企业的外在特征与总体风格可以使得受众获得一种较为清晰的观感，并在头脑中形成鲜明的形象，涉及企业组织环境、企业媒介形象的品质等。

（二）媒介的内在特征与风格

通常来说，媒介形象得以构成的"软件"指的是媒介内在的总体特征与风格，大多数情况下是以精神要素的方式呈现出来，进而形成了一种非物质形象。由于隐蔽性是媒介内在总体特征与风格的特点，因此从感知角度出发，与有形形象相比，其反应较慢。媒介管理和服务、媒介的影响和信誉、媒介风格和个性、媒介文化和精神等均属于媒介的内在特征与风格。

（三）媒介内在与外在的总体特征与风格的关系

媒介外在的总体特征与风格和内在的总体特征与风格是一对重要范畴。媒介外在的总体特征与风格完全取决于其内在的总体特征与风格，其表现相对含蓄；内在的总体特征与风格的直接表现是外在的总体特征与风格，这种外在表现通常给人较为直观的印象。基于此，无论是外在的还是内在的特征与风格均十分关键，故此在对媒介形象进行塑造时，应当平衡好二者之间的关系，不可偏颇。

六、媒介形象功能

"形象虽然是一个抽象的概念和一种无形的感受，但通过种种物质的、精神的、社会的表征作用于媒介内部员工和外部公众，形成众人对媒介的形象感受，如，对媒介本身、对节目、对报纸、对服务、对工作环境的形象感受，它就会转化为一个客观存在的、具体的、有价值的东西，转化为一种无形的力量，一种诉求力、吸引力、凝聚力、感召力和竞争力。"[①]

（一）媒介形象是竞争中的制胜"法宝"

第一，良好的媒介形象可以为企业带来良好的经济收益。媒介品牌的概念包含在企业媒介形象之中，通常来说，一个拥有较高品牌辨识度的媒介品牌代表着该企业具有良好的媒介形象，而这一形象优势需要经过长期积累才能得以形成，是媒介整体资源优势的外在表现，在一定程度上具有不可复制性。良好的媒介品牌一方面能够影响消费者的购买行为，另一方面媒介在塑造与经营媒介形象的过程中，也培养出了一大批黏性较强的受众群体，并在其心目中树立了极强的权威性与公信力，使得公众对其充满了信任与好感。从经营管理角度出发，媒体要想占据巨大的市场份额，离不开良好的媒介形象，同样的，要想在激烈的市场竞争中占有一席之地，也需要良好媒介形象的支持。更多的吸引来的广告商更愿意在平台媒体上投放广告，最终实现双赢。假若一家媒体没有良好且健康的形象，其在受众、市场或社会上不能形成权威且让人信任的形象，其所传播的内容也就不会得到受众的认可，受众也会因先前的刻

---

① 凌昊莹.媒介经营管理 [M].北京：广播电视出版社,2002：127-128.

板印象，而对其形成不好的评价。

第二，良好的媒介形象能够吸引更多人才参与其中，为媒介组织提供更加优质的人力资源。当下社会，处在一个高速发展、竞争日益激烈的时代，有了人才，便有能力创造更大的价值。人才不管对于哪一家企业，都是决定其生存发展的重要因素。

第三，良好的媒介形象能够带来更加良好的营销效果。可靠的、拥有极高信任度、极高影响力的媒介形象能够吸引大量消费者，与此同时，也会吸引社会各界对其的关注。社会各界都会因其良好的形象而产生一定的信赖感，可以说，良好的媒介形象对于媒介组织而言至关重要，在一定程度上可以确保媒介组织各项活动的顺利开展，包括市场营销活动与社会公关活动。

（二）媒介形象是媒介发展中的"无形资产"

第一，要想打造过硬的"软实力"，离不开良好媒介形象的塑造与经营。现代社会要在激烈的竞争中脱颖而出，企业影响力在其中发挥着至关重要的作用，良好的媒介形象能够表现出社会责任感，在市场和社会上能够具有更正面的表现。媒介社会责任竞争力从本质上看是一种实力表现，具体体现在媒介参与社会实践活动中所承担的一种社会责任，以及在此基础之上产生的社会影响力。某些能力在某些情况下是不会借助硬件得以展现的，也不会以一种直观形象展现出来，我们将这种无形的实力称为媒介的"软实力"。对于大众媒介这种特殊的市场化实体而言，媒介的品牌影响力可以通过社会责任竞争力得以反映，也能为其未来的长远发展提供源源不断的动力。

第二，良好的媒介形象可以获得社会各界公众的支援和帮助。"媒介作为一个开放的社会组织，在与其他社会组织的协作关系中维持自身运作。在市场经济条件下，组织间的关系除了根本上的利益关系和互利互惠关系外，还具有一种重要的心理关系或情感关系，良好的公众关系形象，使媒介能拥有良好的社会舆论和社会关系，多方面的支援和帮助是组织得以生存和发展的必要条件。"①

第三，媒介的无形资产能够通过良好的媒介形象得以形成。在社会实践中，通过媒介企业形象得以展现，在此基础上形成的各种社会效益，诸如社会美誉度等，均可成为媒介生存与发展的核心内容。良好的媒介形象表明其自身具有强烈的责任感与责任意识，能够赢得更多的社会效益，赢得更高的社会美誉度、更高公信力。拥有良好形象的媒介不只把主要精力放在经济利益上，更能够让经济效益与社会效益同步增加，处于共同增长的平衡状态。媒介形象能够有效地将有形资产同无形资产结合在一起，将两种资产同步运营。其在运营各种有形资产的同时，还对各种无形资产进行运营，如社会影响力、知名度等。无形资产不同于有形资产的易磨损、转移，无形资产一旦形成，便能长久拥有，只要形象主体始终保持自身健康良好的形象，其无形资产就能一直保值增值，为形象主体带来越来越多的经济效益和社会效益。

第四，良好的媒介形象能够在媒介危机中发挥一定的缓冲作用。媒介市场环境错综复杂，在媒介发展过程中难免会遇到一些不可预料的危机。为了提高媒介抵抗危机的能力，需要塑造良好的媒介形象。当媒介因一时疏忽而出现差错时，受众基于以往对媒介的良好印象，或许会为其寻找各种理由，为其行为做出自己的解释，给予其最大限度的包容与支持。

第二节　大众传媒概念

在信息传播中处于大众与职业传播者之间的媒介体，我们称之为大众传播媒介。具体来说，包括对信息进行复制与传递的机械；传播信息的组织、团体；传播组织及团体生产的出版物和影视、广播节目。

① 凌昊莹.媒介经营管理[M].北京:广播电视出版社,2002:211.

一、功能特点

通常来说，影响大、范围广、速度快等是传媒媒介传播信息的主要特点。

大众传播媒介具有五项功能：宣传功能、新闻传播功能、舆论监督功能、实用功能、文化积累功能。

印刷类与电子类是大众传播媒介的两种类型，二者各具特点。

报纸与杂志是印刷类大众传播媒介的两种形式。报纸作为一种信息传播媒介，具有较为广泛的覆盖面，在诸多大众传播媒介中，其受欢迎程度较高，是企业塑造媒介形象的首选信息传播平台，具体来说，报纸具有以下几项优势。

第一，信息内容翔实。与电视媒体相比，报纸在信息传播的深度、广度及厚度方面有优势，读者可以通过报纸获得更加全面系统的信息。

第二，信息的可选择性。现代生活节奏快，空闲时间较短，与碎片化的信息获取有所不同，报纸刊载的信息量较大，涉及内容范围较广，受众可以根据自己的喜好进行选择性的阅读，而非一种被动的信息接受。

第三，信息的可保留性。当报纸刊登的某一商品信息对于读者而言十分重要时，读者可以将其保留下来，以备不时之需。虽然电视与广播在一定程度上可以促使读者拥有较强的视觉体验与观感，但是这种感知稍纵即逝，报纸信息传播则与之恰恰相反，能够在读者记忆中长期保留。

第四，信息成本低廉。报纸购买成本较低，无须巨额资金投入，便于群众接受。电子设备投入较高，且需要特别接收设备，而且需要一定的操作技术。[1]

---

[1]　叶常林，金太军，等．公共管理学概论 [M]．北京：北京大学出版社，2005：134.

二、大众传媒类别

（一）互联网

互联网（Internet），又称国际网络，这种网络具有相当大的规模，由网络与网络之间共同串联而成，该网络通过一组通用协议得以串联在一起，从而使逻辑上庞大单一的国际网络得以形成。

互联网本身具有很多方面的特点与优势，具体表现为以下几个方面。

（1）互联网在进行信息交换时，不会受到空间限制。

（2）时域性是信息交换的一大特征，信息更新速度快是其具体表现。

（3）互动性是信息交换的一大特征，包括人与信息之间、人与人之间的交流与互动。

（4）成本低廉是信息交换的一大特征，一定程度上使得信息交换取代以往的实物交换。

（5）个性化是信息交换的一大特征，能够最大限度地满足每一位用户的需求。

（6）互联网的用户群体比较庞大。

（7）互联网的信息储存量大，运行速度快，有价值的信息被资源整合。

（8）信息交换的形式多种多样，包括文字、图片、视频等。

（二）报纸

报纸是一种定期面向公众发行的电子类出版物或者印刷出版物，其刊载的主要内容是时事评论和新闻。从本质上看，报纸是一种大众传播的重要载体，其功能包括引导与反映社会舆论。

作为大众传播媒介，报纸具有独特的优势，具体体现为以下几个方面。

（1）能够不受时空限制，随时随地阅读，无须按照特定时间获取信息。

（2）能够做到相互传阅，读者群体较为庞大，其数量可以达到印刷数量的几倍。

（3）即便是阅读理解能力较弱的人，也可以通过一段时间的阅读，获取所需信息。

（4）随着因特网的出现，网络版报纸应运而生，其传阅范围更加广泛。

（三）广播

所谓广播本质上是一种新闻传播工具，主要借助导线或无线电波对声音进行传播。广播分为有线广播与无线广播两种，其中，有线广播的传播介质为导线，而无线广播的传播介质为无线电波。

通常来说，广播具有独特的优势，具体体现为以下几个方面。

1.听觉信息

节目要想获得较高的收听率，离不开节目主持人扎实的业务功底，包括对节目的节奏把控力，以及对节目风格的塑造能力等。节目主持人对稿件的再提高、再创造，可以在一定程度上对听众认识、理解与接受信息产生一定的影响。

广播节目的重要元素便是声音，广播节目的魅力在于其受众群体较为广泛，不受年龄与文化层次的限制。便携性与可移动性是广播的主要特点，人们获取信息的方式不受时间与空间的限制。

2.费用经济

广播节目的成本较低，无论是受众的接收成本还是广播节目的运行成本，与其他传播媒介相比，其性价比较高。

从受众角度出发，成本最低的信息获取途径便是收听广播节目。

从传播角度出发，其节目制作需要经过若干环节，包括采访、后期加工、传输等，与其他传播媒体相比，成本较为低廉。

3.速度快捷

传播速度快是广播节目的一大特点。网络的优势主要表现为速度，对于普通信息处理而言，广播传播速度低于互联网。然而，部分信息内容，广播的优势更为突出，如重要新闻、重大事件等。

广播节目的时效性，因移动电话的普及而得到极大提高。在新闻事件突发现场，广播记者只需一部电话，便可实现与直播室的实时连线，进行现场转播，记者可以边观察、边采访、边思考、边口播，而听众也能够在第一时间了解事件的进展情况。与此同时，现场的各种音响会随之传入听众耳中，包括现场自然声和人物谈话声等。

（四）电视

电视本质上是一种电视接收机，同时也是一种视频和广播的通信工具，是借助先进的电子技术，使活动的音频信号与视频信号得以传送的设备。

电视作为传播媒介，具有以下三方面优点。

（1）覆盖面广、时效性强。

（2）形象逼真、参与感强。

（3）电视家庭化，具有温馨的观赏氛围。

第三节　媒介形象管理概念

现代媒介处于激烈的市场竞争中，无论是异质媒体还是同类媒体之间，均不可避免地存在一场资源争夺战，由于受众群体规模是有限的，媒体要想在竞争中取胜，就需要在产品质量上下功夫。从本质上看，媒介形象的建构过程是一个极其复杂的社会过程，需要经过一个漫长的发展阶段。作为媒介形象的制造者与拥有者，媒体不可有急于求成的心态，其形象的塑造与维护离不开不懈的努力，以及市场的各种考验，故此，战略眼光在媒介形象的塑造过程中尤为重要。

根据《现代汉语词典》，"战略"有三种含义：第一，指导战争全局的计划和策略；第二，有关战争全局的；第三，比喻决定全局的策略。[①]

由此可见，军事领域最先使用"战略"一词，之后随着时间的推移，这一词汇被广泛应用于社会的各个领域，从广义角度出发，战略指的是对各类行为的基本性、长远性、整体性的谋划。

一、品牌战略

（一）CIS 战略

CIS，是英文 Corporate Identity System 的缩写，指"企业识别系统"，它是对企业在形象塑造上单纯依赖视觉差别设计的传统 CI（即 Corporate Identity 的缩写）的扩展与补充，从而将其形象塑造与衡量统一为理念识别（Mind Identity）、行为识别（Behavior Identity）和视觉识别（Visual Identity）三个全方位、多角度、多侧面的立体构成要素。

CIS 是塑造企业形象的新手段，它的功能主要有以下几项。

一是 CIS 导入有助于发掘企业形象的内涵，将企业文化及经营理念巧妙嵌入形象之中。

二是 CIS 导入有助于扩展企业形象的外延，明确了企业员工共担的发展责任，并将形象要素范围扩展到社会公众。

三是 CIS 导入有助于拓宽形象传播渠道，不仅重视并着眼于人际传播、组织传播和大众传播等渠道，还将企业内部环境系统纳入形象传播的手段。

---

① 中国社会科学院语言研究所词典编辑室.现代汉语词典[M].北京：商务印书馆，2001：1583.

四是 CIS 导入使企业形象塑造发挥了管理职能的作用，其形象塑造不再搞急功近利和短期行为，而是步入有规划、有组织、有系列的统筹传播之中。[①]

1. 理念识别（Mind Identity）

在媒体管理领域，理念识别是构建和维持媒体品牌身份的核心组成部分。理念识别不仅涉及媒体机构的基本理念和办台宗旨，而且涵盖了媒介精神的培养和口号的设计。例如，河北卫视通过其"快乐家 + 家"的频道理念，突出了其温馨和家庭友好的品牌定位。同样，中央电视台的《今日说法》栏目以"重在普法，监督执法，推动立法，为百姓办实事"为理念，强调了其在普法教育和社会正义方面的使命。这些理念不仅明确了媒体的功能和目标，还塑造了独特的媒体形象，使其在竞争激烈的媒体市场中脱颖而出。

2. 行为识别（Behavior Identity）

行为识别系统则从内部文化和员工行为入手，强化媒体组织的整体形象和公众认知。媒体机构通过规范员工的日常行为和职业操守，如待人接物的方式、仪表仪态及遵守岗位准则等，来体现其品牌的职业精神和价值观。近年来，由于一些不当行为，如对受访者不尊重、侵犯隐私等问题，媒体的公信力和职业形象受到损害。强化行为识别系统不仅有助于内部管理，也是维护媒体声誉和公众信任的重要策略。通过这种系统的实施，媒体可以确保其在公众眼中的形象是正面的，增强公众对媒体机构的整体评价和信赖。

3. 视觉识别（Visual Identity）

媒介视觉识别系统"是媒介整体形象的浓缩和集中表现，是媒介目标、媒介哲学、媒介精神等的凝聚与载体"。[②]

---

① 赵雅文.传媒软力 媒介经营管理的理论与经典案例 [M].北京：高等教育出版社，2010：77.

② 凌昊莹.媒介经营管理 [M].北京：广播电视出版社，2002：152.

视觉识别则通过媒体的外观设计来加强品牌识别度，例如，通过独特的色彩、标志和设计风格来增强公众的视觉记忆。《经济观察报》采用粉红色作为主色调，使其在报刊售卖点中显得突出，容易被公众识别，从而在视觉上与其他媒体区分开来，为其在激烈的市场竞争中带来了优势。通过这种视觉策略，媒体不仅能够强化自身在公众心中的独特地位，也能够更有效地传达其核心理念和价值观，进一步加深公众对媒体品牌的整体印象和提高忠诚度。这种视觉识别的成功实施，证明了其在媒体经营管理中的重要作用。

（二）品牌延伸战略

媒介品牌的延伸是大势所趋。越来越多的媒体会进行品牌延伸，品牌延伸的优势在于成本较低，但是品牌延伸应在不毁坏核心品牌识别的基础上，更有效地发挥品牌效应，强化品牌价值。

通常来说，媒介品牌延伸大致可以分为三种类型。

第一种为跨行业延伸，对不同行业内容进行传播已经成为一种发展趋势。举例说明，上海的文广集团就涉足诸多产业，如演出、文化、体育、报纸、电视、广播等。

第二种为品牌的横向延伸，举例说明，《南方人物周刊》隶属于南方报业传媒集团，由《南方周末》报系出品。

第三种为品牌的纵向延伸，即从本质上是目标受众范围的扩大。作为我国唯一一份全英文新闻报纸，《中国日报》被公认为是中国最具权威性的英文刊物，在全球信息交流中发挥着重要作用，因存在一定的语言局限性，其受众群体范围在一定程度上受到影响。而《中国日报》以其专业的采编团队与过硬的英语能力，纵向开发出了面向国民教育的著名子品牌。

二、公关战略

在当今媒体市场的激烈竞争中，各大媒体纷纷利用自身的资源优势，通过创新和多元化的策略来塑造并展示其独特的媒介形象，以吸引更多的消费者关注并驱动其行动。中国的媒体在塑造形象方面展现出前所未有的高度意识，研究者们更是将跨学科的研究成果应用于媒介形象构建之中，不断探索媒体形象与公众互动的新模式，以此来强化媒体的市场竞争力和社会影响力。

（一）活动策划

通过策划和执行各类营销活动，如选拔形象大使等，媒体不仅能够提升自身的品牌知名度和影响力，还能通过这些活动增加广告收入并推广合作伙伴的品牌。这种类型的活动不仅能够吸引广泛的受众参与，还能有效地将媒体的形象与市场定位结合起来，展现媒体独有的个性和风格。通过这样的互动和展示，媒体形象不仅在消费者心中得到强化，也促进了媒体内容的消费和传播效果的最大化。

媒介形象与公益活动进行深度的融合，能够达到相互促进的有利效果。公益活动没有商业活动中的各种利益因素，能够得到人们的普遍认同与好感，企业能够通过媒介形象传达自身的社会责任感，通过公益活动，企业可以将自身的企业文化和企业理想融入具体的活动中，企业在创造社会效益的同时，也能有效地提升自身的媒介形象和影响力。

除了以上所提到的各种活动形式外，媒介还可以依据自身定位，举办报告或论坛，为受众群体提供有价值的信息和资讯，并以此来提升企业媒介形象和影响力，塑造更加专业而有效的形象，增强与消费者的有效沟通，能够让企业在更多事务上的工作更有针对性。媒介本身就是传媒学界研究前沿的探索者与实践者，媒介可以通过报告和论坛的形式，为学界提供更多有价值的信息与资讯，同时还可以在激烈竞争的市场环境中占据有利的位置。

（二）危机公关

媒介组织作为众多社会组织之一，在媒介发展的过程中，无可避免地会遭遇各种危机，这些危机产生的源头并不全然是媒体之间的竞争，但是媒介为了能够在市场大潮中屹立不倒，在与其他媒介争夺资源的过程中，势必会造成危机的爆发。危机公关作为一门独立学科，在各种社会组织中早已成为一个重要的"救援法则"。然而"由于媒介的传播属性，媒介本身就是个'公众人物'，一旦出现危机事件，波及面广而又影响重大，危机处理不当，将导致媒介形象、声誉受损，影响媒介的传播效果和经营效益。"① 又因为其他的社会组织在遭遇危机后，通常会借助媒介这一与大众沟通的常用载体来平息风波，然而此时的媒介也因该事件受到很大的影响，其沟通优势有所减弱，而作为危机主体的媒介公信力也会受到影响。故此，每一个媒介组织都应当对危机公关给予足够的重视，因其可以通过有效方式维护媒介形象。

媒介经营所处的环境极为复杂，媒介也有可能会遇到各种多变而不确定的危机事件，例如，虚假报道、节目停播、员工传闻等，这些都会损害媒介形象，影响媒体的生存发展。为了有效地避免这种情况的发生，需要媒介具备有效应对危机事件的能力。面对危机，要及时做出反应，与此同时，在危机来临前，还要做好充足的预防措施，将危机公关的相关工作渗透到日常工作中，对于一些潜在的危机要及时发现，同时，也做好事前的预防和控制。

如何有效地处理和解决所遇到的危机，可以从以下几个方面着手。

一是统一媒介对外界的话语权与发声权，通常是以设立独立客观发言人的形式实现的，基于此，可以为媒介调查与处理危机事件争取宝贵时间。

---

① 杨伟清，浅谈媒介品牌定位、形象建构与管理 [J]. 法制与经济，2009（4）：45.

二是在公众面前第一时间公开承认自身存在的问题，获得公众的理解与支持，从而树立起诚实可靠的媒介形象。

三是将危机事件的最新进展及时向公众进行通报，从而防止大量对媒介不利谣言与猜测的产生与散播。

四是与其他媒体建立良好关系，当危机爆发时，可以借助其他媒体力量在第一时间澄清事实真相。

五是注重日常与受众群体之间的交流与沟通，从而在危机发生时能够最大限度地得到受众的理解与支持，为树立良好的媒介形象奠定坚实基础。

三、广告战略

（一）媒介形象广告的界定

媒介形象广告是通过传播手段在目标受众中构建、维护并加强对媒体品牌、理念、产品与服务的认知及忠诚度的一种广告形式。不同于传统的产品或服务广告，媒介形象广告的核心目标是塑造和强化媒体自身的品牌形象。通过在本媒体及相关联媒体上发布形象广告，媒介不仅在公众心中塑造了积极的品牌形象，而且有助于提升品牌的市场认可度和信任感，从而增强了媒体的竞争力和扩大了市场份额。

（二）实施广告战略的方式

1.媒介形象广告投放需要媒体组合

实施媒介形象广告的策略包括选择合适的媒体组合以达到最佳的广告效果。通常媒体会选择在自己的平台上以及与自身业务关联度高的其他媒体平台上发布形象广告，这种跨媒体的广告布局能够让受众在多个触点接收到一致的品牌信息，加深受众对媒体品牌的整体认知。通过精心设计的广告内容和创意表现，形象广告能够有效地传递媒体的核心价值观和业务优势，使目标受众在日常接触中逐渐构建起对该媒体的正面印象。

2.媒体自身形象广告应该符合定位

媒介应当围绕自身传播的核心内容来塑造自身形象，符合媒体自身的定位，这样才更有利于媒介形象的统一性与稳定性，进而向受众传达的媒介形象或理念趋于统一完整，在不断强化的过程中给受众以更加深刻的印象。

3.媒介形象广告注重视觉冲击力

受众在接受广告信息与内容时，首先会关注广告的封面和视觉效果，对于视觉效果突出的广告，受众会自然地给予更多的关注，而后会进一步审视广告的内容和相关的产品信息。媒介形象广告在构建时，需要将自身的文化、理念、精神等与自身密切相关的信息与内容融入其中。在进行广告设计时，媒介可以将更多吸引人的内容涵盖其中，如添加色彩和多样化的设计技巧，通过更强的视觉冲击力让受众留下更深刻的印象，让受众保持关注度，以深入了解广告所传达的内容。

四、可持续发展战略

20世纪80年代，随着人们对全球环境与发展问题的日益关注，可持续发展这一概念出现在大众视野。可持续发展理论出现初期，人们深刻反思传统发展模式的结果。随着这一理论的提出，可持续的概念逐渐受到更多人的关注，并从环境领域逐渐向其他领域渗透。

（一）核心竞争力战略

随着世界经济的快速发展，竞争日益激烈，全球经济一体化趋势明显增强，产品生命周期不断缩短，企业不再将成功的原因归结于灵机一动的营销策略，也不再归结于偶然或短暂的产品开发，"核心竞争力"逐渐成为市场竞争的主要内容。

核心竞争力的概念由来已久，但一直以来这一概念仅广泛应用于企业层面的竞争中。核心竞争力这一概念最早出现于企业知识基础理论中，由经济学家马歇尔提出，后来在《企业成长论》一书中，安蒂斯·潘罗丝对核心竞争力的发展与思想作出了阐述。有研究者定义企业的能力为某种特殊能力或组织的能力，认为这种能力是一种能使一个组织比其他组织做得更好的特殊物质。1990年，在《哈佛商业评论》上，两位来自美国密歇根大学商学院的教授普拉哈拉德与哈默尔发表了《企业核心竞争力》一文，学术界一致认为"核心竞争力"这一概念此时才被正式提出。他们定义"核心竞争力"为：使企业在获取超额利润的同时，还为客户带来特别利益的一类独特的技术与技能，是企业配置或获取良好声誉、核心技术、人力资源，形成并保持竞争优势的能力。根据不同的获取方式，核心竞争力分为核心运营能力、核心业务、核心技术与核心产品。

每个知名品牌必然有其专属的"核心竞争力"，因此，其媒介形象的塑造必然围绕这一能力进行。

1.个性化、差异化定位

如今，媒介面临着激烈的竞争环境，处在信息技术发展极为迅速的社会环境中，信息之间的交流与交换频率日盛，进而出现了传播内容和传播形式逐渐同质化的趋势。几乎人们能够想到的传播内容与形式都已有人进行过尝试，当下，媒介所要做的是如何充分而有效地利用这些传播形式，对自身内容和信息进行传播，让受众在接收和欣赏这些信息时，能够感同身受，对所传递的内容产生共鸣。如今，媒介所能够选择的传播形式繁多，选择工作需要专业人员具有较丰富的经验与传播方面的专业知识作为支撑。

为解决同质化的问题，媒介所能做的就是通过适合自身传播的方式，进一步凸显自身的优势与特色，展现自身的个性化，以最大化的差异性向外界传递相关信息。

首先，媒介要对自身进行全面而科学的定位，清楚自身在市场和消费者心中的位置，同时，还要清楚自己所要奋斗和努力的方向。媒介只有有了清晰的思路，才能在激烈的竞争环境中具备主动性，向受众传递更有利的信息，才能以更吸引人的形象紧紧抓住受众心理。

通过以上的描述，已经清楚了媒体定位战略首先要解决的现实问题就是明确媒体定位，确定媒体定位涉及媒体的发展宗旨、文化、理念等多方面的内容，甚至具体到媒体所产出的产品和内容的呈现形式和效果。

其次，对目标受众群体的定位。媒介所产出的产品、服务或广告，不可能让每一个人都喜爱，每一次内容的输出都会面向某一类受众群体，因此，内容传播之前先要明确目标受众群体，而后再根据受众群体策划所要传达的内容和信息。对受众群体的确定可以进一步细化，明确其年龄、地域、性格、性别等与传播内容相关联的信息，以便让所传递的信息更有针对性。

再次，媒体要明确自身能给受众带来什么有价值的内容，其产出的产品、服务、内容能够对受众产生什么影响。媒体需要站在受众角度，思考受众迫切的心理，根据受众的需求，产出最为符合其心理的产品和内容，以提高自身的形象。

最后，媒介需要考虑时间与空间的定位。对广播电台与电视台来说，时间定位就是节目播放的时间段；对纸质媒体来说，时间定位就是出版日期的确定。而媒介在其能力范围内可以影响或波及的地域范围就是空间定位。

2.资源整合：并购与联盟

现代企业资本动作的一个重要方式就是并购。并购不仅能帮助企业快速成长，还能使企业获得或提高控制产业链的能力，有助于企业实现业务转型，从而有效控制竞争形势，还有助于企业更全面、更扎实地掌握核心技术信息，形成相关的战略功能。

兼并有广义与狭义两个层面的概念。兼并的广义概念指一家企业得到控制另一家企业的权利后，结合若干家企业，使其共同经营。兼并的狭义概念指两个规模大致相当的企业结合起来，使其资源实现进一步整合。

为了塑造更好的媒介形象与创造更好的品牌效应，媒介机构通过兼并或收购的方式，获得新的媒介产品，并进一步提升其在媒介市场的地位。对于整个传媒行业而言，并购这一概念自形成起至今已有百年的发展历程，发生在媒体之间的并购大战已逐渐从边缘向核心转移。纵观当今世界五大跨国媒介集团，均有通过并购获得成长的经历。

战略联盟（Stategic Alliances）指两个或以上的经营单位以实现互惠互利的战略目标为目的，而形成工作的伙伴关系。其最早是由美国DEC公司总裁简·霍普兰德（J. Hopland）和管理学家罗杰·奈格尔（R.Nigel）提出的。

任何企业或公司都有优势与不足，不存在十全十美的企业，媒介组织也如此。在不同的时间、不同的地点、不同的阶段，媒介组织的发展战略不尽相同，形成战略联盟之后，各方的优势汇聚于一体，能够最大限度地发挥其作用，同时，生产经营的成本也会有效地降低，以提升媒介形象。

3.人才战略

无论是市场的竞争，还是企业或公司之间的竞争，其本质都是人才的竞争。无论对某个组织团体来说，还是对企业而言，人力资源都是其建设发展必不可少的基本资源。然而，现代人力资源管理理念指出，当今时代，公司或企业的核心竞争力不再是人才，而是能科学有效管理人才的管理机制。

媒介形象的构建过程，是把组织内部人才的精神层面的能力与内容向物质方向进行转移的行为，让人的行为和活动实现社会化，将人的能力真正落实到实践工作中。媒介需要为人才创造和谐舒适的工作环境，合理科学的人才管理策略对构建良好媒介形象至关重要。反过来看，当某企业或公司具有良好的媒介形象时，更容易吸引到更多高素质的人才，媒介能够将人才留住，发挥出人才的能力与技能，便能形成强有力的人力资源，这一切都与科学的人才策略有着直接的关系，同时这也是媒介核心竞争力的重要方面。

（二）文化战略

研究百年企业可发现其都有一个共同点——始终坚持以下四种价值观：一是与物的价值相比，更重视人的价值；二是与个人价值相比，更看重共同价值；三是与利润价值相比，更重视社会价值；四是与生产价值相比，更看重用户价值。

从媒体生存发展的本质上来看，媒体所表现出的各种活动和行为，都是遵循的媒介文化的指引。良好的媒介形象能够最大限度地激发员工的工作激情，员工对媒体形象的高度关注，能够规范他们的行为。同时，优秀的文化能够塑造良好的媒介形象，对提高媒体影响力发挥着举足轻重的作用。

大众传播媒介本身包含多个方面的内容，具有明显的综合性，其中有其典型的包容性，对社会大众也有其普及性，其所表达的内容有独特的社会性，也有涉及各方信息的广泛性，其所包含的文化观念和当今时代的社会价值具有一致性。不管从哪个方面进行审视，媒体文化都应当融入更多人文精神，将浓厚的人文关怀融入媒介文化和理念之中。

（三）创新战略

媒介在进行形象创新之时，必然伴随着媒介产品的创新。在如今时代发展的大环境中，媒介资源的整合逐渐加强，信息传播的速度也在逐渐加快，这就造成了各种信息与资源的过剩，而与之相对的是内容质量与水平的不足。大量内容同质化问题逐渐凸显，即使一时出现了创新性的内容，也会在很短时间内，被各家纷纷效仿，又趋于同质化。与此同时，更有深度的内容虽然是媒介不断追求的内容质量，但真正做到这一点，并非易事。

想要始终保持在行业内的领先地位，同时也要对良好的自身形象进行保持和维护，为此，媒介组织需要对自身媒介产品不断更新，并深刻挖掘受众的真实需求，满足其日益增长的需求，向其提供媒介产品或媒介服务。

新产品、新服务、新内容的开发与产生的过程，就是媒介形象不断拓展，不断让受众接受的过程，增强媒介核心竞争力的过程，也是不断塑造媒介"创新"形象的过程，媒介产品创新的方式主要有以下四个方面：创新媒介产品、革新媒介产品、换代媒介产品、"舶来"媒介产品。

媒介在形象创新方面，如果只从产品内容上进行创新仍是片面的，支撑媒介的载体技术革新才能更有效地解决根本问题。

媒介技术在一定程度上也影响着媒介形象的塑造。现代技术的发展为媒介组织提供了更多进行自我宣传的机会和平台。

新媒体媒介形象在这种环境和发展形势下，受到了更多的关注。新媒体不再给人以单纯的快速和便捷的固有印象，新媒介可以通过多种方式构建自身的媒介形象，以更好地提升社会影响力。

第四节　大型科技企业概念

一、大型科技企业界定

所谓的科技企业，指产品的技术含量较高，具有自己的核心竞争力，可以不断推出适销且对路的新产品，不断开拓市场的企业。这一类企业可以分为两种类型：一类是通常意义上的科技型企业，主要从事电子、信息、生物工程、新能源、新材料等技术产业领域的产品和新技术的开发以及应用。另一类是以客户信息和偏好开发供应链管理或特许经营、知识密集为特征的公司或企业。大型科技企业是科技行业中体量较大的，在科技行业中具有相当影响力的，行业排名在前列的企业。

二、以华为技术有限公司为例介绍大型科技企业

20 世纪 80 年代，我国邮电通信技术发展较为缓慢。而后，我国加入 WTO，国内经济市场全面打开，为了满足国内在通信方面的庞大需求，我国从国际上引进了通信技术并进口大量通信设备，当时，国际通信行业巨头将通信业务大面积覆盖至我国。基于此背景，中国通信品牌华为诞生，并面对自身薄弱的技术基础和具有强大竞争力的国际行业巨头，在竞争激烈的国际市场中逐步发展。

1999 年起，华为为了获得长远发展，开始自主研发通信技术与商品。对电信设备行业来说，只有商品和技术达到国际市场的标准，才能在国际上产生影响。在发展初期，华为仅凭借通信技术难以在国内市场中持续发展下去，由此不得已踏上国际化征途。面对日益加重的市场竞争压力，也为了企业的长远发展，华为结合自身发展的内在要求做出权衡，最终走上国际化发展道路。在经济全球化背景下，华为凭借势不可当的新生力量向国际市场上正式迈进，而在其国际化发展的过程中，其自主品牌也必然走上国际化发展道路。

华为品牌的国际传播历程可以从以下三个阶段展开描述。

（一）1988—2005 年：品牌萌芽阶段

华为技术有限公司成立于 1988 年，初期以代理香港康力公司的 HAX 交换机为主。1990 年，华为启动自主研发，开发出自己的数字交换机，标志着公司技术自主化的起步。至 1992 年，公司销售额首次突破亿元大关，1993 年成功研发出万门交换机，并使年销售额达到 4.1 亿元。1995 年，华为销售额激增至 14 亿元，位列全国电子设备行业百强榜第 26 位。同年，华为在北京成立研究所，加快移动通信领域的技术开发，全面推进产品多样化及自主技术创新，从而为其后续在全球通信市场中的竞争奠定了坚实的技术和产业基础。

信息技术不仅使人类的生活方式变得更方便快捷，而且打破了国际的交流界限。正如麦克卢汉早期的预言一样，地球像是一个村落，信息在地球上的蔓延速度与其在村落中传播的速度一样快、通透。这一点，经济与之相类似，随着经济全球化趋势的不断加强，世界各国纷纷入驻国际经济市场，开启激烈的竞争。若各国的经济发展仅停留在国内层面，而忽略对海外市场资源的抢占，则很可能陷入因格局不足而难以为继的局面。受经济大环境的影响，华为做好长远打算，做好各项准备，进军海外市场。自 1998 年起，华为开始有计划地逐步扩展海外市场。

华为公司的发展历程显著地展示了从地区市场向国际市场的战略扩展。自 1988 年成立以来，华为最初依赖产品代理，逐渐过渡到自主研发，最终实现了国际市场的突破。尽管在此过程中华为在产品开发和市场拓展方面取得了显著成就，但在品牌建设方面的意识相对滞后。直到 2005 年前，尽管"华为"作为企业名称和标识已被广泛使用，体现了品牌理论中的"标识层"特征，但华为公司并未有意识地在国际市场上进行品牌传播和塑造。这表明，在此阶段，华为的主要焦点仍旧是扩展市场份额和提升销售业绩，而非系统地构建全球品牌形象。

华为公司的国际市场战略在 1999 年至 2005 年取得了显著的商业成果。自 1988 年进入国际市场后，华为通过持续的努力和战略调整，在多个海外市场成功设立运营基地，逐步增强了其市场竞争力。1999 年，华为在海外市场的销售额达到 5300 万美元；到 2005 年，这一数字飙升至 32.8 亿美元。这一阶段的快速增长标志着华为在全球通信设备市场中重要地位的确立。华为的成功在很大程度上归功于成本领先战略，该策略在初期有效地帮助华为打入竞争激烈的国际市场，特别是在与国际巨头如北电和阿朗竞争中展现了显著的价格优势。

随着华为业务的不断扩大和市场环境的变化，单靠成本优势已不足以支持其长期的国际扩展。在欧美等成熟市场，华为面临来自当地强势品牌的激烈竞争，这迫使华为重新思考其市场策略。认识到"低成本"

策略的局限性后，华为开始转变战略重点，从过度依赖成本优势转向品牌建设和技术创新。这一战略调整不仅涉及改进技术和产品质量，更包括在国际舞台上积极塑造和推广华为品牌，以此提升其在全球市场的竞争力和品牌价值。通过这种战略转型，华为逐渐克服了初期的市场挑战，为其在全球通信行业中的持续成长奠定了坚实的基础。

（二）2006—2013 年：品牌形成阶段

2006—2013 年，华为的国际市场拓展显著加深。这一时期华为从一个以国内市场为主导的本土公司，成功转型为一个在全球具有显著影响力的跨国企业。具体来说，2006 年华为的海外销售额首次占到总销售额的一半，而到了 2007 年，其海外销售额更是超过了国内销售，成为公司利润的主要来源。这一变化不仅展示了华为在全球市场的竞争力，也反映了公司战略重心的国际化。华为通过与全球顶尖运营商的合作，如与沃达丰、阿联酋电信等的合作，不仅在技术上取得了突破，更在市场上获得了认可，这些合作关系的建立和深化，帮助华为巩固了在国际市场上的地位。

华为在技术创新和企业管理上也进行了积极的调整和优化。公司不断加大技术研发和产品创新投入，力求在移动通信领域实现业务的融合与创新突破。例如，华为在 2007 年就已逐步成为全 IP 融合时代的领导者，并与全球多家重要的电信运营商建立了面向未来网络转型的合作关系。在企业管理方面，华为引进了国际知名的管理咨询公司如 HAY、IBM、普华永道和毕马威等，借鉴西方先进的管理经验，逐步建立起以时效性和流畅性为主导的国际化企业管理体系，这些管理上的创新和优化为华为的持续成长和国际竞争力的提升提供了重要支撑。

华为的品牌建设也在这一时期得到了显著加强。尤其是经历了 2004 年欧美市场的挑战后，华为开始将企业品牌建设作为公司发展的战略重点。自 2006 年起，华为有意识地塑造和强化企业品牌，不仅更换了企业标识，而且围绕品牌文化、标识设计及品牌定位等方面进行了系统构建。新的标识设计传达了"聚焦客户，通过持续的创新，帮助客户实现长期价值和潜在成长"的企业承诺，这一形象更新不仅提升了华为的品牌形象，也进一步明确了华为作为全球领先技术提供商的市场定位，为其在全球市场上的长期发展奠定了坚实的品牌基础。

2006—2008年，华为的品牌战略经历了显著的转变，逐步明确了其在全球市场中的定位。这一时期华为的利润主要来源于技术合同销售，尤其是海外市场的贡献日益增加，其海外技术合同销售额的占比逐年上升，从2006年的65%增长到2008年的75%。这一增长趋势不仅标志着华为技术和商业解决方案的国际认可度提高，而且反映出华为在全球通信技术供应商中的竞争优势。华为通过提供高质量的技术支持和合作，成功塑造了作为"可信赖的合作伙伴"的品牌形象，这一形象极大地增强了华为在国际市场中的竞争力和影响力。

随着全球经济环境的变化以及技术的发展，2009年华为面临新的市场挑战和机遇。特别是在欧美的先进运营商中3G用户数量的持续增长，以及中国3G网络牌照的颁发，为华为提供了新的机遇。华为积极响应这一市场需求，加大了在手机终端产品，尤其是高速率和高性能手机产品的研发和市场推广力度。这一策略迅速取得成效，推动了华为手机市场的快速发展，在短时间内全球发货量超过3000万部。此举不仅巩固了华为在全球通信设备市场的地位，也标志着华为在全球终端市场的崛起。

到了2013年，华为继续深化品牌策略，发布了新的终端品牌定位"Make it possible"（以言践行）。这一口号反映了华为对创新和客户服务的持续承诺，强调了华为在实现技术创新和满足消费者需求方面的努力。华为坚持以"客户价值"为中心，致力在全数字化和宽带时代领导技术革新，在激烈的行业竞争中保持住了市场地位。通过这种多层次化的国际传播策略，华为不仅强化了作为技术创新领导者的品牌形象，还有效地扩展了在全球市场的业务范围和影响力。

华为公司自成立起便秉承并积极塑造特有的企业文化，将其深度融入品牌建设及国际化传播战略中。企业文化中的核心价值观，如"客户为中心"的服务文化与"奋斗者为本"的奋斗文化，构成了华为文化的精髓。服务文化源自公司对市场定位的深刻理解，奋斗文化则植根于员工的不懈努力和企业的发展历程。华为在充满挑战的环境中诞生与成长，不畏艰难、坚持不懈的奋斗精神已成为华为文化和管理的基石。在国际品牌传播中，华为不断强调奋斗文化，通过传达"艰苦奋斗、永不止步"的企业形象，强化了品牌的独特性和吸引力，有效地与全球消费者和市场沟通，增强了品牌的全球认知度和影响力。

（三）2014年至今：品牌国际传播阶段

华为品牌经历了多年的摸索发展，在总结已有品牌内容的基础上，开始进入品牌国际传播腾飞阶段。华为品牌是一个包含了品牌标识、品牌核心概念、品牌文化的系统，在其国际传播的过程中，构建了一个整合的传播系统与之相匹配。

1.品牌国际传播体系

从2014年开始，华为对品牌策略进行了明确的调整，重点发展三大业务线：为运营商提供技术合作、为企业客户提供技术支持及解决方案和为消费者群体提供终端产品。这一策略转变体现了华为在不同市场分段中对品牌传播的差异化需求，突出了华为在适应全球市场多样性方面的策略灵活性。华为通过这种分业务线的品牌战略，有效地区分了各个市场的目标客户群体，根据各自的需求确定了品牌传播的内容和方式，确保了品牌信息的精准传达。

2.品牌综合效力

在品牌国际传播体系的构建过程中，华为不仅强调了子品牌的独立性，也注重了各子品牌之间的协调一致性。通过整合各子品牌的传播活动，华为确保了品牌信息在不同地区和文化背景下的连贯性和一致性。

这种整合性传播策略使华为在全球范围内构建了一个统一而又具有适应性的品牌形象。各业务品牌围绕华为的核心价值和企业文化进行传播，无论是面向运营商的技术合作，还是面向消费者的终端产品，华为都确保其品牌传播活动反映"以客户为中心"的企业宗旨，同时强调创新和高质量服务的企业理念。

3. 品牌文化的渗透

华为公司总裁任正非曾经指出，企业形象的建设应如细水长流，悄无声息地渗透和影响。这种观点强调了品牌文化在塑造企业形象过程中的重要作用，它不是通过喧闹的宣传，而是通过日常的行为和传播逐步积累口碑和认知的。华为通过各种渠道传达其品牌文化，如产品发布会、用户大会及技术分享会，这些活动不仅展示了华为的创新成就和技术力量，也传播了其文化价值观。华为在其广告和终端活动中，通过叙事手法讲述公司的奋斗历程和技术创新，这种方式有效地加深了公众对华为品牌文化的理解和情感共鸣，从而加强了华为品牌形象的固化和传播。

华为的品牌国际传播是一个漫长而系统的过程。在最初阶段，华为侧重于利用低价策略迅速进入市场并获取高额利润，然而在全球范围内与成熟的强势品牌竞争时，华为认识到了品牌建设的紧迫性。公司开始深入挖掘和塑造自身的核心价值观和文化要素，逐步形成了初步的品牌体系。随着企业业务的扩展和市场的深入，华为的品牌开始纵向延伸，发展出多个品牌分支，这些分支丰富了华为的品牌内涵。通过建立一套全面的传播体系，华为不仅在国际市场中树立了可信赖的企业形象，也确保了其品牌文化的持续传播和影响力的扩大。这种品牌策略的执行有效支撑了华为在全球市场中的持续成长和竞争力。

对大型科技企业媒介形象进行研究时，本专著主要选取华为公司，从各个角度、各个层次全面分析和阐释大型科技企业媒介形象的构成、表现、作用、成因、发展情况、影响因素、框架分析、构建以及提升策略。

之所以选择华为科技公司，是因为华为是大型科技企业的典型代表，无论是社会和大众，还是各种媒体，都对华为科技公司相关信息了解得更多，社会和大众对华为相关产品的认知度较高，媒体关于华为科技公司的报道也更多，关于华为科技公司企业形象以及相关报道的研究也更多。基于此，选择以华为科技公司为例，研究大型科技企业媒介形象管理，更具代表性与说服力。

三、大型科技企业媒介形象调查——以华为技术有限公司为例

针对本书研究，2023 年 2 月 5 日到 2 月 8 日，4 天时间，共发布 1500 份科技企业媒介形象调查问卷，回收 1417 份，其中有效问卷 1057 份。被调查的人群来自全国绝大部分省区市，除了西藏，其他省区市均包含在内。各地被调查者具体分布情况，如图 2-1 和图 2-2。

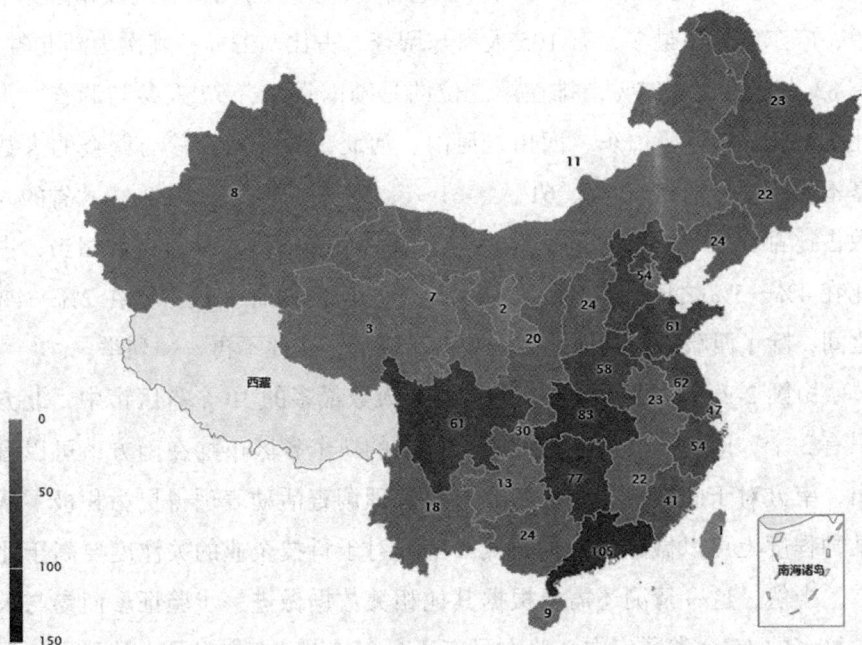

图 2-1　调查问卷受访者全国分布示意图

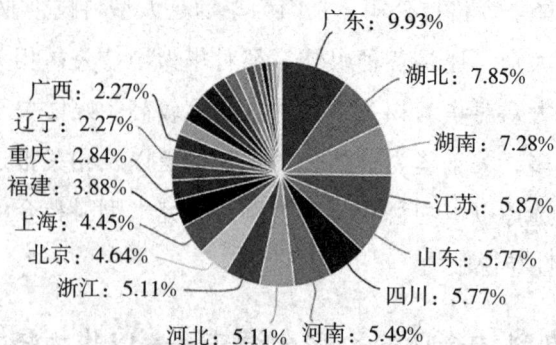

图 2-2　参与调查者全国分布比例示意图

　　图 2-1 中，各地区按参与调查人数多少，配以不同深浅的颜色，颜色越深，相应的参与调查的人数越多。图 2-2 中，以饼图的形式呈现出各地参与调查人数的比例情况，并且按参与调查人数由多到少，顺时针排列。从图 2-1 和图 2-2 中可以明显地看出，就参与调查的人数和占比来说，广东省分布最多，有 105 人参与调查，占比 9.93%；其次为湖北省，有 83 人，占比 7.85%；排在第三位的是湖南省，有 77 人参与调查，占比 7.28%。江苏、山东、四川、河南、河北、浙江六省参与调查的人数基本相近，分别为 62 人、61 人、61 人、58 人、54 人、54 人，六省的人数占比都在 5%—6% 之间；北京与上海两个直辖市的参与人数相当，占比在 4%—5% 之间；福建、重庆、辽宁、广西四省人数占比在 2%—4% 之间；除了西藏外，其他地区人数占比较低，在此不再一一列举。

　　由图 2-2 可以明显看出，参与调查人数最多的 10 个省区市中，北方只有 3 个，即山东、河北和北京，剩余的 7 个省区市均在南方，可以看出，南方对于此次科技企业媒介形象管理调查活动表现得更为积极，从某种程度上可以做这样一种猜测：南方对于科技企业的关注度要高于北方，当然，这一猜测还需要根据其他相关数据做进一步验证。而参与人数最多的 15 个省区市中，北方只有 4 个。从图 2-1 中也可大致看出，深颜色地区主要集中在我国的中部和南部。

参与调查的全部人员，其中性别分布情况，如图 2-3。

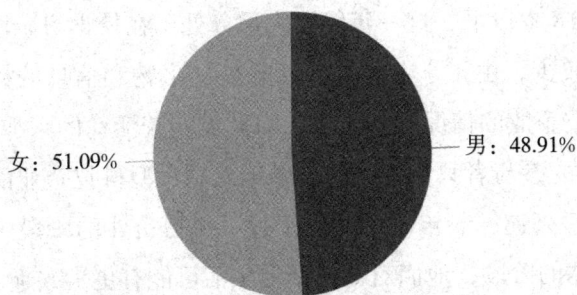

图 2-3　参与调查者性别分布情况示意图

由图 2-3 可以清晰地看出，参与调查的人员中，女性占比 51.09%，男性占比 48.91%，男女参与人数基本持平。

从参与调查者的年龄结构上来看，其分布情况，如图 2-4 所示。

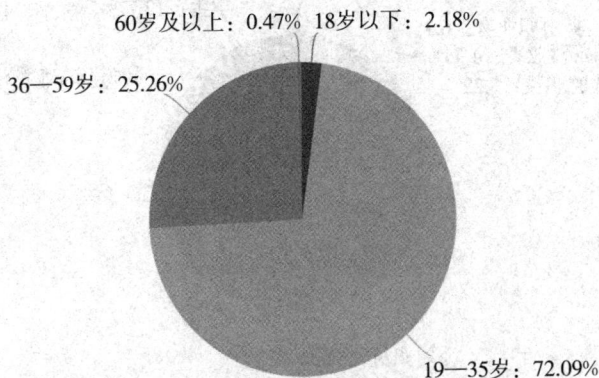

图 2-4　参与调查者年龄分布情况示意图

由图 2-4 可知，大部分参与者年龄在 19 岁到 35 岁，占总参与人数的 72.09%，这个年龄段正处于青年、青年向中年过渡的阶段，这部分人群接受新生事物的能力强，乐于尝试不同的新鲜事物，也有着较强的消费欲望和消费能力。参与调查的人群中有大概四分之一处于 36 岁到 59 岁年龄段，占比 25.26%，这部分人群处于中年到即将退休阶段，这部分人群有了一定的经济基础，与此同时，这部分人群有着足够的社会经验和社会地位，生活趋于稳定，没有过多的生活压力。参与调查的人群中有2.18%为18岁以下，这一年龄段大部分处于在校学习阶段，生活经验和生活体验较少，由于学业原因，接触外界事物和信息的机会较少，因此，对于科技企业的情况所知也少，对此类调查活动的兴趣程度也较低。而60岁以上的参与者只占0.47%，老年人对大型科技企业的相关信息和内容基本不感兴趣，老年人可能由于过了拼搏奋斗的阶段，处在刚退休或是已然退休的阶段，他们对如何享受生活可能有更大兴趣。

总体来说，19—35岁的青壮年群体最为关注大型科技企业的发展，也会更多地关注与此相关的内容，在某种程度上也表明他们更加关注社会的发展和科技的进步。

参与调查者的职业情况，如图2-5所示。

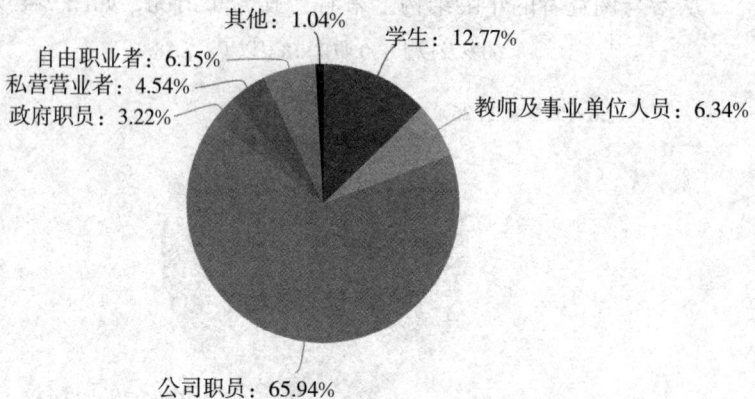

其他：1.04%
自由职业者：6.15%
私营营业者：4.54%
政府职员：3.22%
学生：12.77%
教师及事业单位人员：6.34%
公司职员：65.94%

图2-5　参与调查者职业类型分布情况示意图

由图2-5可知，参与调查的人群中，公司职员所占比例最大，为65.94%；其次是学生群体，占比12.77%；第三大群体为教师及事业单位人员，占比6.34%；后面依次是自由职业者、私营营业者、政府职员等。由职业分布图能够看出公司职员对于大型科技企业的发展最为关注，也是由于其就在各类公司工作，因此，在工作或是业余时间，能够自主或不自主地接触大量关于企业发展和技术相关的信息和资讯。进而，这部分人群对调查内容了解更多，愿意参与此类调查活动。学生群体处于旺盛的学习阶段，对于各类新生事物也都充满好奇，喜欢尝试各种不同事物，因此，学生群体的参与程度也较高，仅次于公司职员。排在第三位的教师及事业单位人员，文化程度较高，对知识和技术有更高的关注度。无论是教师群体，还是事业单位人员，其在工作或业余时间，都能接触到大量信息和资讯，对自己所接触到的信息通常都会有自己独到的见解与认识。事业单位人员借助职业的优势，更可能接触到大量与产业发展和公司发展状况的信息，对相关内容有更深入的了解与认识。

自由职业者，无论是在工作中，还是在生活中，都有更大的自由度，对各个方面的信息可能都会有所关注，因此，对大型科技企业媒介形象管理方面的内容，关注的会少一些，但高于私营营业者、政府职员等其他人群。

关于参与调查人群月收入情况，如图 2-6 所示。

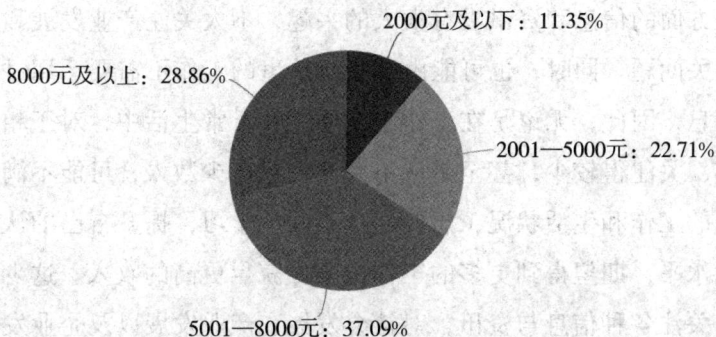

2000元及以下：11.35%
8000元及以上：28.86%
2001—5000元：22.71%
5001—8000元：37.09%

图 2-6　参与调查者月收入分布情况示意图

由图 2-6 可知，月收入在 5001—8000 元的群体最大，占比 37.09%；其次为月收入在 8000 元以上，占比 28.86%，属于高收入人群；排在后面的是月收入 2001—5000 元，占比 22.71%；月收入在 2000 元及以下的占比 11.35%。由此可见，月收入在 5001—8000 元的中产人群是此次参与调查的主要群体，占有三分之一多，这部分人群对各类信息都更为关注，尤其对于产业发展、企业发展、技术进步等相关的信息有更多的关注度。中产人群对于知识和资讯更为渴求，这是这一群体开阔眼界、提升自我能力的一个重要途径。在中产人群看来，对于信息的掌握程度会直接影响工作能力及其他各个方面的能力。

月收入8000元以上的人群参与此次调查活动的人数占比排在第二位，由此看来，处于高收入的人群对于信息与资讯有更高的需求度，其对于产业发展和企业发展的情况有更多的了解，同时也有深刻的认识与理解。高收入人群对于科技企业，尤其是华为公司了解的更多，加之关于华为公司的报道和研究较多，高收入人群对华为公司有更全面地了解。

月收入在2001—5000元的人群参与调查的人数占比比高收入人群占比稍低，能够看出这部分人群对大型科技企业的关注度也较高，对于相关信息与资讯的掌握也较多，对参与此次调查有一定的积极性。

月收入在2000元以下的人群，可能其对知识和文化的要求较低，对于相关方面的信息和资讯没有太大的兴趣，不太关注产业发展和企业发展的相关问题。同时，也可能由于其所从事的工作不需要运用过多的知识和信息，因此，无论是在工作中，还是在日常生活中，对于相关方面的内容，关注得较少，甚至是从不关注。只有少数人，可能不满足于自己现有的工作和生活状况，想要通过不断地学习，提升自己的认知能力和文化水平，期望得到更多的工作机会，获得更高的收入。这少部分人会随时关注各种信息与资讯，对社会发展、产业发展以及企业发展有很大兴趣，尤其对于华为公司这一类具有一定知名度的大型科技企业，更有极大的兴趣，因此，他们也更愿意参与这方面的调查。

参与调查人群对华为公司的了解程度，如图2-7。

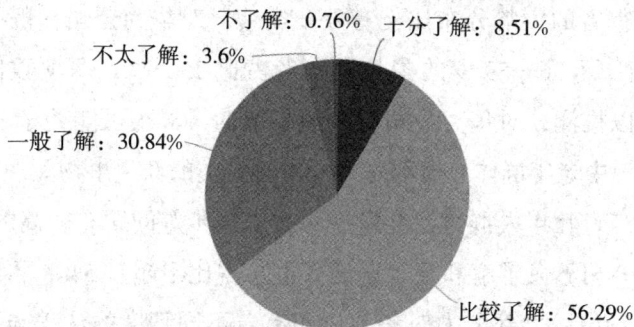

不了解：0.76%　十分了解：8.51%

不太了解：3.6%

一般了解：30.84%

比较了解：56.29%

图2-7　参与调查者对华为公司了解程度示意图

由图 2-7 可知，首先，超过一半的参与调查者对华为公司比较了解，占总调查人数的 56.29%；而对华为公司有一般了解程度的人数占比有 30.84%；其次，仅有 8.51% 的人群对华为公司十分了解；对华为公司不太了解的人数占比只有 3.6%；而对华为公司不了解的人群占有 0.76% 的比重。

从示意图能够清晰地看出，对华为公司比较了解和十分了解的参与调查人数占 64.8%，总占比接近三分之二，可见大部分人对华为公司有足够的了解。其中部分原因是华为公司是一家大型科技企业，对华为公司进行报道和研究的相关资料和资讯数量十分大，人们很容易接触到与华为公司有关的各类信息和资讯。另外，从前面参与调查人员年龄分布中已经得知，参与调查的人大部分处在 19—35 岁，正是青壮年时期，这一人群会主动获取各个领域的信息和资讯，有着强烈的学习欲望，因此，他们对华为公司会有更多的了解，但处在比较了解的阶段，了解得并不深，只有一小部分人对华为公司了解得深入。

对华为公司一般了解的人群占将近三分之一，相对于比较了解的人群来说，一般了解的程度更浅，其中部分原因可能是华为公司相关的报道比较多，这部分人被动地接收或看到一些这方面的信息或资讯。如果将图 2-7 和图 2-4 放一起进行比较，能够看出，对华为公司了解程度的分布与参与调查者的年龄分布比例有几分类似。对华为公司一般了解的人占比 30.84%，而 36—59 岁的参与调查者占比 25.26%，两项数值比较接近。由此可以推测，对华为公司有一般了解的人群很可能处于 36—59 岁年龄段，属于中老年群体。这部分人群对科技类的新生事物关注程度在逐渐降低，没有青壮年人群对社会发展和技术进步等问题有较高的关注度。

对华为公司不太了解和不了解的人群总占比不超过 5%，再综合总体数据，能够看出，大部分人对华为公司有着不同程度的认识与了解，深入了解和基本不了解的比例较少，处于中间了解的人占据大多数。

参与调查者对华为标识的第一感觉的统计情况，如图 2-8 所示。

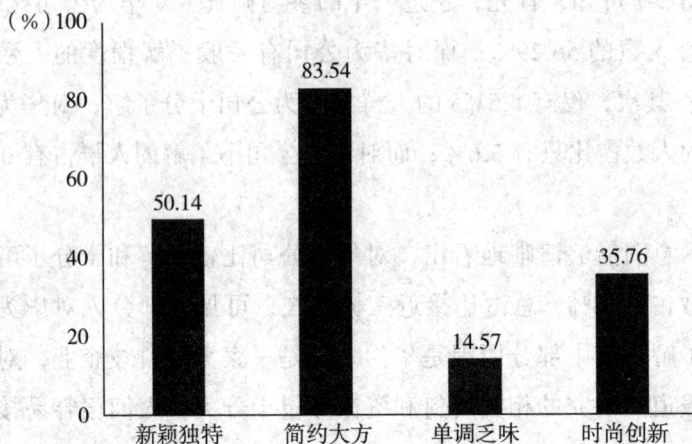

图 2-8　参与调查者对华为标识第一感觉统计情况示意图

由图 2-8 可知，所有参与调查的受访者中，有 83.54% 的人认为华为标识给人的第一感觉是简约大方，其次有 50.14% 的人认为华为标识给人的第一感觉是新颖独特，有 35.76% 的人认为华为标识给人的第一感觉是时尚创新，另外，有 14.57% 的人认为华为标识给人的第一感觉是单调乏味。由此可以看出，华为八片花瓣设计的企业标识，代表了蓬勃向上、积极进取的企业文化，公司在各个方面更加聚焦、创新、稳健、和谐，并且在日常事务中通过持续性创新，支持客户实现网络转型，并不断推出具有竞争力的产品、服务和业务。从标识设计中，也能充分感受到华为的国际化、职业化，以及对客户的聚焦态度，与此同时，华为创造更加和谐友好的商业环境，以实现自身的稳定增长。

认为华为标识新颖独特的参与调查者，可能被标识体现出的既有具象的感觉，也有抽象意味的设计所吸引，并且这种感觉加深了华为在这部分人群中的印象。给人感觉像是太阳发散的光芒，同时也像盛开的花朵，均为从中心点向四周发散，意为自己的企业文化与企业精神能够通过各种方式向外界传播，传达到世界各地，传达到客户的内心，通过产品、服务、解决方案等各种方式，将自身的理念、技术、知识等通过实体的产品或服务传递出去。

认为华为标识时尚创新的参与调查者，可能会因其红色主色调，显著的暖色系颜色的选取，而对其更加关注。八片"花瓣"的创意设计，可以给人无限想象力，标识中所选用的线条，有锋利的锐角，也有柔和的弧线，体现出华为公司既有硬核的技术，也有软性的人文气质，与此同时，最上部通过光线的透视设计，让"花瓣"看起来既有立体效果，也有似真似幻的梦幻感觉。因此，从整体效果上来看，体现出时尚气息与创新意味。

参与调查的受访者中，只有 14.57% 的人认为华为标识单调乏味，所占的比例较少，不管企业标识设计得再完美无瑕，也总会有人不喜欢。由于每个人对于审美的理解和角度不一样，审美也没有一个统一的标准，因此，在现实世界中，基本上不存在大家都认可的完美标识。还存在一种可能性，客户喜爱华为的产品，且一直使用着华为的产品，但就是认为华为公司的标识设计单调乏味。

总体来说，华为标识通过简单的设计，给人以大方之感，诸多大型企业的标识风格大多简单而大方，不需要受众花费多大心力去理解，并且其标识所呈现的效果能够直达人心，虽然受众可能不会一下子看明白标识所蕴含的意义，但能产生一种强烈而印象深刻的感觉。

第三章 大型科技企业媒介形象内容分析与表现

第一节 大型科技企业媒介形象的构成要素

大型科技企业媒介形象的构成要素主要包括六个方面。

一、文化形象

大型科技企业的文化形象主要包含企业历史传统、企业精神、企业价值观、企业行为规范、企业群体风格、企业职业道德、企业公司礼仪、企业英雄人物等。

(一)企业历史传统

大型科技企业的历史传统记录了企业从建立伊始到当下的发展过程，包含创始人如何通过一个想法到真正将一个公司建立成形的历程，包含企业一步一步发展到如今的起起伏伏，也包含企业的领导者如何解决所面临的每一个困难和挑战。企业的文化形象能够让受众深入了解企业的成长和发展过程，对企业文化、企业目标、企业发展理念有更真实而全面的理解。通过对企业文化认识和了解的逐步深入，无论是受众，还是企业内部员工，都可能被企业的精神和文化理念感染，人们对一家企业的认同都是从对企业的逐渐深入了解开始，受众自然会融入企业的文化和理念中，成为企业的"一员"，并与企业建立起深度联系，进而对企业所提供的产品和服务等有更大的认同感。

（二）企业精神

企业精神是企业根据自身特性而形成的宗旨、性质、任务和发展方向。企业精神是企业文化的核心，在整个企业文化中起着重要的支配作用。企业精神以价值观念为基础，以价值目标为动力源，其对企业的管理制度、经营哲学、道德风尚、企业形象、团体意识起到了决定性的作用。也可以说，企业精神是企业的灵魂。

企业精神凝聚着企业内部各个方面的智慧与过往的经历，企业精神是企业向前发展的底层动力。员工在从事日常工作时，都会或多或少受到企业精神的感召，不自觉地按着企业精神所指引的方向行事。虽然企业精神属于企业的无形资产，看不见、摸不到，却真实地影响着企业的发展方向和发展程度。由此，也能够看出企业精神对于一家企业的长远发展起到了决定性的作用。

（三）企业价值观

企业价值观指企业及其员工的价值取向，指企业在生产经营的过程中遵循的基本信念以及所奉行的发展目标。企业的价值观是企业全体员工或是大多数员工所认同的企业发展意义的一致性的判断。简单来说，企业价值观就是由企业的决策者对企业的发展目标、企业性质、企业的经营方式作出的最终选择，并且这种观念得到全体员工或大多数员工的认可。

企业价值观为企业的生存和发展提供了强有力的精神支柱，为员工的日常工作提供了有力的凭借。当企业价值观与员工个人的价值观相吻合时，员工就会将自己的工作看作实现个人理想的主要途径，员工的工作状态和积极性也会处于更高的状态。当企业的价值观得到员工的认可时，即使企业面临困难或是瓶颈，员工也会与企业共克时艰，度过困难时期。

（四）企业行为规范

企业行为规范指基于企业的目标体系与价值观念的企业经营行为和由此产生的员工特有的工作态度和行为方式，企业行为规范是企业文化的重要构成要素。企业行为规范在企业生产经营的过程中表现为制度、规章、准则等成文的规定，也表现为传统、习惯、禁忌、时尚等不成文的行为规范。企业的行为规范具有积极的示范效应和强烈的感召力与约束力，并能充分体现企业的价值观。

企业的行为规范为企业员工提供了一个工作的行为标准，在大多工作流程上，员工的行事活动都会有对应的标准。企业行为规范的确定能够有效地提升员工的工作效率，员工在日常工作中不用花费很多时间和精力选择行事路径，而是可以凭借已成型的行为规范落实执行。

（五）企业群体风格

企业群体风格是指企业中群体成员共同拥有的兴趣和共同目标，群体中的多项活动结合在一起。群体成员有自己的群体意识和归属感，并且成员在群体中具有一定的地位，有自己的角色定位。企业的群体风格能够表现出一种归属感、认同感和整体感。企业中的每名成员对群体或是企业都有一种归属感，个体依附群体的资源、能力和平台等，为自己的工作提供更大的便利性，同时，个体的优异表现也会为群体贡献自己的劳动成果，增强群体荣誉。企业中的每一员对于群体都有认同感，认同群体的目标、行为规范、组织管理等各个方面的内容。企业群体形成的是一个整体，对群体的整体性产生相应的规模效应，在应对一些困难和阻碍时，企业群体能够更高效地解决。企业群体所体现出的风格也是企业文化形象，在相当程度上能够代表企业的形象。

（六）企业职业道德

企业的职业道德包括企业员工应遵守法律法规和企业规章制度的规定。诚实守信是一家企业立于市场经济中的重要基础，是企业与客户、股东、社会等外部利益相关者之间关系的基本准则。企业职业道德的约束，为员工的工作流程和行为无形地设定了一个行动范围，员工能够清晰地知道哪些行为是被允许的、哪些行为是不被允许的，企业管理者对于员工的管理也更为高效。良好的职业道德是企业对外形象的一种软性彰显，企业员工通过与外界沟通交往，能够让对方感受到企业的文化内涵与价值追求。

（七）企业公司礼仪

公司礼仪是一家企业对外展示的一张名片，外界能够通过公司礼仪感受到企业员工的整体素养和价值取向等一系列内容，对企业形成一个初步的印象。第一印象对于一家企业来说十分重要，第一印象也决定着对方是否有意愿跟该企业开展深入的合作。公司礼仪包含多方面的内容，如办公礼仪、仪式礼仪、礼宾礼仪、衣饰礼仪、餐饮礼仪、社交礼仪，涉及与人交往的商业活动的各个方面。企业在公司礼仪方面表现亮眼，能够赢得合作伙伴、客户、消费者、媒体等交往对象的好感。

（八）企业英雄人物

企业的文化形象也是企业管理者用于凝聚人心的有力"工具"。企业管理者通过营造适宜自身发展的企业文化，让更多人对此认同，无论是市场、客户，还是企业内部员工，甚至是竞争对手，都会不同程度地受到企业文化的影响。市场认同企业的文化形象，企业的产品或服务也会得到市场的认可，企业的产品或服务在市场上也会有更优异的表现。客户认同企业的文化形象，会通过实际的行动，选择支持这家企业的产品或服务。企业员工对企业文化形象认可，在日常的工作中会以企业文化和要求为标准，员工会以企业文化为底层理念解决本职工作中所遇到的问题。

参与调查者对华为公司的总体印象情况，如图 3-1。

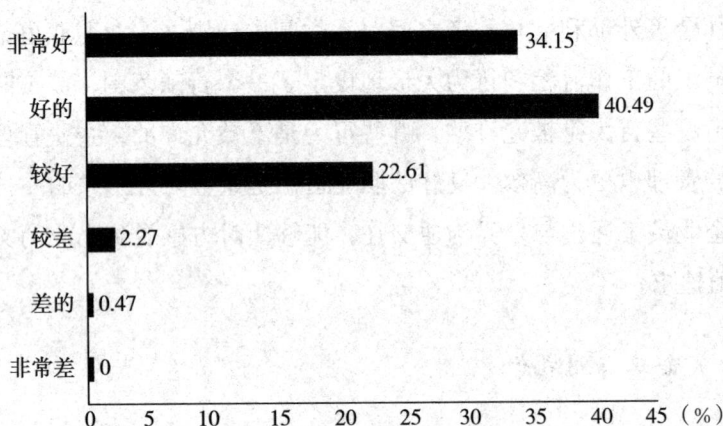

图 3-1　参与调查者对华为公司总体印象情况示意图

由图 3-1 可知，有 40.49% 的参与调查者对华为公司总体印象是好的，有 34.15% 的人群对华为公司总体印象非常好，有 22.61% 的参与调查者对华为公司总体印象较好，这三部分共占参与调查者总数的 97.25%，对华为公司总体印象较差的只有 2.27%，而对华为公司总体印象差的人占比更少，仅有 0.47%。另外，没有人对华为公司总体印象非常差。

从整体上看，绝大多数人对华为公司的总体印象是好的，评价也更为积极，当然，这种良好的印象来自华为公司呈现给客户或是大众的各个方面的综合表现。华为公司所提供的产品、服务、各种解决方案等，为客户带来了优质的体验。

二、组织形象

组织形象指社会公众和组织内部员工对组织整体的印象和评价，是社会公众对一个组织的完整信念和看法。决定组织形象的因素，对于企业组织内部而言，取决于组织的运行、管理情况和全体员工的精神风貌；对于企业组织外部来讲，取决于组织在社会公益活动中的表现。企业的组织形象主要是企业整体所表现出的活力、想象力、能力等多方面的精神面貌。企业的组织形象需要通过公共关系活动来进行构建和调整。企业组织形象是否良好，直接影响着企业长远发展目标能否顺利实现，尤其对于一家大型科技企业来说，组织形象就是企业形象。

企业的组织形象包括体制、制度、方针、政策、程序、效益等方面内容，另外，流程、服务、承诺、规模、效率、实力、保障、信用等方面也属于企业组织形象所包含的内容。由此可见，企业的组织形象涉及企业的多个方面，虽然企业的组织形象不可见，但这些方面均是组织形象的具体体现，直接影响着组织形象是否良好。

三、产品形象

企业的产品形象包含产品的款式、质量、商标、包装和服务。

通常来说，企业产品的款式有多种，以供消费者选择。每位消费者都会有不同喜好，企业所设计的产品款式均是针对不同消费者的需求而定，而有的是为了引领产品的潮流。因此，企业应当及时根据消费者最新的需求，不断丰富产品款式。产品款式的多样化，能够满足消费者不同的消费需求，进而对产品形象有良好的评价，与此同时，也会相应地提升企业形象。

产品质量直接影响产品的销量，消费者希望花同样的钱或是花更少的钱买到质量更好的产品。可以说，产品质量是产品能够得到消费者认可的底线。企业需要花费更多的时间和精力，以提高产品质量与品质。

消费者对产品质量的满意度的提升，也相应地会提升产品形象，进而也将提升企业形象。

产品的商标可以说是产品在销售时重要的标记，从某一方面来说，产品的商标也能代表产品的形象，其也是产品形象的一部分，消费者对一个产品的认可，自然也会从产品商标上对其进行辨认。有时一个简单的商标可能会包含着丰富的信息，一个经过精心设计，并且包含企业文化、精神、内涵的商标，同时也兼顾着消费者的需求，这样的商标更能够代表产品以及企业的形象。

产品的包装设计可以说是企业与消费者沟通交流的第一门面，消费者对产品的第一印象如何，首先会从产品包装上有一个初步感知。如果消费者第一眼看到产品包装就没有购买的欲望，也就不会再有后续的购买行为。因此，企业应当考虑如何针对不同人群，将产品包装设计得更加贴合消费者的需求，深度了解消费者的喜爱与需求，以不同款式的产品满足消费者不同的需求。

产品服务与产品销售有着密切的关联，企业把一款产品做好，保证良好的品质与质量只是关键的第一步。产品为消费者提供的不只是基本的实用性需求，更重要的还包括与之配套的产品服务，而有时，产品服务质量如何是更重要的一个方面，产品服务质量有时会直接影响一款产品的销量，即使该产品的质量和品质再高，消费者可能也不会选择购买。需要注意的是，产品的售后服务这一环节至关重要。消费者在使用产品的过程中，不可避免地会遇到各种各样的问题，而解决这些问题就需要通过产品服务来支持，当然，其中也包括售前服务，为消费者提供全面而专业的产品介绍，解答消费者对产品的一些疑问。

消费者购买华为产品的情况，如图 3-2 所示。

没有：9.56%

购买过（使用过）：90.44%

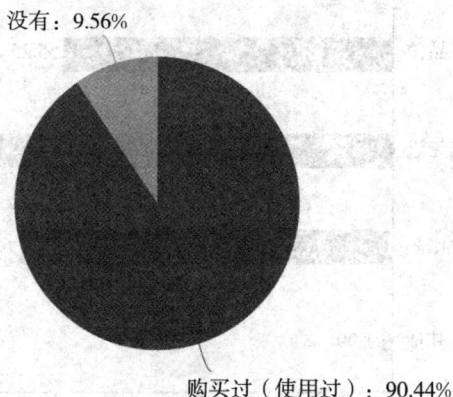

图 3-2 消费者购买华为产品情况示意图

由图 3-2 可知，参与调查的人群中有 90.44% 的人购买或使用过华为产品，剩余的 9.56% 的人没有购买或是使用过华为产品。从这一数据中，能够感受到超过九成的人通过与华为产品接触，自然对华为产品有更多的了解，尤其使用过华为产品的人群，对于华为产品的了解和熟悉程度更高。从某种程度上说，华为公司在产品营销和宣传上表现出色，而这也是由于华为公司在产品设计和研发上付出了更多的努力，再结合前面调查的数据，80% 以上的被调查者认为华为公司是一家科技企业，表明华为公司在产品技术研发上花费了更多的心思，这种付出也在消费者身上得到了有效的反馈。

从图 3-2 中还能感受到的一点是，华为公司的产品与同类产品相比，更具有竞争优势，消费者在对比众多品牌后，会选择华为公司的产品，一方面说明华为产品在质量和品质上都有不错的表现，另一方面也说明华为公司一直坚持的企业文化得到了大众的认可。

参与调查者对华为产品最直观印象的调查情况，如图 3-3 所示。

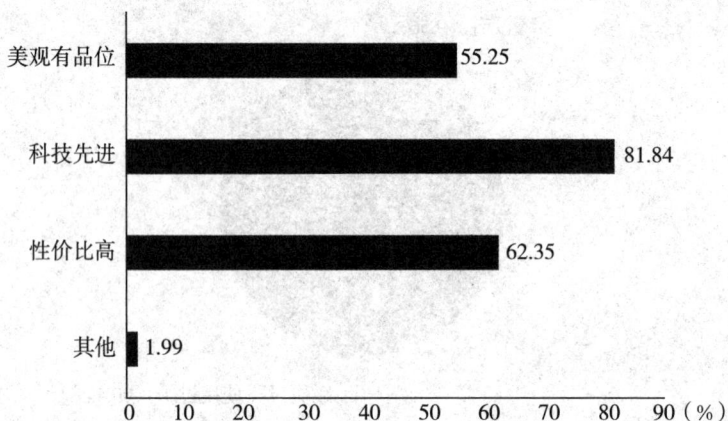

图3-3 参与调查者对华为产品最直观印象情况示意图

由图 3-3 可知，首先，参与调查者中，有 81.84% 的人认为华为产品
给人最直观的印象是科技先进。其次，有 62.35% 的人认为华为产品给人
最直观的印象是性价比高。再次，有 55.25% 的人认为产品给人最直观的
印象是美观有品位。最后，其他直观印象人数总计占比为 1.99%。

对华为产品最直观的印象这一选项中，选择最多的为科技先进，其
中 81.84% 的参与调查者认为华为公司是一家科技企业。在这些参与调查
者看来，华为产品更多地体现出科技感，包含着较高的技术含量，产品
能够传递出更多技术细节。正由于用户认为华为产品有着先进的科技品
质，因此，他们自然认为华为公司是一家科技企业。

对华为产品最直观的印象为性价比高的人占 62.35%，有六成多的人
选择这一选项，说明华为公司对产品进行严格的成本控制，同时也了解
用户的心理价位，对市场上同类产品的信息了解和掌握得较为全面。

对华为产品最直观的印象为美观有品位的人占据一半以上，表明华
为产品除了在科技方面有着突出的表现外，还在外观等方面表现出美观
并且有品位，华为对于产品的要求，不仅在内在上花费了更多精力，也
在外在表现上加入更多审美的考量。

对华为产品有其他直观印象的人占比仅有 1.99%，每个人的经历和

学识不同，看待同一事物的态度就会不同，每个人可能对华为产品最直观的印象也就不同，其他直观印象中可能包含诸多种类，但这些直观的印象所占的比例均较小。结合前文中参与调查者对华为公司了解程度的调查数据，不太了解和不了解的人数总占比为 4.36%，很可能在这部分人群中，由于自身对华为公司不甚了解，因此，对华为产品最直观的印象很可能就是天马行空的猜测，也就很可能出现各种不同的印象。但这部分人占比很小，因而这部分数据不作为重点数据，在分析人们对华为产品最直观印象时，可以忽略不计。

四、环境形象

企业的环境形象指企业厂房和企业厂区四周的概况，即企业环境从整体直观上给受众带来的总体印象和感觉。企业的环境形象是企业形象的重要组成部分，不管企业的规模是大是小，属于什么性质，都需要向客户、市场、社会等各方面呈现一个良好的形象。

企业的环境形象包含多个方面，包含建筑物、企业门面、环保绿化、标志物、展示系统、布局装修等。除了展示系统外，以上方面都是企业外在可见的实物，能给人以最直接的视觉观感。因此，企业应当尤为重视环境形象的塑造，在对外展示的各个方面都应当从细节进行把握，力求在环境形象方面尽量做到尽善尽美。在企业的外在呈现的各个方面，企业都应充分考虑自身企业文化的内涵、企业对未来发展的规划及以人为本的发展理念，不断对环境形象进行改造调整。

企业的展示系统是在互联网上的一种展示方式，在线上也是可视化的企业形象的一部分。在当今互联网发展如此普遍而迅速的时代大背景下，企业通过线上的方式，能够更加便利地宣传推广企业产品、服务、形象等一系列与企业发展相关的信息与内容。企业可以将现实中的诸多环境形象搬到线上，让受众从线上也能获得完整、全面的企业信息。

五、人员形象

企业的人员形象包括领导层、管理层、员工。企业与外界进行沟通交流，一方面通过各种宣传推广方式传递企业的相关信息；另一方面，需要通过企业内部人员与外界进行各种联系。因此，人员形象能在很大程度上反映出一家企业的形象。

领导层是企业的最高决策者，其决定着企业的发展方向，决定企业的文化、精神、理念等方面的样态。甚至有时，企业中重要的领导者的形象很大程度上代表了企业的形象。领导层不仅在企业内部具有示范和榜样的作用，企业领导层在对外交流时，也会代表着这家企业的形象。外界通过企业领导层的一些表现、决策、言谈举止等方面的信息，就能对一家企业进行初步的判断，产生第一印象，更重要的是，通常这种第一印象会影响一个人今后对企业的总体认知与看法。因此，企业的领导者应当更加注重自身形象的塑造与维护，以一个良好的形象为企业赢得一个健康积极的企业形象。

企业的管理层负责企业的日常运营与管理，对企业日常事务，或是重大决策等重要的企业事项更为熟悉。企业管理层具有良好的形象，能够表明企业的日常管理事务有条不紊，企业能够有序开展日常生产经营活动。外界通过企业管理者能够感受到企业文化、企业精神、企业活力、企业各方面相关服务等信息，虽然这些信息通过人的表现进行传递，但这些内容表现得更为真实。受众通过实物看到的企业外在形象，是了解与认识企业形象的一种方式，而通过企业内部人员的行为表现了解企业的形象是另一种重要的方式。

企业员工是企业中所占比例最大的人群，每一名员工都可以看作是企业形象的展示主体。当员工接触外界时，相当于代表企业对外进行沟通和往来，因此，员工的商务礼仪、仪容仪表、衣着服饰、言谈举止等方面都能让对方自然地联想到企业形象。因此，企业员工不管在与外界进行联系时，还是在日常工作中，都应当时刻注意自身的一言一行，对自身的所有行为负责，以维护企业的整体形象。

参与调查者对华为公司领导者领导能力的认知情况，如图 3-4 所示。

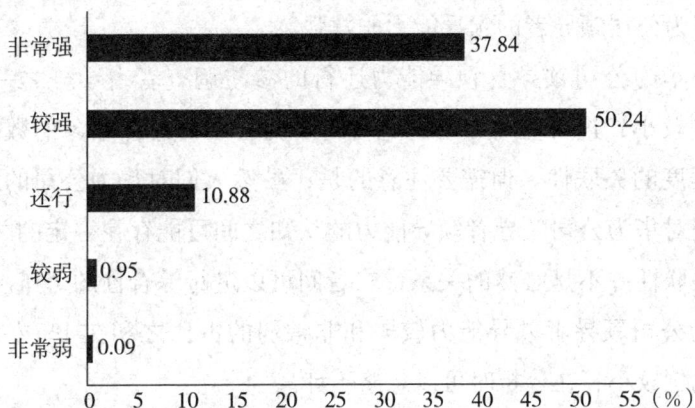

图 3-4　参与调查者对华为公司领导者领导能力认知情况示意图

由图 3-4 可知，参与调查的人群中，有 50.24% 的人觉得华为公司领导者的领导能力较强，有 37.84% 的人觉得华为公司领导者的领导能力非常强，有 10.88% 的人觉得华为公司领导者的领导能力还行，有 0.95% 的人觉得华为公司领导者的领导能力较弱，另有 0.09% 的人觉得华为公司领导者的领导能力非常弱。

参与调查的人群中，有一半左右的人觉得华为公司领导者的领导能力较强，其中可能有些人通过相关新闻报道，或是自己与华为公司的领导者有过直接接触，或是通过其他方式与华为公司领导者有过交往，抑或是通过华为公司的产品、服务或是解决方案等，间接地感受到华为公司领导者的领导能力。但不管通过什么样的方式，华为公司领导者的领导能力都能传递给消费者。

参与调查的人群中，有将近 38% 的人觉得华为公司领导的领导能力非常强。这部分人可能对华为公司的产品有着较高的认可度，对产品的信任可以延伸到产品所属的公司领导者。另外，结合参与调查者对华为公司的总体印象的调查数据——34.15% 的参与调查者对华为公司的总体印象非常好，两项数据极为接近，可以猜测，由于参与调查者对华为公司的总体印象非常好，因此，出于爱屋及乌的心理，这部分人群大多也会认为华为公司领导者的领导能力非常强。

觉得华为公司领导者领导能力还行的参与调查者占十分之一左右，所占比例较小，这可能与参与调查者对华为公司的总体印象的数据统计有某种程度的关联性。但需要注意的是，虽然人们对华为公司的总体印象与人们对华为公司领导者领导能力的认知之间可能存在一定的关联性，但这种关联性并不是必然的关系，二者间可以进行综合性的考量。另外，认为华为公司领导者领导能力较弱和非常弱的占比之和在 1% 左右，因其所占比例较小，在分析时可以忽略不计。

从这一维度得到的数据，整体上来看与参与调查者对华为公司总体印象的统计情况类似，因此，人们对华为公司总体印象的评价影响着其对华为公司领导者领导能力的评价。从中，我们可以进一步猜测，对于一家企业来说，人们对企业其中一个方面的评价，可能会影响到对企业其他方面的评价，甚至还会对企业总体印象的评价产生影响；或者也可以说，人们对企业总体印象的评价，很可能会影响人们对企业某一事项的评价。因此，企业在从事生产经营活动的过程中，应当在各个方面和环节上注意自己的一言一行，关注其中的每一个细节，要进行精细化管理，无论在生产经营活动中，还是在管理过程中，都要追求极致。

六、社区形象

企业的社区形象主要包含社区关系和公众舆论两个方面。企业除了在生产、经营、商务等方面与客户进行广泛的沟通与交流，更多地会与自身所在的社区打交道。企业在社区中的形象，有时表现得更为直接，产生的影响甚至更大。

企业与社区之间的关系决定着企业应当站在什么角度处理与社区的

一些事项。企业应当与社区保持一种积极而友好的关系，尽自身最大能力为社区提供服务，帮助社区解决一些困难和问题。企业与社区间的关系应是相互促进、互帮互助的良性关系。企业在为社区提供各种服务和支持的同时，社区也能够为企业提供一些企业需要的信息与帮助。

企业的公众舆论也可理解为企业在公众层面的口碑。当企业在各方面均表现良好时，自然在社区中会有积极向上的良好形象。企业应当在各个细小环节上注重自身形象，这关系到企业生存发展、企业文化的传播、企业产品的销售、企业理念的推广等方面。企业想要维护好自身在公众面前的良好形象可能并不容易，若想破坏自身形象却很容易做到。可能通过一件小事，就能够让企业在公众面前的形象受损，若一次客户投诉没有得到很好地解决，这件事可能会不断被放大，最后，企业不得不着手解决。小问题如果能够及时着手处理，可能会很容易解决，但如果错过最佳的时效期，企业则可能花费再大的精力、人力与财力都很难挽回局面。因此，也能够看出，公众舆论在企业表现良好时，能够帮助企业更好地提升其形象，但如果企业不能很好地利用公众舆论的宣传影响力，可能稍有处理不当就会从小问题引发出大问题。

企业要想提升自身的社区形象，应当创造一切机会与社区进行广泛的交流与沟通，通过各种活动与社区建立更深入而紧密的联结。企业可以积极参加社会公益事业和社区公益活动，通过具体的实践活动，在社区群众面前构建具体而真实的形象，进而不断提升企业的社区形象。另外，还需要全面提升企业员工的整体素质，提高企业产品的质量与服务，对企业自身文化活动和组织形式进行改进和调整，以适应企业良好形象的构建。

第二节　大型科技企业媒介形象的表现特点

一、国际化和更强的品牌力

　　大型科技企业因其已经形成一定的规模，在市场上占有一定的地位，拥有了一定规模的用户群体，得到社会大众的广泛认可，因此，其具有更强的品牌力。加之，大型科技企业大都开展国际业务，在国外市场也有着一定的认可度与市场占有率。与此同时，大型科技企业在开展海外业务前就对企业形象进行整体规划与设计，不管从企业标识、形象设计、人才配备、内部管理、营销策划等方面都已做好国际化准备，因此，大型科技企业媒介形象更为国际化，其企业品牌、产品品牌、服务品牌等都趋于国际化，同时也具有更强的品牌力。

二、充满科技感、创新、前沿、时尚

　　大型科技企业以科技实力为其生存和发展的根本，无论从其产品和服务等方面，还是从企业内部设计和布局来看，都能充分体现出极为明显的科技感，其产品和服务所蕴含的科技元素能够给人以深刻的印象。

　　也正因为大型科技企业极为重视自身的科技属性，其产品和服务等方面也处处体现着科技感，因此，大型科技企业所带给受众的另一个印象为创新的形象。大型科技企业只有不断进行自我创新以及对外创新，包括技术、制度、人员、管理、营销等各个方面的创新，才能在竞争激烈的科技市场上占有一席之地。

　　在不断创新的过程中，大型科技企业也保持了始终站在技术探索和研发的第一线，要始终处在科技创新的前沿，只有通过这一途径，大型科技企业才能继续维持自身在市场上的有利地位。当今科技的发展日新月异，企业如若慢一步，便有可能步步落后，最后，被竞争对手甩在身后，一直处于发展的末端。基于此，大型科技企业会始终关注前沿科学的最新动向，并通过自身的技术与人才优势，不断探索新的领域、新的技术可能性，不断研发最具竞争力的产品和服务。

科技感、创新、前沿通常与时尚有着某种联系，具有科技感、创新的产品有着以往产品所不具有的外观、性能、体验、品质。因此，人们在使用这些产品时，会产生一种不同寻常的新鲜感，独特的产品外观设计也会给人带来一种别样的感官享受。另外，通常大型科技企业对于产品品质的追求并不只在技术层面，通常还会在产品外观、包装等方面的设计上与创新的科技相匹配，加入更多独具特色的元素，让产品整体上呈现出更有魅力的效果。

三、高品质和高性价比

大型科技企业对于技术的追求没有止境，其最终目的是持续性地提升产品品质与性能，让产品为用户带来更便捷、更完美的使用体验。通过技术的不断改进，产品和服务的品质也会大幅度提升。另外，技术的不断提升还能带来产品和服务成本的进一步降低，进而，可有效地提升产品和服务的性价比。大型科技企业所提供的产品和服务，伴随着科技含量的不断提升，相比而言，其产品和服务的价格不会同比例地上涨，这对用户来说，能够用相对少的金额享受到更高品质的产品和服务。

四、锐意进取

对于大型科技企业来说，锐意进取，不断寻求新的创新点，不断追求技术上的突破在企业生存发展中是至关重要的。企业的技术研发与开拓离不开拼搏进取的精神，技术上的每一次突破并非易事，需要有旺盛的精力和持之以恒的奋斗。但凡有所成就的，在商业和科技上同时获得高赞誉的企业，都具有这种毫不松懈的精神。因此，大型科技企业的媒介形象也会表现出明显的进取精神。这种精神对于用户和市场来说，能够产生积极的影响，能够为企业树立正面且良好的企业形象，这种良好的企业形象也会影响用户对企业所生产的产品和服务的选购行为。

第三节　大型科技企业媒介形象的价值体现

一、降低成本，开拓营销渠道

新媒体不仅拥有多元化的宣传方式，还能降低运营成本，而传统的推广宣传则不同，以往推广需要花费大量的资金，投资成本较大，传播途径仅限于电视、传单、报纸等。对比传统媒体，新媒体更具有优势，只要企业内容有创意、有趣味、有价值就能吸引大量的用户群体，用户能随时随地地通过不同的方式关注内容并利用互联网传播方式免费为企业进行分享传播。

二、树立品牌，提升企业知名度

新媒体最大的力量即口碑传播，通过各类社区与平台，以品牌向消费者传达一种区别于其他企业的整体形象，并最终与消费者达成一种共识，间接或直接的形式与消费者建立信任关系，逐步在消费者心中树立、传播企业的品牌。

三、增加互动性，提高产品和服务销量

企业通过在各个平台建立运营账号，每日发布相关内容吸引关注度，时常与粉丝交流互动，分享与产品有关的使用技巧与心得等，间接地积累大量的潜在客户，通过产品宣传吸引用户产生购买意向，提高产品的成交量。

四、帮助企业明确目标客户

新媒体还有独特的优点，就是能轻而易举地得到大量的用户信息。

根据目前互联网的技术，通过基础信息和实时交流，语义的分析与关键词的搜索等，推算出用户有哪方面的需求或是消费潜质，精准地为用户推荐所需用品。

在这信息化呈爆炸性发展的时代，新媒体带动行业快速发展，开阔的市场与日益彰显的影响力，无处不在凸显着其重要性。企业想要在互联网经济的浪潮中发展，需要整合媒体、宣传企业、推广品牌，布置新媒体矩阵是必不可少的。

第四节　几种典型媒介传播方式的作用表现

一、互联网

在媒介传播方式中，互联网可以说是最典型的一种方式，同时，也是如今人们使用频率最高、传播效率最高的一种媒介传播方式。

互联网具体的作用表现有以下几个方面。

（一）不受时空限制

互联网以线上的形式，以信息的方式在网络中进行传递，因此，理论上信息能够传递到各个地方，互联网信息的触达范围最广泛。另外，互联网也不受时间的限制，在任何时间都可以进行信息的传递与交换，信息在互联网上可以进行全时段输送。企业可以根据自身生存与发展的需求，对互联网进行有效的利用。企业应当根据自身发展状况、产品信息、客户特征、市场动态等，选择适宜的时间，找准目标群体，高效而全面地利用互联网。

（二）信息更新速度快

互联网因具有接近于瞬时的信息传送速率，信息一旦上传至互联网，马上就得到更新，并且在全网的范围内瞬间全部统一更新。

（三）使用人数众多

互联网因具有极强的便捷性，已经深深融入人们的生活。因此，互联网的使用人数众多，数量庞大的网民形成了巨大的信息平台，人们在这个平台上进行信息交换、沟通和交流。正因为有着数量庞大的使用人群，互联网强大的信息推广作用得以更好地发挥，人们能够获得更多信息的同时，也在分享自己发现的信息。

（四）信息使用成本低

如果不考虑搭建信息平台和铺设信息通道的费用，则可以对信息传递的成本忽略不计。通常来说，不管谁作为信息获得的主体，都可以从互联网上方便地获得自己想要的任何信息，最主要的问题是使用主体如何利用这些内容丰富的信息。就企业来说，企业获取市场、竞争对手、客户、国家方针政策等各个方面的信息，以帮助企业更好更快地发展。

（五）信息可通过多种方式存在

信息主要的存在方式有文字、图片、语音、视频等，可以说，这些主要的信息承载方式可以充分表现信息发布者的意图。如今，元宇宙的概念越来越受到人们的关注。简单来说，元宇宙就是将现实世界的全面信息内容平移到虚拟的空间中，其中包括前面提到的文字、图片、语音、视频等信息存在的各种形式，其中涉及多种最新的技术手段。为了让互联网上的信息呈现得更加真实，今后可能还会出现气味信息，以便更好地还原现实中的真实世界。

（六）信息交换的趋势向个性化发展

当今时代，人们获取信息的方式和渠道更加多元化，人们知道了更多方面的信息与知识。随之而来的是，人们的认知和素养更高，人们更不满足于现状，人们知道得越多，就会有更高的追求，更加渴望个性化的内容，想要活出自我，表现出与众不同。这一变化是互联网带来的，企业对于这种变化应当及时做出应对。如何让自己的产品和服务符合用户的需求，如何满足不断增长的个性化的需求，是企业需要长期关注和解决的问题。

（七）有价值信息被整合

互联网上可以承载大量信息，并且信息的传输速率极高。信息在传递和交换的时候，会发生各种各样的融合和交叉，各种信息时刻都在进行整合。根据使用者不同的需求，信息被整合成不同的内容和形式。信息是否有价值，取决于其对使用者是否产生实效性。因此，信息的价值体现在被使用时，企业出于自身生存发展的需要，对信息进行采集和使用，以解决发展中遇到的各种问题。

二、传统媒体

传统媒体虽然日渐式微，但其具有长久的发展历史，如今仍然还留存一定的影响力，在信息的传递中仍发挥着重要的作用。主要的传统媒体有广播、电视、报纸、杂志等。

（一）广播

从目前来看，广播仍有着自己固定的受众群体，如今仍然在使用广播获取信息的受众，或多或少会有一些个人情结在其中，这部分人群中老年人居多。另外，有车一族在通行时，通常也会选择广播的方式打发时间。从这方面来看，相比于互联网，广播的受众群体较为固定。企业可以根据广播的这一特性，有针对性地通过广播发布企业宣传方面的信息。

（二）电视

电视作为传统媒体，虽然已经存在了较长的时间，但仍有其稳定的受众群体。电视通常以家庭为单位，是人们娱乐消遣的主要方式。针对这一特定场景，企业可以推广相应的产品和服务。借助娱乐消遣的轻松场景，企业产品效用得以充分发挥。

（三）报纸

相比于电视，报纸的受众人群更少。如今，报纸的订阅人群主要集中在政府机关、公司、单位等，个人阅读报纸的人数逐渐减少，主要是因其时效性。另外，快节奏的生活让人们没有多余时间读报。但每类报纸也都有其受众人群，受众的年龄、喜好、生活方式较类似。因此，针对这一类人群，传播与企业形象相关的信息与内容，能达到更好的效果。报纸与新媒体进行融合，可以通过数字形式呈现，同时，也保留着报纸原有的格式与体例。

（四）杂志

杂志与报纸所处的境遇相类似，假若通过以往的宣传推广方式，杂志在原有的受众群体之外，很难扩大自己的受众范围。由于有了新媒体和信息技术的加持，杂志有了新的呈现形式，除了纸质媒介外，电子杂志能够打破原有的受众范畴，让更多年轻人接触到传统杂志的内容。杂志通常针对某一专题进行全方位分析和报道，其受众群体通常是对该专题或领域有极大兴趣的目标受众。因此，企业如若能够找准自身定位，确定目标受众，利用杂志这一载体，并借助其极强的受众黏性，则可为自身产品或服务提供更广泛的销售渠道和机遇。

三、户外广告

户外广告是在建筑物外表、广场、街道等室外公共场所设立的广告牌、霓虹灯、海报等。户外广告因其在室外设置，面向所有公众进行展示，因此，户外广告无法选择受众群体。但户外广告能够在一个固定的地点长时间的展示，企业想有稳定的广告露出，户外广告是最佳选择。如果企业在设置户外广告时能够提前选好地点，在人流量较为集中的地点设置户外广告，而每个点之间能够相互照应，则户外广告的整体投放也会收到良好的效果。

四、国内和国际的大型展会

无论是国内大型展会，还是国外大型展会，都会给企业带来更多的商业机遇。通常来说，大型展会都会设定一个主题，或是选定一个行业进行。一般大型展会都会聚集众多同行业的企业。在与国内或国外企业进行接洽沟通时，企业能够接触到更广泛的行业信息和资讯。大型展会所提供的平台能够让企业与企业、企业与客户等进行面对面沟通交流，让彼此洽谈交流更直观。如今，大型展会还增加了线上的数字化展会，让不能到场的参与者通过互联网近距离地参与展会。

五、口碑宣传

口碑宣传是关于企业、组织、产品、服务、人物等的一种非正式的人际传播形式。从某种程度上说，口碑宣传是经济市场上最有效、最具影响力的一种传播方式。对于企业来说，口碑宣传是一把双刃剑，如果企业一直能够保持良好的企业形象，再通过口碑宣传，可以极大地提升企业形象；如果企业一旦有负面消息，再经由口碑宣传的深度影响，负面消息将进一步扩大，产生更消极的影响。因此，企业需要先将自身的企业管理、产品质量、客户服务等方面的关键工作做好，再充分利用口碑宣传得到长久、有效的正面影响，在细致入微的工作中把控好各项工作的流程管理，将负面消息和内容进行化解。

关于参与调查者是否会推荐亲戚朋友购买华为公司产品的统计数据，如图 3-5 所示。

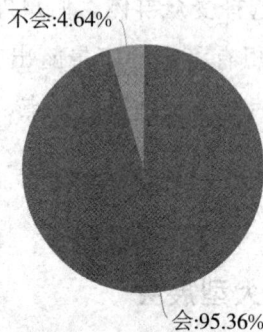

图 3-5　参与调查者是否会推荐亲戚朋友购买华为公司产品的统计数据示意图

由图 3-5 可知，有 95.36% 的参与调查者选择会推荐亲戚朋友购买华为公司产品，而有 4.64% 的参与调查者选择不会推荐亲戚朋友购买华为公司产品。

从整体数据统计来看，有 95% 以上的参与调查者会向亲戚朋友推荐购买华为公司的产品，说明这部分人群对于华为产品有着充分的信任度，充分认可华为产品的质量、技术、售后服务等。再结合前文分析的参与调查者是否购买或使用过华为产品的调查数据——有 90.44% 的人购买或使用过华为产品，能够看出，这部分人中大多数都购买或使用过华为产品，清楚华为产品所带来的生活便利及对工作和生活的改变。因此，这部分人群也乐意将华为产品推荐给身边人使用。

没有购买或使用过华为产品的 9.56% 的人，很可能不会向亲戚朋友推荐购买华为公司的产品。4.64% 和 9.56% 相差不大，从中可以猜测，没有购买或使用过华为产品的人，对华为产品和服务都不会有太多了解，同时更不可能有切身的产品体验，因此，自然也就不会推荐亲戚朋友购买华为公司产品。但可能其中有一些人，会通过其他方式了解过华为产品，知道华为产品的使用体验，从中了解了一些华为产品的信息，因此，虽然没有购买或使用过华为产品，但仍有可能会向亲戚朋友推荐。

从这一项调查数据中可以看出，绝大多数人群还是对华为公司产品表现出了认可，在没有购买或是使用过华为产品的人中，也可能会有一部分人因为华为公司产品的巨大影响力而会选择将其推荐给自己的身边人。从中也能够感受到华为公司在产品的各个环节都有着优异的表现，不仅让产品在整体上有着绝佳的使用体验，其企业形象也因其产品而有了更高的社会评价。

目前企业形象的传播途径的调查数据，如图 3-6 所示。

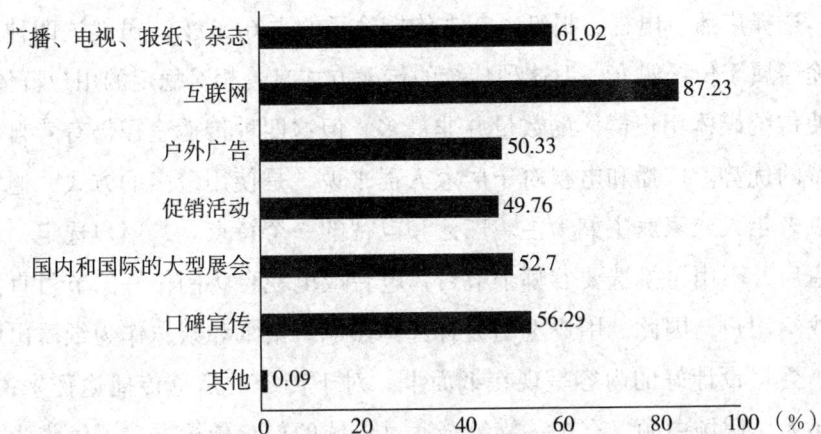

图 3-6　目前企业形象的传播途径调查数据示意图

由图 3-6 可知，目前企业形象的所有传播途径中，参与调查者选择互联网的比例为 87.23%，选择广播、电视、报纸、杂志的比例为61.02%，选择口碑宣传的比例为 56.29%，选择国内和国际的大型展会的比例为 52.7%，选择户外广告的比例为 50.33%，选择促销活动的比例为49.76%，而选择其他传播途径的比例为 0.09%。

在华为公司所有的企业形象传播途径中，选择互联网传播途径的占

87.23%，同时，与其他传播途径相比，这也是参与调查者选出的占比最多的传播途径。互联网时代下，更多人通过互联网获取各方面的信息，企业自然也会通过互联网的方式传播企业形象。互联网的快捷和广泛的覆盖面让企业形象的传播更加高效。人们使用互联网的频率逐渐提高，互联网也成为主要的信息传播途径，同时，也是基本的信息传播途径，人们通过互联网的方式获得各种信息成为日常工作和生活的一种基本方式。智能手机的普及和广泛应用让互联网这种方式更加普及，不管人们在什么位置，都可以通过手机这一移动端随时与互联网进行连接，从手机上就能方便快捷地获取所需要的信息。现在通过手机上网的人数已经比通过电脑上网的人数多出了很多。

选择广播、电视、报纸、杂志传播途径的占 61.02%。虽然这四种传播途径属于传统媒介，但这种传统的传播方式有着相对稳定的用户群体。即使传统媒体用户群体的数量并非最多，但这四种传播途径仍有着自身独特的优势。广播和电视对于居家人群来说，是使用最多的方式，通常也以老年人或家庭主妇为主。广播和电视的一个特点是，用户选定一个频道后，不用再挑选要看哪个节目，电台或电视台将制作好的节目直接播放给用户，因此，用户也不会有选择焦虑。报纸和杂志作为纸质出版物，会将设计好的内容呈现在纸面上。对于传统的信息传播途径来说，老年人、职场白领、有车一族等会通过传统的信息传播方式了解华为公司企业形象的相关资讯和内容。

在参与调查的人群中有 56.29% 的人，也就是一半以上的人认为口碑宣传是企业形象的一种传播方式。人们口耳相传，通过产品良好的口碑交流和沟通企业的相关话题是企业形象传播的一种重要的方式。虽然选择口碑宣传的人数占比刚超过一半，但口碑宣传的效果更为突出，从身边最熟知的人听到对于某一产品的介绍，比从互联网、电视、广播、报纸或是杂志上看到或听到的宣传更加令人可信。

在参与调查的人群中有超过一半的人认为国内和国际的大型展会是

企业形象的一种传播途径。一般来说，无论是大型公司还是中小型公司，都想借着大型展会来展现自己公司的形象、产品、服务、企业文化等方面。通常来说，无论国内还是国际的大型展会，大多是行业类专业性的商贸交流平台，会吸引全国乃至世界各地行业内的重要人物参加。大型展会中，各个公司都会展示自己最新研发或最得意的产品或服务。对于一家企业来说，这是一个难得的与未来有意向的客户进行当面沟通的机会，同时，也能够通过自己的产品与同行进行沟通交流，得到同行的认可。当得到同行和消费者认可时，企业形象也会因此得到极大的认可。

在参与调查的人群中有一半左右的人认为户外广告是企业形象的一种传播途径。户外广告是在建筑物外表或街道、广场等室外公共场所设立的海报、广告牌、霓虹灯等。户外广告面向所有社会大众进行展示，一般只能对地段进行选择，而不能确定具体的目标对象，但户外广告能够在同一个地点长时间地展示企业形象和企业的品牌，因此，户外广告能够在很大程度上提高企业和品牌的知名度。户外广告不管以哪种形式进行展示，都有独特的呈现形式，能够通过丰富的形式给受众以不同的视觉感受。一些创意独特的广告形式有时能给人留下深刻印象。这是互联网、传统媒介形式等所不具有的独特优势。

在参与调查的人群中有几乎一半的人选择了促销活动是企业形象传播的一种途径。促销活动是将优惠直接给到消费者的一种宣传推广方式，通过这种方式，消费者既享受到了产品促销所带来的实惠，也对产品有了更深入的了解与体验。有些消费者可能就是通过促销活动，开始接触一款新的产品，从而成为这款产品最忠实的消费者。有些公司在推出新产品时，也会选择促销的方式，快速提升产品的市场占有率。在与同类产品进行竞争时，新产品一般很难在较短的时间内迅速得到市场的认可，但通过促销的方式，即使消费者对新产品的了解不够，仍可以在享受价格优惠的同时，体验新产品各个方面的质量和性能。需要注意的是，一般大公司在推出新产品时，可能借助前几代产品或是公司稳定的消费群体的信任，因而能够在新产品刚推出时较快地得到市场和消费者的认可，当然这一前提需要公司进行长期的企业形象和客户资料的积累。

在参与调查的人群中，有 0.09% 的人选择了其他途径。这部分人群所占的比例很小，几乎可以忽略不计，但这也说明企业形象传播还有其他的传播途径，比如短视频、直播等传播途径，也是企业形象传播的新途径，但由于调查统计表中没有具体列出这些方面，因此，一些人主要选择了所列出的具体传播途径，而没有选择"其他"这一选项。

关于参与调查者了解华为的渠道的调查数据统计情况，如图 3-7 所示。

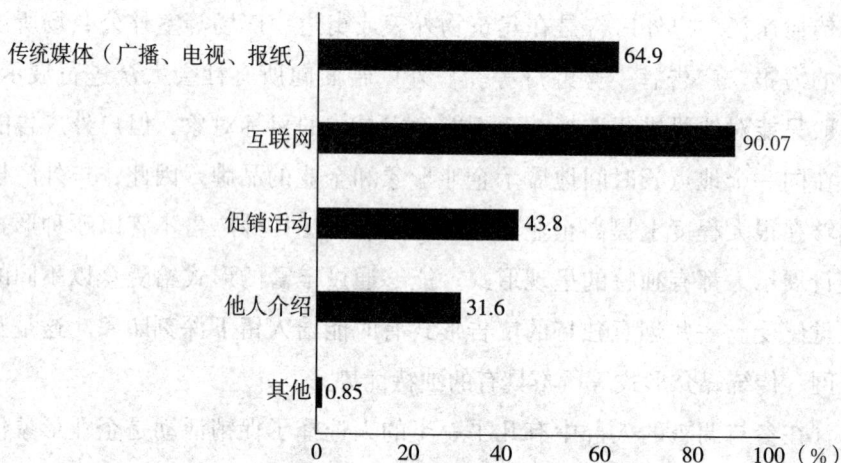

图 3-7 关于参与调查者了解华为的渠道调查统计情况示意图

由图 3-7 可知，关于参与调查者了解华为的渠道调查统计情况，有 90.07% 的参与调查者选择了互联网；有 64.9% 的参与调查者选择了传统媒体，其中包括了广播、电视、报纸；有 43.8% 的参与调查者选择了促销活动；有 31.6% 的调查者选择了他人介绍；另外，有 0.85% 的参与调查者选择了其他。

在所有参与调查的人群中，有九成多的人选择了互联网渠道，在这部分人看来，互联网是了解华为最重要的渠道，他们也主要通过互联网了解华为的信息。在互联网时代，人们几乎每天都在使用互联网，人们获取信息更加便利，每天人们花在互联网上的时间逐渐增多。华为正是借助这一有利优势，通过互联网的渠道，进行宣传和推广工作，将企业自身的形象传递给消费者。互联网的方便与快捷能够让华为公司更高效地传播企业文化、企业理念、企业精神，以及推广企业产品。

有六成以上的参与调查者选择了传统媒体，传统媒体中包括广播、电视、报纸等。在互联网技术如此发达的当今时代，能有如此高的比例，实属不易。华为公司不可能只依靠固定一种渠道来宣传推广企业品牌形象。每一种渠道所对应的目标消费群体均不尽相同，传统媒体有其固定的受众群体，其中可能有一部分人只会选择通过传统媒体的方式来获取信息，而不会使用其他渠道或途径。

有四成以上的参与调查者选择了促销活动，这部分人了解华为公司的一种方式是通过促销活动。促销活动的方式是人们日常生活中最为常见的产品营销方式。一些促销活动是为了消化库存，一些促销活动是为了推广新品，但不管是哪种方式，都可以有效地宣传和推广产品，同时，也能在一定程度上推广企业形象，让更多人知晓企业，提升企业和产品品牌的知名度。促销通常会通过打折优惠、附赠礼品、套餐促销等多种促销方式，更多地销售产品，最大限度地提升产品的销量。销量的提升意味着有更多的人购买并使用了该产品，因此，对促销产品的了解与感受的程度自然会更深入。

有三成以上的参与调查者选择他人介绍，这部分人会从其他人的口中听说华为公司的一些情况和信息。这些信息与互联网和传统媒体所提到的信息可能有所区别。从他人口中获取的华为公司的相关信息与资讯可能夹杂一些对方个人的主观情感或主观判断，这在某种程度上可能会影响接收信息者的判断，影响人们对华为公司的客观评价。他人介绍也是口碑效应的一种方式。如果一家公司一直都在社会、市场等方面有优异的表现，口碑效应会增强这家公司的声誉、形象、市场占有率等。

0.85% 的参与调查者选择了其他渠道。参与调查者可能还通过其他渠道了解华为公司。例如，参与调查者在使用华为的产品，对华为的深入认知可能随着对华为产品的使用而逐渐加深。但这部分人所占比例较小，在对这一维度进行分析时，可以忽略不计。

第四章　媒介建构的大型科技企业形象呈现及其成因

第一节　大型科技企业在媒介中呈现的形象特征

一、外国媒体对中国品牌报道研究综述

2015 年，夏咪的研究《美国媒体上的中国产品品牌形象研究》采用内容分析法审视《纽约时报》2004 年至 2013 年关于中国产品的报道。此研究揭示了中国产品在美国主流媒体上的品牌形象主要呈中性，虽然报道中常常提及中国产品的安全性和侵权问题，以及它们的低成本特征，但同时也认可了中国产品的发展潜力。这一发现表明，虽然中国产品在国际市场上面临诸多挑战，其品牌形象并未完全偏向负面，而是存在着改善和提升的空间。江大庆在其研究《澳大利亚报纸上的中国产品品牌形象研究》中，通过分析《澳大利亚人报》同一时期的报道，从中国政府、企业以及产品本身的角度探讨了中国品牌形象的构成因素，并基于这些观察提出了关于如何改进中国自主品牌在海外市场传播的策略。这

些研究都是在华中科技大学舒永平教授的指导下进行的，表明了系统研究方法在解析复杂媒体环境中的重要性。

2018 年李继东等人的研究《基于全球英文媒体报道的中国企业国际形象研究》运用话语理论，扩大了研究的视野，涵盖了全球范围内的英文媒体报道。研究结果表明，中国企业的国际形象总体呈现为中性至正面，但也指出了其形象的局限性，如缺乏多元化和鲜明的个性，以及中国媒体在国际话语中的权威性不足。这些研究揭示了中国品牌在全球舞台上的现状和面临的挑战，同时也为中国企业如何在国际市场中更有效地塑造和传播其品牌提供了洞见。通过这些学术研究，我们可以更深入地理解中国品牌在全球化进程中的动态变化和面临的复杂挑战，为制定品牌战略提供理论支撑和实践指导。

二、欧洲媒体有关中国品牌报道研究综述

2017 年，北京交通大学徐硕的硕士论文《欧洲新闻媒体对万达集团的企业形象话语建构研究》深入探讨了欧洲媒体构建万达集团负面形象的策略和方法。研究发现，欧洲媒体通过制造对立、妖魔化、污名化以及贬低领导者等策略来塑造万达的企业形象，同时还包括了压制正面声音和避免提及积极成就等手段。这些策略不仅揭示了媒体对中国企业的偏见和立场，还反映了更深层的社会文化动因，例如，对中国日益增长的国际影响力的焦虑。徐硕的研究提供了一个视角，通过具体案例展示了媒体如何通过语言和话语构建特定的品牌形象，进而影响公众对企业的看法。

彭程在 2014 年的研究《英美媒体中中国民营跨国企业报道研究》中则选择以华为公司为研究对象，通过内容分析法对比《华尔街日报》和《金融时报》中的报道，揭示了两者在媒介框架和议程设置上的差异性。这项研究突出了媒体如何通过选择性报道某些话题而忽略其他话题来塑造企业形象，展示了不同媒体对同一企业的不同表现可能导致公众对该

企业不同的认知。欧洲媒体对中国品牌的报道研究较少，更多的是关注中国形象的呈现。例如，王露露在《欧洲法语媒体中的中国形象》一文中，分析了法国和比利时媒体对中国的报道差异，发现比利时媒体倾向于从文化角度报道中国，法国媒体则在政治议题上表现得更为灵活。这些研究共同描绘了在国际舞台上中国品牌和形象是如何被外国媒体构建和传播的，反映了国际媒体对中国的多维度观察与表达。

三、《泰晤士报》有关中国品牌报道研究综述

2015年，华中科技大学孙志祥的硕士论文《英国媒体上的中国产品品牌形象——基于〈泰晤士报〉的十年内容分析》深入探讨了《泰晤士报》在2004年至2013年对中国产品和品牌的报道。通过内容分析法，孙志祥不仅总结了《泰晤士报》构建的中国产品形象特征，还揭示了该报在报道中采用的三种主要构建策略。研究进一步探讨了这种报道背后的社会和文化原因，并从政府和企业的角度提出了提升中国产品品牌形象的对策。这项研究为理解西方媒体中中国品牌形象的构建提供了重要视角，强调了在国际传播中对策略性品牌管理的必要性。

王宁和张璐等人于2017年发表的《英国媒体中的北京形象：基于〈泰晤士报〉2000—2015年的框架分析》则从城市品牌的角度出发，运用国家形象改善理论，分析了北京在英国媒体中的表现。研究发现，北京的形象常被置于"低能见度—负面效价"象限，指出改善北京形象的有效途径不应只集中于提升能见度，而应更多地推广能够实质性提升北京形象的内容。这一发现为中国城市在国际舞台上的形象管理提供了策略性建议，强调了内容的质量与深度在塑造和提升城市品牌中的核心作用。这些研究成果共同展示了中国品牌和城市形象在国际传播过程中面临的挑战与机遇，为进一步的品牌战略规划和执行提供了理论和实践支持。

第二节　媒介建构的大型科技企业形象类型

一、科技型企业

科技型企业所生产的产品通常具有较高的技术含量，具有更强的竞争力，企业能够针对不断变化的市场推出与之相适应的产品。科技型企业通常可分为两类：一类为通常意义上的科技型企业，主要涉及电子、新能源、新材料、信息、生物工程等技术产业领域的产品或新技术的研发和应用；另一类为以偏好开发供应链管理或特许经营、客户信息、知识密集为主要特征的企业。

媒介所建构的大型科技企业最主要的形象类型为科技型企业，这是大型科技企业生存和发展的根本，以技术为核心，进行研发、推广、应用等，技术是大型科技企业的立命的根本。大型科技企业的典型特点可以从以下四个方面进行分析。

（一）要素结构

从要素结构上来看，科技型企业有着较高比例的科技人员和专业人员，从事产品和技术的开发和设计。研发费用占企业销售收入的比例通常也较高，科技型企业将研发支出计入企业的生产成本。在科技公司，通常科技人员和专业人员占有较大比例，而将劳动密集型的业务外包给第三方公司。

（二）组织结构

在大型科技企业中，航空航天、核能开发等这类企业属于高技术大型企业，其余大多数科技型企业的组织结构是哑铃型或是扁平型。由于这类科技型企业将大部分劳动密集型的业务外包，从而压缩和简化了企业内部的科层结构，并侧重采用 OEM 运营模式。与此同时，这类科技型企业以技术的研究与开发、产品或技术的集成、客户关系管理、营销活动等为核心业务。

（三）主营业务

科技型企业主要从事业界所认可的或是有关部门产品目录中所明确的技术产业或领域的业务。这类科技型企业通常是通过新的经营管理手段，对新市场或新领域进行开拓和探索，他们打破了只依靠低成本劳动力生产经营的传统发展模式，通过对消费者的深入理解与分析，占据市场有利位置以获得高收益和高回报。

（四）成长性

科技型企业的品牌具有较高的知名度，技术处于领先地位，加之有知识产权的保护，企业可以获得明显的市场优势，其产品或服务的附加值更高，企业可以超越常规发展速度，迅速成长壮大。

二、电子企业

电子企业包含广泛的含义，其描述了组织通过电子联结与其关键利益相关者开展工作的方式，以便更有效地实现企业发展目标。

电子企业主要经营范围包括电子电器的研发、代理、销售以及相关服务；通信设备及其相关产品的研发、代理、销售、租赁和相关服务；计算机、计算机零配件及相关产品的研发、代理、销售和相关服务；办公设备、办公设备耗材及其相关产品的研发、代理、销售和相关服务；文化用品及相关产品的研发、代理和销售。

大型科技企业大多从事与上文所述相关业务，从大众角度看来，有时对大型科技企业的印象为电子企业。

三、通信企业

通信企业指实行独立经济核算的、从事公共通信业务的经济性组织，通信企业传递生产所必需的通信设备，以及提供通信服务的网点等业务。一些大型科技企业从事此类相关业务或是从事与此相关的业务类别，因此，这部分大型科技企业给大众以通信企业的印象。

四、服务型企业

服务型企业指从事现行营业税"服务业"科目所规定的经营活动的企业。服务型企业的经营理念为一切生产经营活动以用户为中心，其工作重心是通过产品，为用户提供更加全面、系统而完整的服务。在服务型企业的利润总额中，服务所创造的利润占比最大，即此类企业以服务为主要的业绩来源。

一些大型科技企业通过服务为用户提供优质的体验，并以服务为向导，指引企业短期和长期的发展目标。

五、媒介建构的华为公司企业形象类型

参与调查者对华为公司的印象，如图 4-1。

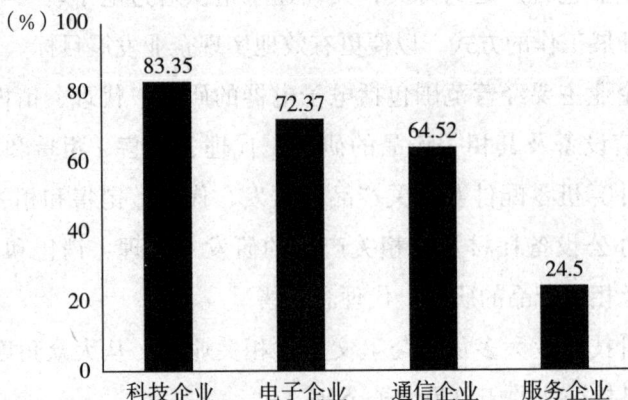

图 4-1 参与调查者对华为公司印象情况示意图

由图 4-1 可知，有 83.35% 的参与调查者认为华为公司是一家科技企业，有 72.37% 的参与调查者认为华为公司是一家电子企业，有 64.52% 的参与调查者认为华为公司是一家通信企业，另有 24.5% 的参与调查者认为华为公司是一家服务企业。

由上述数据可以看出，在大众的印象和认知中，华为公司应当是一家科技企业，科技属性是其明显的标签，华为公司更多地展现出科技的一面。同时，也在某种程度上，华为公司所提供的产品或服务，体现出科技含量。华为消费者业务产品全面覆盖手机、终端云、移动宽带终端等，其有着强大的全球化运营能力和全球化的网络优势，致力为消费者带去最新的科技，让每一名消费者都能享受到技术进步所带来的工作和生活质量的改变。华为因强有力的技术优势，让每一位使用过其产品或接受过其服务的人都能感受到其出色的技术实力。

在人们心中华为公司是一家电子企业，电子企业是一个含义广泛的术语，指一个组织通过电子联结与它的关键利益相关者开展工作的方式，以便更有效率和更有效地实现所设定的目标。电子企业主要从事电子信息产品研究、开发、生产、经营销售、信息服务等业务，也进行电子产品的设计、研发、销售等业务。人们与华为公司接触的主要方式是通过其生产的电子产品进行感知，通过对电子产品的使用，感受华为公司对科技的追求。

有 64.52% 的参与调查者认为华为公司是一家通信企业，通信企业主营通信业务，可为客户提供通信设备、配套通信服务或是通信解决方案等服务。

在参与调查的人群中，有 24.5% 的人认为华为公司是一家服务企业，由此能看出，大家对于华为公司这一定位认可的不多，只有不到四分之一的人有这样的想法。

从对华为公司印象这一角度进行调查能看出，在人们心中印象最深的是科技企业的企业形象，其生产的各类产品都蕴含着大量的科技元素，华为的产品与大众接触最多的是智能手机、智能手表、耳机、平板电脑、电脑等。随着社会的不断发展，技术突飞猛进，此类电子产品，或者说是数码产品随着人们使用频率逐渐提高，其产品在人们心中的影响力也在逐渐提升，人们对于产品所表现出的科技感印象深刻。因此，人们对于华为的主观认知主要为科技企业，也就顺理成章。

第三节　媒介中大型科技企业形象呈现的成因分析

一、企业文化

大型科技企业通过媒介的传播，所呈现出的整体企业形象，受到企业文化的影响较大。企业文化可以说是大型科技企业一切生产经营活动重要的精神内涵，其影响着企业生存发展的方方面面，渗透到企业员工的实际工作中。因此，在媒介传播的过程中，大型科技企业所表现出的各个方面都或多或少带有企业文化的印记。企业文化是凝聚人心的根本，能够将企业员工的个人发展同企业的长远发展规划联结在一起。企业文化涉及诸多方面的内容，而这些可以影响企业经营发展的各个层面。

企业文化包含多个方面的内容：企业价值观、信念、符号、处事方式、仪式等，企业日常生产经营过程中表现出的各个方面都与企业文化有关。大型科技企业在媒介中的形象与企业文化有着紧密的关系。企业文化作为企业的精神财富，决定企业形象的形成。

二、营销策略

大型科技企业的营销策略以客户需求为根本出发点，根据以往经验和相关数据，获得客户实际需求量和真实购买力的信息及业界期望值，系统而有计划地组织各项生产经营活动。营销策略是针对一定的目标市场所采用的一系列可测量、可控制的，以提高产品或服务销售和企业声誉为目的的活动，是诸如产品、促销、渠道、价格、公关策略等多种营销方法的综合。

大型科技企业形象的形成与其所实施的营销策略方案和具体行动有关，企业自身形象良好与否是企业形象本质的表现，而企业选择通过什么方式进行宣传推广是企业对未来发展的规划。通常来说，企业都会在营销推广时，突出自身优势与特性，弱化自身短板，尽可能将积极正面的形象传递给受众群体。因此，受众通过企业营销活动了解和理解的企业形象，是企业想要传达给受众的形象，而这种形象与真实的企业形象之间存在多大的差异，由企业自身营销策略和企业发展理念等多个方面决定。进而，企业的营销策略对大型科技企业在媒介中所呈现的形象有一定的影响力。同时，也应当注意到，受众不会只通过企业的营销活动来认识和了解企业形象，他们还会通过其他多种渠道和方式来认识一家企业。

综上所述，在分析大型科技企业形象的过程中，应当将企业的营销策略这一因素考虑在内，站在企业发展的角度，为认识企业形象提供一个理解的角度。

参与调查者对华为公司在企业形象推广方面力度的感知情况，如图4-2。

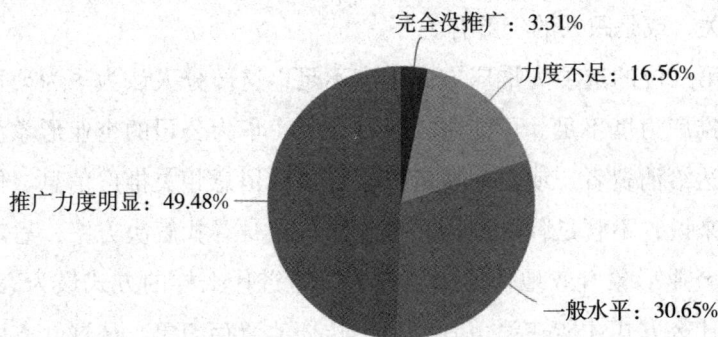

完全没推广：3.31%
力度不足：16.56%
推广力度明显：49.48%
一般水平：30.65%

图 4-2 参与调查者对华为公司在企业形象推广方面力度的感知情况示意图

由图 4-2 可知，参与调查的人群中，有 49.48% 的人认为华为公司的企业形象推广力度明显，有 30.65% 的人认为华为公司的企业形象推广力度处于一般水平，有 16.56% 的人认为华为公司的企业形象推广力度不足，有 3.31% 的人认为华为公司的企业形象完全没推广。

有将近一半的参与调查者认为华为公司企业形象的推广力度明显，这部分人很可能感受到了华为公司鲜明的企业形象，无论是通过视频、画面、声音，还是文字，华为公司的企业形象都能够通过各种方式传递给消费者或受众。但从其他方面来看，在所有参与调查的人群中，只有不到一半的人认为华为公司企业形象的推广力度明显，并且自身能够感受到华为的企业形象。对于华为公司来说，在企业形象推广方面，还有较大的提升空间。在企业形象推广与提升方面，华为公司可以梳理自身以往的工作流程和企业形象规划的内容和行为，再结合当下消费者的需求，设计出企业形象管理和推广的相关工作。

有二成左右的参与调查者认为华为公司企业形象的推广力度处在一般水平。这部分人可能只对华为的企业形象有一定的了解，在一些场合或平台上接触或获得一些关于华为公司的信息和资讯。但这种企业形象的呈现给人的印象并不深刻，不能在人们心中留下长久的记忆。当然，这些情况的出现可能并不是由一个因素造成的，可能与参与调查者的职业属性有关，或是跟人的年龄有关等。

排在第三位的选项为推广方面力度不足，这部分人认为华为公司企业形象的推广力度不足。可能由于各种原因，华为公司的企业形象没能有效地传达给消费者，或是消费者没有过多地留意相关推广信息。但就华为公司来说，不管是什么原因，都应当从自身寻找解决方案，思考如何能够将企业形象有效地传递给消费者，通过什么样的方式最为高效，以及通过什么方式才能在消费者心目中长久地留存印象。从这几方面来看，华为公司还有很大的自由发挥空间和企业形象提升的空间。

最后，只有不到 4% 的参与调查者认为华为公司企业形象完全没推广。这一调查维度可能与关于华为公司售后服务的调查数据相关联，其中，参与调查者认为华为公司售后服务不好和非常不好的总比重为3.59%，前后两个数据极为接近，这部分人可能感觉售后服务会直接影响其企业形象的推广，或是认为其在企业形象方面没有推广的举动。但这部分人只是其中很小的一部分，不会过多地影响消费者对华为公司整体企业形象的感知。

三、产品和服务本身设计功能

产品和服务本身的设计功能决定着产品销售业绩，市场对产品和服务的认可程度决定着产品和服务在市场上的占有率。产品在市场上的表现又决定着企业在市场上的表现，进而决定着企业在媒介中的形象形成。一系列的连锁影响和反应表明产品和服务的设计功能对大型科技企业在媒介中形象的形成发挥着重要作用。

对于大型科技企业来说，产品和服务本身的设计功能是大型科技企业关注的重要方面，这直接决定着企业当下和未来长远的生存和发展。因此，企业产品和服务设计功能的呈现效果影响着大型科技企业形象在媒介中的呈现情况。从这方面来看，大型科技企业在自身产品和服务的设计和功能上需要花费更大的人力和精力，以目标用户为中心，将产品和服务尽可能做到极致，不断提高产品和服务的质量与品质，持续对产品进行升级、改进，以最大限度满足客户多样化需求。

四、口碑力量

大型科技企业在媒介中的形象呈现从一定程度上受到口碑宣传的影响，大型科技企业形象同其口碑宣传有直接影响。如果一家大型科技企业在社会和客户中的口碑极好，则该企业在媒介中的企业形象也是积极且正面的；如果一家大型科技企业的口碑负面反馈较多，则其在媒介中的企业形象也会相应地受到影响。通常正面而积极的口碑有利于企业建立良好的形象，并且能持续扩大良好企业形象的范围和影响力。但如果负面而消极的口碑一直存在，则企业在形象宣传方面会面临越来越多的问题和挑战，其在危机公关方面付出的时间、财力和精力有时难以估计。

五、企业人员

大型科技企业在媒介人中的形象呈现，企业人员发挥着重要作用。在与外界进行沟通洽谈时，企业人员是重要的连接主体。在对外商务往来的过程中，企业人员所展现出的言谈举止等，都是对企业形象的一种展示。企业员工的行为言语都是企业形象的一部分，虽然每个人的行为言语对整体影响的程度不尽相同，有的影响甚至微不足道，但每名企业人员的行为举止若通过口碑进一步放大，可能造成意想不到的影响。因此，企业内部人员针对自己的各种行为活动，都应当尽可能地将其限制在规定的范围内。以积极向上的心态应对本职工作中的所有事项，以保证企业形象在媒介传播的过程中形成良好的形象。

企业人员中，无论是企业的管理者，还是企业之中的普通员工，都应当对自己的所作所为负责。每个人都应当把自身当作企业的代言人，不断提升自己的素质与能力，将维护企业形象置于思想品德的培育中。

关于影响华为产品销售的主要因素，如图 4-3 所示。

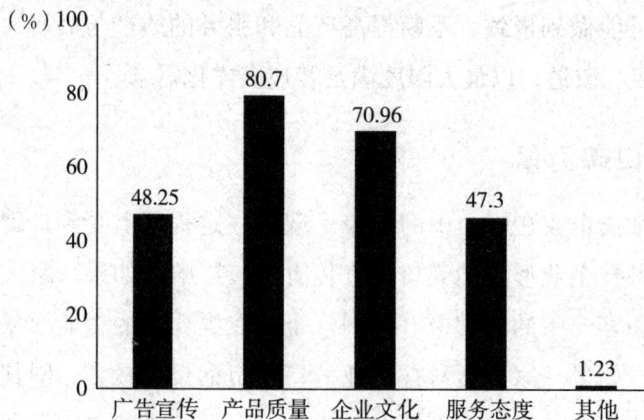

图 4-3　影响华为产品销售主要因素情况统计示意图

由图 4-3 可知，影响华为产品销售最主要的因素为产品质量，80.7%的参与调查者选择了这一选项，70.96% 的参与调查者认为企业文化是影响华为产品销售的主要因素，选择广告宣传、服务态度、其他的人数占比分别为 48.25%、47.3%、1.23%。

八成多参与调查者认为，产品质量是影响华为产品销售的重要因素，消费者最为关心的仍然是产品质量与品质，这一产品的基本属性的好坏决定着一款产品是否能够有一个良好的市场表现，以及能否得到消费者的认可。产品质量能够体现一家企业对于产品质量的把控，能够反映一家企业在产品研发、设计、生产、销售、宣传等各个方面的综合能力。甚至消费者通过产品的一个小细节都能感受到这家企业的企业文化以及对产品质量的追求。因此，企业应当对产品质量尤为关注，尽可能在产品质量提升方面做到极致。同时，也要不断征求消费者对产品质量的反馈信息，及时对产品进行相应的调整，在最短时间内满足消费者对产品的需求。

七成左右的参与调查者认为，企业文化是影响华为产品销售的一个重要因素，仅次于产品质量。这一数据也表明企业文化对于消费者产生的影响同样至关重要。企业文化是一家企业的信念、价值观、仪式、处事方式、符号等共同构成的企业所特有的文化形象，在企业日常生产经营及日常管理的过程中可以从各个方面体现出来。企业文化所体现的是企业在宏观和微观方面的表现。虽然企业文化看不见、摸不到，但其真实地存在于企业日常的各种活动中。企业文化包含着丰富的内容，涉及价值观念、企业精神、企业愿景、历史传统、企业制度、文化环境、团体意识、企业形象等方面。企业文化可以反映出企业在消费者心目中的整体感知和印象。

将近五成的参与调查者认为，广告宣传是影响华为产品销售的一个因素。产品不仅要有好的质量与品质，还要精心策划广告宣传，将产品的优势与亮点呈现在消费者面前，让更多的人在短时间内就能了解一款产品的全部信息，这有助于提高产品的销量和知名度。

　　同样有将近五成的参与调查者认为，服务态度是影响华为产品销售的一个因素。对于消费者来说，在产品同质化依然普遍的当下，区别同类型产品的不同之处，可以充分体现在服务态度上。如果在产品各方面表现都差不多的情况下，服务态度更好的企业，其产品自然会受到更多消费者的青睐，相应地，该产品的销量也会随着服务态度的提高而提升。如果产品具有一定的竞争力，与此同时，企业在服务态度方面也有着出色的表现，则产品的销量会进一步提升。因此，服务态度也是影响华为产品销售的一个重要因素。另外，值得注意的是，五成左右的人认为服务态度是影响产品销售的重要因素，从一个侧面说明华为在这一方面还有很大的潜力可以挖掘，针对服务态度，华为公司可以从服务流程、服务标准、服务质量等方面进行全方位提升。

　　影响华为产品销售的其他因素总占比为1.23%，所占比例较小。因此，在对影响华为产品销售的因素进行分析时，可以忽略这部分数据。

　　参与调查者认为华为公司在同行竞争中脱颖而出的原因统计，如图4-4所示。

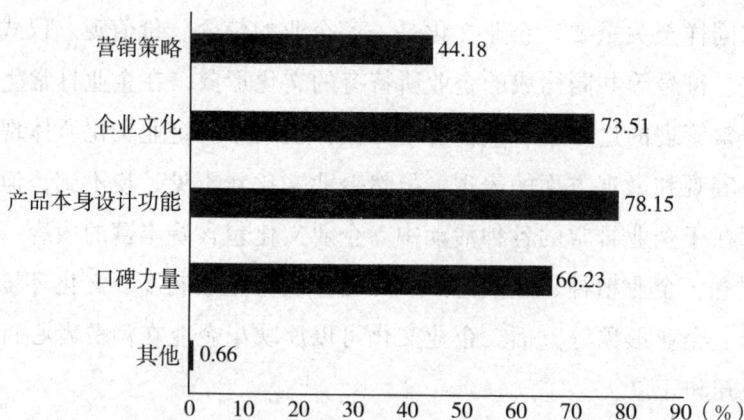

图4-4　参与调查者认为华为公司在同行竞争中脱颖而出的原因统计示意图

　　由图4-4可知，有78.15%的参与调查者认为华为公司在同行竞争中脱颖而出是因为其产品的设计与功能，有 73.51% 的人认为原因是华为的企业文化，有 66.23% 的参与调查者认为原因是口碑力量，有 44.18% 的人认为原因是营销策略，另外，还有 0.66% 的人选择了其他原因。

从这一组统计中可以明显看出，选择原因最多的是产品的设计功能，将近八成的人选择了这一选项，结合前文提到过的购买或使用过华为产品的调查统计中，有 90.44% 的参与调查者购买或使用过华为的产品。因此，这部分人对华为产品本身设计功能更为了解和熟悉，同时，也更在意其产品的功能表现。产品的设计功能可以说也是较为直观的一种功能表现，消费者在选择购买产品时，也最容易被产品的设计功能打动，进而，也更容易因其这方面优异的表现而选择购买。华为产品因其出色的设计功能而在销量上更为亮眼。

排在第二位的原因是企业文化，有将近四分之三的人选择了这一点。企业文化包含着丰富的内容，在前文已作阐释。这部分人对于华为公司的整体形象有一定了解，能够感受到华为公司所体现出的整体企业精神、价值观、企业使命、经营哲学等方面的内容。因此，这部分人相信华为所设计和生产的产品也会有不俗的表现，可以说爱屋及乌，由企业整体形象联想到企业所生产的产品的市场表现。如此高比例人群对于企业产品的信任，并不是企业一朝一夕能够做到的，需要企业长期坚持同一个价值观，坚持不变的经营理念，保持始终如一的企业形象。

排在第三位的原因是口碑力量。有几乎三分之二的参与调查者选择了这一点，足以见得华为产品在消费者心中的地位，以及华为产品无论在质量方面，还是在技术水平上，都有着出色的表现。结合前文对参与调查者身边人使用华为产品的调查统计数据，能够看出，几乎每一名参与调查者的身边都有人使用过华为产品，有些人可能就是因为参与调查者在使用华为产品，并向身边人推荐华为产品，而有些人可能会通过其他渠道了解、认识，并最终选择使用了华为的产品。对于任何一家企业或公司来说，产品的口碑是一项宝贵的资产，一旦一家企业在消费者之间产生了口碑，与之对应的产品会在销量上有明显的提升，企业也不用为此做过多的宣传，企业只要不断对自己的产品进行优化升级，以满足消费者的需求即可。与此同时，一款口碑产品还会带动企业其他产品的销售，提升更多产品或服务的销量和业绩。但在消费者间产生良好的口碑并非一件易事，同时，这种令人向往的效果也并非一蹴而就的，需要企业付出持久的努力和用心。

排名第四位的原因是营销策略，有不到一半的参与调查者选择了这一项。一件产品如果只是在设计和质量上做到极致，能够满足消费者各方面的需求，而没有一套完整的营销策略，也会严重影响其销量，有时"酒香也怕巷子深"。与产品的设计功能、企业文化、口碑力量三个方面进行对比能够看出，华为公司在营销策略方面仍有很大的潜力，当然这只是从调查数据上分析出的结果，但这也在某种程度上反映出了一些情况。从另一个方面来说，营销策略相比其他几个选项，更为专业，参与调查者对这一专业词汇可能有各种各样的理解，而有些理解可能会存在偏差。

其他原因总计占比为 0.66%，所占比重较小，在对这方面内容进行分析时，可以将这部分原因忽略不计。参与调查者有其他各种原因均属正常情况，都在正常范围之内。对调查数据进行分析时应当紧抓主要的原因进行分析，其他占比较小的原因可以作为参考选项。

第五章 大型科技企业媒介形象发展情况及影响因素分析

第一节 大众传媒下大型科技企业形象发展状况分析

一、外媒对大型科技企业形象报道情况

在当前全球媒体环境中，西方媒体依然掌握着较大的话语权。这种现象使得中国企业在海外的形象很大程度上受到西方媒体的塑造和影响。张朝青的研究通过分析福布斯网络版 2012 年对华为公司的报道，采用跨文化交际的视角，系统评估了报道中对华为企业产品、经济效益、社会责任等多个方面的描述，揭示了华为在美国的企业形象构建过程。该研究表明，华为在美国的形象被塑造为一个提供低端产品的日益强大的电信业巨头，同时暗示其与中国政府有所关联。这种报道策略不仅影响了华为在国际市场的形象，也反映了西方媒体对中国企业的一种普遍态度和框架。

陈雷在研究海油并购加拿大尼克森案件时，发现西方媒体在报道中

国企业的海外并购行为时存在明显的偏见。通过高、中、低三个框架层面的分析，陈雷指出，西方媒体在报道支持并购的意见时，往往会附带强调反对意见，而在报道反对意见时，不一定会平衡地展示支持意见。这种选择性的报道方式表明西方媒体对中国企业的海外扩张持保留或质疑的态度。闫隽和石静远对《华尔街日报》中的中国产品报道进行了系统分析，认为该报对中国产品的描述多为负面，且通过扩大报道的范围和延伸时间线的方式传达其隐性的偏见，这种报道策略加剧了中国产品在国际市场上的形象困境。

中国外文局自 2014 年以来连续发布的《中国企业海外形象调查报告》显示，在"一带一路"沿线国家，本国媒体对中国央企的报道普遍比较正面或较为中立。这一结果说明，中国企业在某些地区和国家能够获得较为公正的媒体报道和公众认知。针对中国企业如何在西方国家改善形象的问题，许燕红建议中国企业在进军如英国等西方市场时应当入乡随俗，改变思维和外宣方式，以更适应当地文化和市场环境。这些研究和分析为中国企业提供了宝贵的视角和策略，帮助其在全球化竞争中更好地调整和优化其国际传播策略。

依据来源国效应理论，消费者对产品的态度和认知很大程度上受到产品来源国国家形象的影响。探索阿拉伯媒体对中国国家形象的报道，对于了解中国企业在阿拉伯世界的品牌形象具有重要意义。在国内学术界，对阿拉伯媒体中的中国形象研究大致分为两种路径：一种是以具体事件或案例作为分析点，另一种是选择特定媒体和时间段进行全面的内容分析。这两种研究方法虽各有侧重，但都为揭示阿拉伯媒体中的中国形象提供了多角度的视野。

在案例分析研究中，上海外国语大学的陈杰和绽戌燕的研究成果《阿拉伯媒体中的中国形象分析》便是一个典型例子。该研究选取了"中国崛起"和"人民币汇率"两个具体议题，通过深入分析阿拉伯媒体的报道内容和倾向，揭示了中国在阿拉伯媒体中的国家形象及其形成过程。研究认为，尽管阿拉伯媒体对中国的报道整体呈现正面趋势，但在某些报道中也存在消极态度的负面表现。而在全量报道分析方面，武仲元的研究《浅析阿拉伯主流媒体中的中国国家形象——基于半岛电视台（2016—2017）报道的分析》则通过系统地梳理半岛电视台在指定年份对中国的报道，从报道量、议题选择到态度立场等多方面进行了综合分析。这一研究结果显示，虽然阿拉伯主流媒体整体上展现了中国经济快速发展和国际地位提升的积极形象，但整体形象依然呈现中性偏负面的倾向，显示出阿拉伯媒体在报道中国时的复杂性和多样性。这些研究不仅丰富了我们对阿拉伯媒体报道中国的理解，也为中国如何在阿拉伯世界中有效构建和提升国家形象提供了实践指导。

申十蕾在其研究《半岛电视台对华报道中的中国国家形象研究（2001—2017）》中，采用内容分析法从政治、经济、科技、社会、军事、文化和环境七个方面详细分析了半岛电视台的报道内容。研究指出，半岛电视台在涉华报道中，普遍呈现出中国作为一个在国际政治和经济领域中积极友好合作的形象，同时也强调了中国在科技和军事方面的强大。中国的文化被描述为博大精深，并与阿拉伯国家有频繁的文化交流，这些报道在一定程度上促进了中国在阿拉伯世界中正面形象的构建。

吕可丁和石夏寒的研究则从另一角度展示了阿拉伯媒体对中国的报道态度。吕可丁在《泛阿拉伯报纸上的中国国家形象——以2011年〈中东报〉〈生活报〉为例》中分析了中国在泛阿拉伯报纸中的形象，发现虽然在国际政治、军事和科技方面，中国被视为一个负责任的大国，但社会问题尤其是民生问题仍被频繁报道。石夏寒的《2010—2012年〈金字塔报〉涉华报道研究》也显示，尽管中国的经济发展被高度肯定，但报道中不乏对中国社会和文化问题的批评。这些研究揭示了阿拉伯媒体中存在对中国的复杂看法，既有正面赞誉也有批评指摘。

尽管阿拉伯媒体对中国的报道整体趋向正面，但在一些敏感问题如政治、社会、宗教和商贸领域上，负面报道仍然显著。这与西方媒体中常见的中国威胁论或其他消极论调相呼应，显示出国际媒体在报道中国时依然存在偏见和立场差异。目前，国内外关于中国企业的报道研究主要集中在西方媒体，尤其是英美媒体上，而对其他具有地区影响力的媒体如阿拉伯媒体的研究较少。已有的阿拉伯媒体研究多从宏观角度探讨国家形象或政策报道，缺乏对具体报道框架的微观分析，这表明在未来的研究中需要加强对这些领域的深入探讨和分析，以促进更全面和客观的理解。

二、大众传媒下华为企业形象总体情况

关于参与调查人员的身边是否有人使用华为产品，若有使用，处于什么年龄段的情况，如图 5-1 所示。

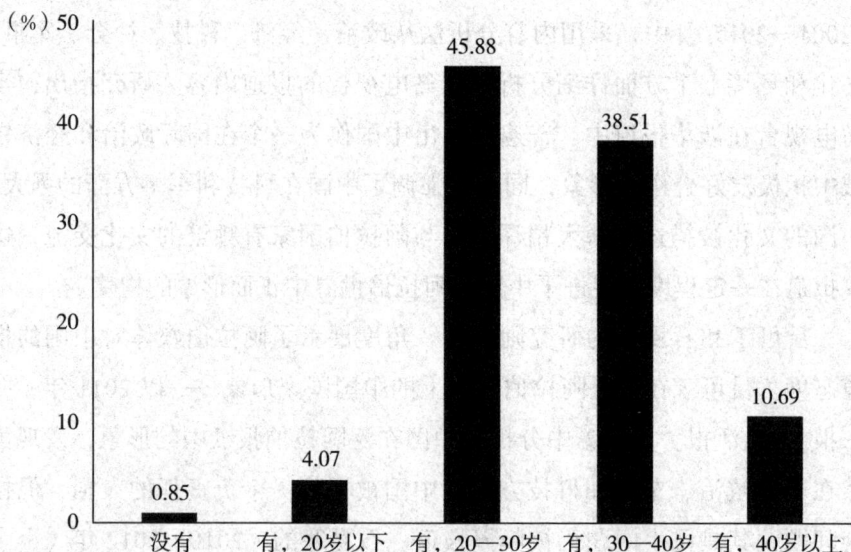

图 5-1　参与调查者身边人使用华为产品及所处年龄段情况示意图

由图 5-1 可知，参与调查者的身边人中，有 45.88% 的人使用着华为产品，处于 20—30 岁，这也是使用华为产品人数占比最大的年龄段。参与调查者的身边使用华为产品人数占比第二大的为 38.51%，这部分人处

于 30—40 岁的年龄段。参与调查者身边人中有 10.69% 处于 40 岁以上。另外，参与调查者的身边人中有 4.07% 处于 20 岁以下。参与调查者的身边人中，只有 0.85% 的人没有使用过华为产品。由这些数据能够明显看出，参与调查者身边人中几乎所有人都使用过华为产品，可见华为产品的普及率和使用率相当高。

在这些使用过华为产品的人群中，20—30 岁的人群最多，这一年龄段的人群，或是刚毕业初入职场，或是已经有了几年的工作经历，这一群体具有旺盛的青春活力，有自己独立的想法与见解，能够接触各种新生事物，喜欢时尚的、具有科技感的产品，同时，这一群体有超前的消费观，愿意尝试新潮产品，而华为所生产的产品恰好能够满足这部分群体的需求。

处于 30—40 岁年龄段的人群，无论在工作中，还是在生活中，都处于相对稳定的状态，收入随着能力的提升而增长，消费能力更强，对于生活有更高的品质要求，希望能通过产品来展现出个人品位和生活品质。华为产品通过自身对产品技术的不断追求，让产品呈现出多种功能与高品质，满足这一年龄段消费者较高的产品需求。另外，需要注意的是，这一年龄段的群体通常在职场上有一定的地位与话语权，他们选择华为产品的行为在一定程度上能够影响到周围与其关系较近的人，在他们的带动下，会有更多的人倾向于选择华为产品，或是出于模仿学习的目的，或是出于尊重，抑或是出于好奇而尝试，总之，多种情况的影响下，都会一定程度地促使一部分人选择华为产品。

而对于 40 岁以上年龄段的人群，无论是工作方面，还是生活方面，都处于更加稳定的状态，倾向于沉稳而耐用的产品，同时，也要体现自己的身份与品位，华为公司多样化的产品种类，能够满足这一年龄段群体的需求。40 岁以上年龄段也包括老年人群体，虽然这部分人群仅占有 10.69% 的比重，但其中老年群体可能受其子女对电子类相关产品认知的影响，选择华为产品，或是本身对于华为产品就有一定的了解。

20 岁以下年龄段，只有 4.07% 的人使用华为产品，这一年龄段的群体在消费行为上可能还不稳定，喜欢尝试各种新鲜事物和产品。另外，这部分人群有的可能还未毕业，没有个人收入，没有能力自由购买一些产品。

根据前面参与调查者年龄情况的数据能够看出，大部分受访人群为 19—35 岁区间，并且对华为公司的了解程度为 56.29%，这部分人对华为公司和华为产品的了解程度能够直接影响与自己年龄相仿的人，因此，其身边人中 20—40 岁年龄段使用华为产品的人数占比高达 84.39%，从中能够看到参与调查者对身边人选择产品时的影响程度。

参与调查者中仅有 0.85% 的人没有使用过华为产品，因所占比重较小，这一数据可以忽略不计，总体参与调查者中基本所有人的身边人都使用过华为产品。

关于参与调查者觉得华为公司产品哪些地方会吸引其选择购买，其具体数据如图 5-2 所示。

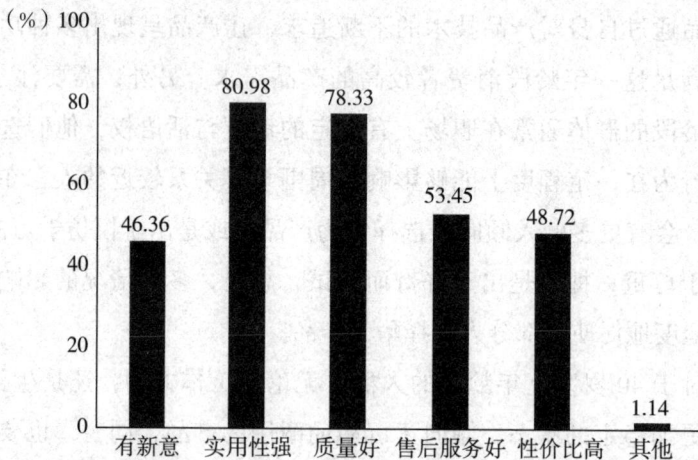

图 5-2　参与调查者认为华为产品吸引其进行购买的情况统计示意图

由图 5-2 可知，最吸引参与调查者购买行为的一个原因是华为产品实用性强，这部分人群占比高达 80.98%；其次是质量好，占比为

78.33%；再次是售后服务好，占比为 53.45%；另外，有 48.72% 的人选择性价比高，46.36% 的人选择有新意，选择其他原因的总比重为 1.14%。

选择实用性强的人最多，在这部分人看来，华为产品最大的产品特点就是实用性强，这部分人也最为关注产品的实际用途，并且华为产品在实用性方面表现得更为出色，能够满足消费者的预期。从某种程度上能够看出，产品的实用性是消费者基本的关注点，人们在购买一件产品时，主要关注产品的实用性，是否能够满足实际使用需求，而后再考虑其他方面的问题。

吸引参与调查者采取购买行为的第二个主要原因是华为产品的质量好，能够看出消费者最关心产品的质量问题，也能看出大部分参与调查者在购买产品时，大多是理性的，更注重产品的功能属性。从另一个方面来看，华为产品良好的质量把控得到了将近八成参与调查者的认可，表明华为公司在产品质量上花费了更多的心思，通过各种技术手段对产品质量进行有效控制，以达到消费者的需求标准。

吸引参与调查者购买华为产品的第三个原因是售后服务好，有一半以上的参与调查者选择了这一点。售后服务的好坏最能体现一家公司对消费者的态度，能体现出公司的文化和氛围，同时，也能反映出一家公司是否充满活力，工作的积极性与精神状态如何。能够得到一半以上参与调查者的认可，表明了华为公司在售后服务上的规范和用心。

吸引参与调查者购买华为产品的第四个原因是性价比高。消费者自然喜欢性价比高的产品，花更少的钱买到最高品质的产品。有将近一半的人选择这一点，表明人们更关注产品的售价和质量。华为在产品性价比方面，力求将产品生产的成本压到最低，在有限预算的基础上，将产品质量提升到最高。另外，需要注意的是，当今时代，电子类产品竞争日益加剧，很难有哪一款电子类产品有极为出众的功能表现，因此，电子类产品更多的是在硬件上的升级，在价格上进行严格的成本控制。同类型产品最突出的区别可能就是售价与硬件配置两个方面，也就是产品的性价比。每家公司都会在产品性价比上投入更多的时间、精力、财力，以便在激烈的市场竞争中占据有利的位置。

吸引参与调查者购买华为产品的第五个原因是有新意。产品如果同质化程度严重，与其他品牌的产品没有多大区别，则这款产品的市场竞争力较弱。特别对于电子类产品，每一款都需要有一个突出的、吸引人的独特性能。因此，消费者也期望所选购的产品能够体现出新意，展现与其他产品的不同之处。当下处于信息大爆炸时代，人们能够随时随地获取想要知道的几乎所有信息，进而，人们也更多地渴望在更多方面展现自己独特之处。而产品的新的创意是公司需要不断努力的方向。

参与调查者选择购买华为产品还有其他方面的原因，这些原因总占比只有 1.14%，由于所占的比例较小，在综合分析时，可以忽略不计。

从整体上来看，实用性、质量、售后服务、性价比等，都可看作产品基本的属性特点，如果一款产品没有以上方面的优势，则该产品也不会有更大的竞争力。另外，从参与调查者所关注的这些方面，能够看出消费者更注重产品的实际价值。华为产品应当在这些方面投入更多的时间、精力和资金，以保证产品的基本优势。在此基础上，产品的新意、独特的创意设计等方面，应当作为产品的最大竞争优势。

这些具有代表性的数据，可为华为公司提供有力的数据支撑，能够让管理者更明晰自身产品在消费者心目中的印象，同时，也能够让公司管理者明确产品在哪些方面表现出色、哪些方面表现不足，或是原本在产品设计和生产时想呈现的一些功能，是否真正能够让消费者感受到。公司管理层根据调查数据中所体现的内容，能够在未来产品研发和销售时，更有侧重点，更深入地了解消费者心理，更容易在产品上发力。

参与调查者对华为公司售后服务的认知情况，如图 5-3 所示。

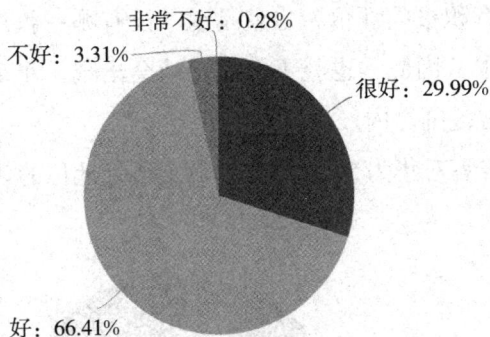

图5-3 参与调查者对华为公司售后服务认知情况示意图

由图5-3所示，在所有参与调查者中，有66.41%的人觉得华为公司的售后服务好，有29.99%的人觉得华为公司的售后服务很好，有3.31%的人觉得华为公司售后服务不好，有0.28%的人觉得华为公司的售后服务非常不好。

将近三分之二的参与调查者认为华为公司的售后服务好，这属于中等偏上的评价，既不是很好，也是一般好。这部分人群对华为产品有着一定的了解，大部分人都使用过华为的产品，再结合前面对使用过华为产品的统计数据——90.44%的参与调查者购买或使用过华为产品，这些人对于华为产品有自己的真实感受，对其售后服务也切实体验过，总体上来说，华为公司的售后服务给消费者带来了好的体验。

几乎30%的人觉得华为公司的售后服务很好，这能够充分体现出华为公司提供的售后服务达到了一个较高的水平，充分为消费者着想，同时也体现出华为公司以消费者为中心的企业文化。但需要注意的是，同样对售后服务进行评价，即使是同一件事，不同的人也会有不同的评价标准，每个人对同一件事的理解不尽相同，有的甚至会产生较大的差别。

觉得华为公司的售后服务不好和非常不好的总占比为3.59%，所占的比例较小，即使产品再完美无瑕，也不能完全保证每一位消费者对这款产品都会有积极的评价，也就是说，没有哪一款产品能够满足每一名消费者的要求，因此，也就不可避免地会出现一小部分消极的评价，这些也都在正常范围之内。

参与调查者对华为 5G 技术在世界上所处地位的认知，如图 5-4 所示。

行业模仿地位：7.19%

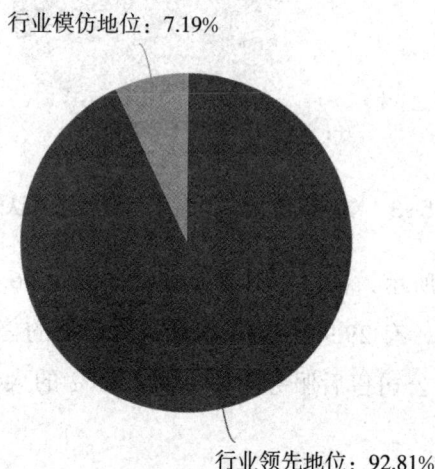

行业领先地位：92.81%

图 5-4　参与调查者对华为 5G 技术在世界上所处地位的认知示意图

由图 5-4 可知，在所有参与调查的人群中，有 92.81% 的人认为华为公司的 5G 技术在世界上处于行业领先的地位，有 7.19% 的人认为华为公司的 5G 技术在世界上处于行业模仿的地位。

有九成以上的参与调查者认为华为 5G 技术在世界上处于行业领先的地位，这一数据与参与调查者购买或使用过华为产品的调查数据极为相近——90.44% 的参与调查者购买或使用过华为产品。从这两组数据中可以猜测出，购买或是使用过华为产品的人，对于 5G 技术有更深入的了解，平时这部分人也会更关注 5G 技术的相关信息与资讯，对 5G 技术有更多更深入的了解，因此，在他们看来，华为的 5G 技术在世界上处于行业领先的地位，也便顺理成章。现实是华为的 5G 技术在全球范围内确实处在领先地位，有许多的媒体对其进行报道，他们通过各个渠道能够了解更多关于华为 5G 技术的资讯，加之，他们通过华为产品切身感受到

5G技术的便捷与优越。因此，这部分人自然会认为华为5G技术在世界上处在行业领先的地位。

有7.19%的参与调查者认为华为的5G技术在世界上处于行业模仿的地位，这部分人可能没有亲身体验过华为产品，有的可能对于5G技术没有深刻的认知，并且对关于这方面的信息本就不关注，了解和体验的少，或是根本就没有接触过5G技术，因此，这部分人群很可能认为华为5G技术只是在模仿行业内其他公司。

大部分人还是对华为5G技术了解较多，并且十分关注华为5G技术的发展，同时，也认为在行业内，华为5G技术在世界范围内处于领先地位。

第二节　大型科技企业海外传播力分析

于2024年3月发布的《中国百企海外传播力月度分析报告（24年3月号）》对中国企业在科技、金融、能源、汽车、医药、航空及电子消费品等领域的海外传播力进行了综合分析。该报告评估了企业的海外传播度、影响度和美誉度，采用了包括发稿量、主流媒体报道量、报道媒体家数、覆盖国家范围、语种、网帖点赞量、分享量、评论量及舆论情感基调等多个维度。在本监测周期内，有42533篇境外媒体报道涉及中国企业，覆盖34种语言，至少涉及1111家媒体机构。与前一监测周期相比，报道量、报道媒体家数及覆盖的语种数量均有显著增长。

一、大型科技企业海外传播力总体情况

根据《中国百企海外传播力月度分析报告（2024年3月号）》，在海外媒体中传播力最强的中国企业包括小米、华为、腾讯、比亚迪、大疆和中国银行。此外，中海油、小鹏汽车、海思半导体和北汽的关注度也

较高。这些企业在海外的报道多以中性基调呈现，显示出较均衡的舆论环境。如图 5-5 所示。

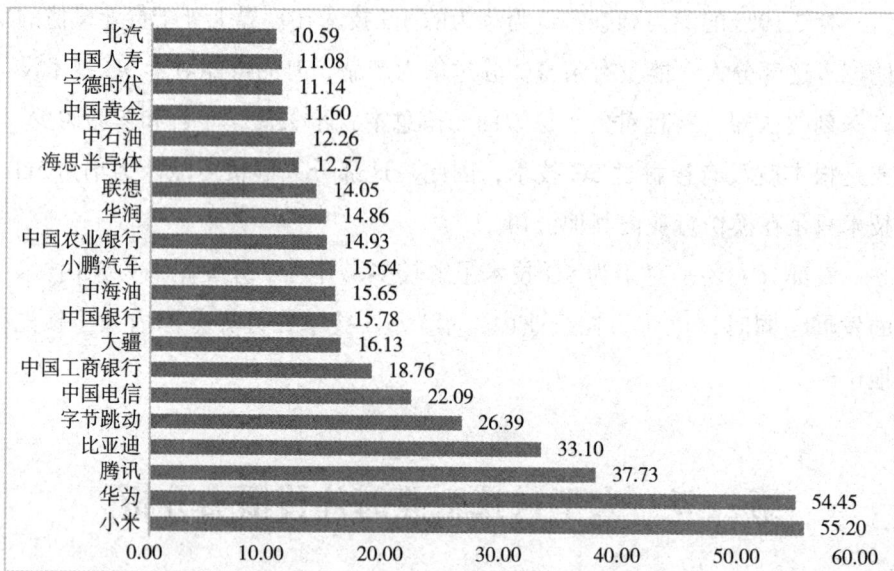

图 5-5　中国百企海外传播力总体情况

报告进一步指出，与上一监测周期相比，进入前 20 名的企业涉及的行业数量有所减少，显示出行业集中化的趋势。科技、汽车、金融和能源仍然是海外媒体最关注的领域，这凸显了中国企业在这些领域中的重要地位和广泛影响力。

《中国百企海外传播力月度分析报告》主要通过海外主流媒体和社交媒体的传播效果来评估中国企业的表现。该报告设置了海外传播度、海外影响度和海外美誉度三个一级评估维度，其中海外传播度进一步细分为媒体关注指数和海媒关注指数两个二级指标。这些指标涵盖了海外媒体的发稿量、覆盖的国家和语种数量、媒体机构数以及社交媒体的点赞、评论和分享等多项指标，以全面评估中国企业的海外传播表现。中国百企海外传播力之海外传播度指数，如图 5-6 所示。

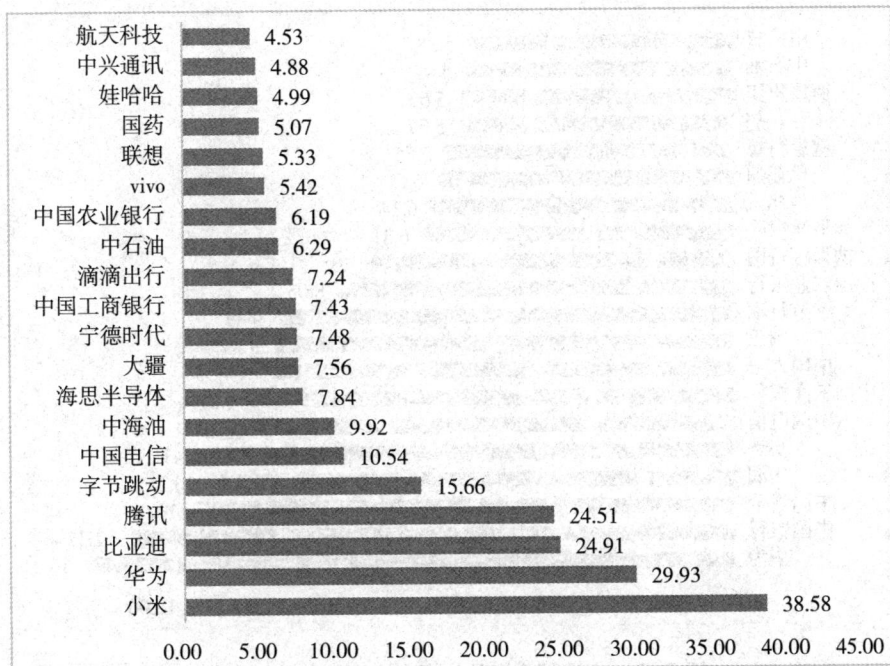

图 5-6　中国百企海外传播力之海外传播度指数

在评估中国企业的海外影响度方面，报告设定了媒体覆盖指数和媒体触达指数作为两个关键的二级指标。这些指标涵盖了海外媒体的转载量、转载媒体的数量、覆盖的国家比例以及主流媒体的触达程度等多个方面。通过这种方式，报告详细地反映了中国企业在全球范围内的媒体曝光和触及情况。如图 5-7 所示。

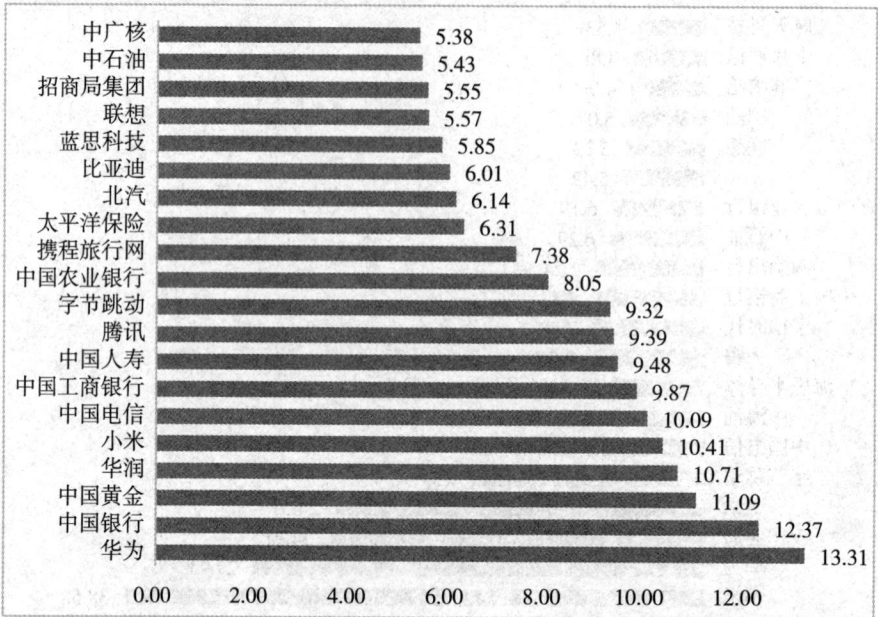

中广核 5.38
中石油 5.43
招商局集团 5.55
联想 5.57
蓝思科技 5.85
比亚迪 6.01
北汽 6.14
太平洋保险 6.31
携程旅行网 7.38
中国农业银行 8.05
字节跳动 9.32
腾讯 9.39
中国人寿 9.48
中国工商银行 9.87
中国电信 10.09
小米 10.41
华润 10.71
中国黄金 11.09
中国银行 12.37
华为 13.31

0.00 2.00 4.00 6.00 8.00 10.00 12.00

图 5-7　中国百企海外传播力之海外影响度指数

海外美誉度的评价则依赖海外形象指数和海媒评价指数两个二级指标。这部分评估基于正面舆情的发稿量、被转载的次数以及正面舆情在海外主流媒体中的转载量等。此外，还考虑了正面发帖数量及其在全部发帖中的比例，从而全面描绘中国企业在海外的正面形象和公众评价。如图 5-8 所示。

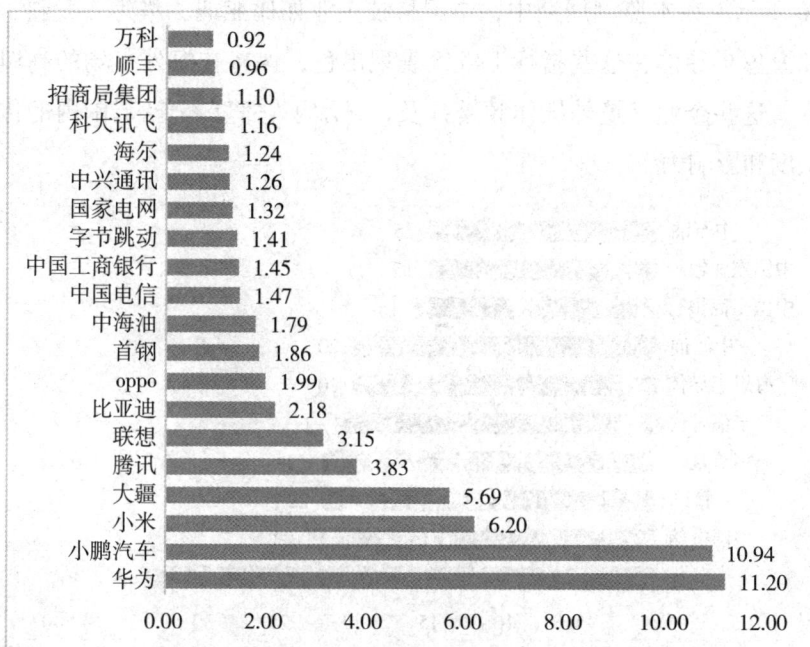

图 5-8　中国百企海外传播力之海外美誉度指数

　　本报告通过对多个维度和指标数据的加权及归一化处理，形成了综合研究结论。值得注意的是，定量分析中指标的选择、模型的构建及参数的设定均涉及一定的主观判断，因此不同的选择和设置可能导致不同的分析结果。报告采用定量分析的主要目的是更精确地揭示中国企业在海外的传播关注度，提供的分析结果旨在作为翔实的参考，并不旨在生成企业的排名。

二、大型科技企业在海外主流媒体中的传播力分析

（一）大型科技企业总体上依然维持着较高的舆情热度

　　海外媒体覆盖语种数量和海外媒体家数是衡量报道传播范围及链条长度的关键指标，直接反映了中国企业的国际传播力。如图 5-9 和图

5-10 所示。在本监测周期中，中国科技企业如比亚迪、华为、大疆、腾讯和海思半导体在这些指标上继续表现出色，保持在海外市场的高舆情热度。这些企业被境外媒体频繁提及，显示了它们在全球范围内的传播活跃度和影响力。

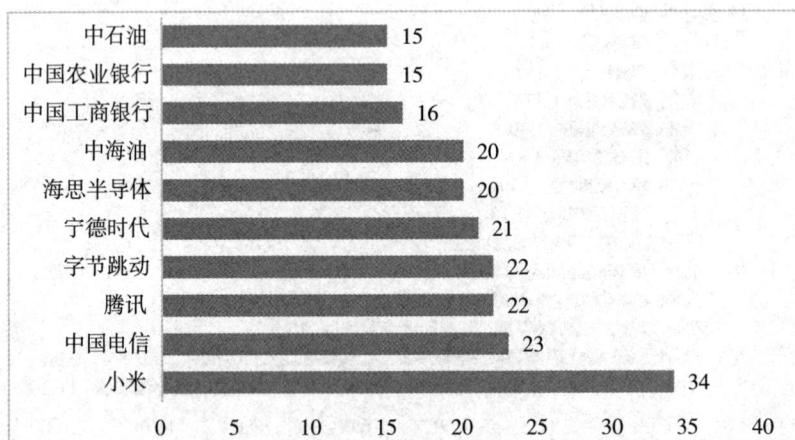

图 5-9　海外媒体覆盖语种数量图

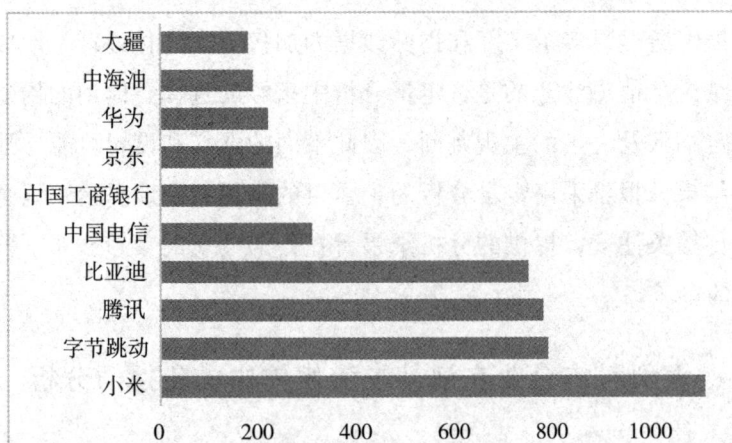

图 5-10　关注中国企业的海外媒体家数图

在最近的监测周期中，境外媒体特别关注了中国科技企业的国际专利申请和对外合作动态,其中报道基调多为中性偏正向。例如,香港的《南华早报》指出,华为技术有限公司和宁德时代在 2023 年成为申请国际专利数量最多的中国公司,可与美国的高通公司和微软公司相提并论。德国《商报》引述库克的言论,强调比亚迪等中国合作伙伴在合作中做出了巨大的贡献,并表示这种合作关系"会催生魔法"。这些报道不仅展示了中国科技企业在全球技术市场的活跃度,也反映了它们在国际合作中所扮演的重要角色。

(二)大型科技企业整体影响力持续提升

海外媒体覆盖指数和海外媒体触达指数是评价企业国际传播能力和效果的关键指标,反映了海外媒体对企业的关注度。这些指标不仅衡量了信息传播的广度和深度,还揭示了企业在全球市场中的影响力和可见度。如图 5-11 和图 5-12 所示。

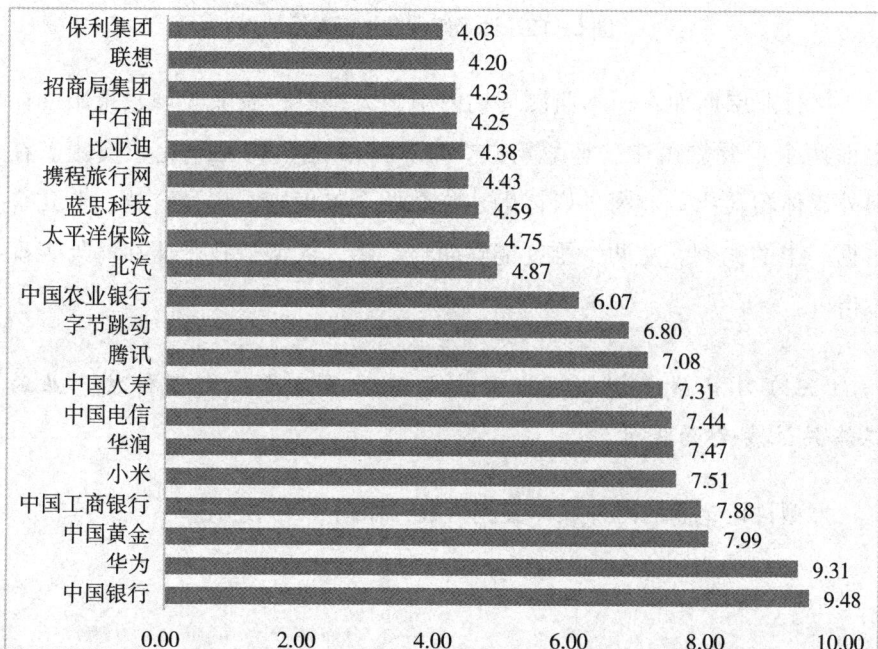

图 5-11 海外媒体覆盖指数图

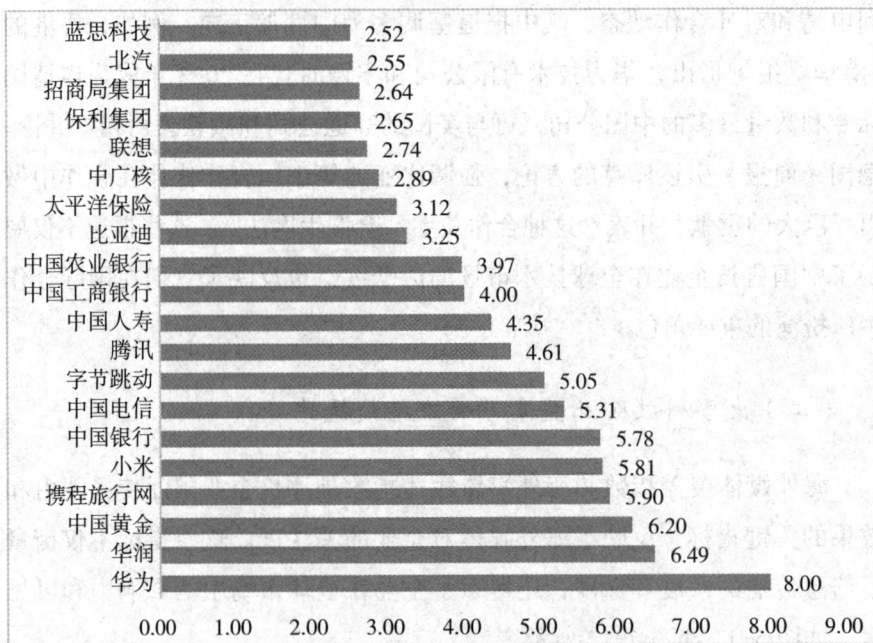

蓝思科技 2.52
北汽 2.55
招商局集团 2.64
保利集团 2.65
联想 2.74
中广核 2.89
太平洋保险 3.12
比亚迪 3.25
中国农业银行 3.97
中国工商银行 4.00
中国人寿 4.35
腾讯 4.61
字节跳动 5.05
中国电信 5.31
中国银行 5.78
小米 5.81
携程旅行网 5.90
中国黄金 6.20
华润 6.49
华为 8.00

图 5-12　海外媒体触达指数图

就行业层面而言，本监测周期内中国大型科技企业表现较抢眼。在上面两个重要维度中，蓝思科技、北汽、联想、比亚迪比较突出。在海外媒体覆盖指数和海外媒体触达指数两个维度中，大型科技企业几乎占据一半的比例。从两个维度能够明显看出，大型科技企业在海外表现不俗。

（三）小米汽车引发了一轮新的媒体关注度，大型科技企业的媒体关注度全面提升

大型科技企业的海外媒体关注指数，如图 5-13 所示。

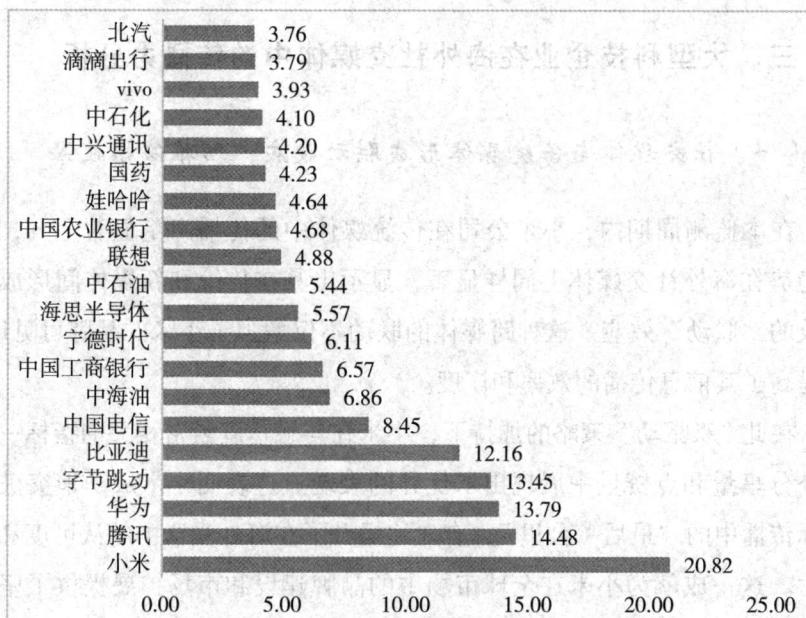

图 5-13　海外媒体关注指数图

在最近的海外媒体报道中，小米公司发布其首款电动汽车，获得了普遍正面的评价。美国有线电视新闻网的一篇报道标题为《中国的小米凭借"梦想汽车"加入拥挤的电动汽车竞赛，挑战特斯拉》，强调了小米进入电动汽车行业的时机和其雄心壮志。报道中提到，小米的这一步骤是在中国电动汽车市场竞争激烈的背景下进行的，公司显然以高端客户为目标市场。

西班牙新闻机构埃菲社报道了小米推出的小米 SU7，称其为"高性能生态科技轿车"，并指出这标志着小米正式进军汽车市场。报道还提到，小米计划在未来几年推出更多电动汽车车型，其长远目标是在 15 至 20 年内进入全球电动汽车制造商前五名。这反映了中国电动汽车市场的快速增长，预计到 2030 年，中国销售的每五辆新车中将有三辆是电动车，由电池而非化石燃料提供动力。

三、大型科技企业在海外社交媒体中的传播力分析

（一）社交媒体与传统媒体形成联动效应，助推传播效果

在本监测周期内，小米公司在传统媒体中的传播声量显著上升，这一趋势在海外社交媒体上同样显著，显示出其在传统和新媒体间形成了有效的"联动"效应。这种跨媒体的联动不仅增强了小米的品牌可见度，还提高了其信息传播的效率和广度。

在此"双驱动"策略的加持下，小米在与触达度紧密相关的指标——海外分享量和点赞量中展现出了优异的表现。这表明小米成功地突破了国际传播中的"最后一公里"，有效地提升了在海外受众中的认可度和影响力。这一成就为小米在全球市场中的品牌建设和市场扩展提供了坚实的支持。如图 5-14 和图 5-15 所示。

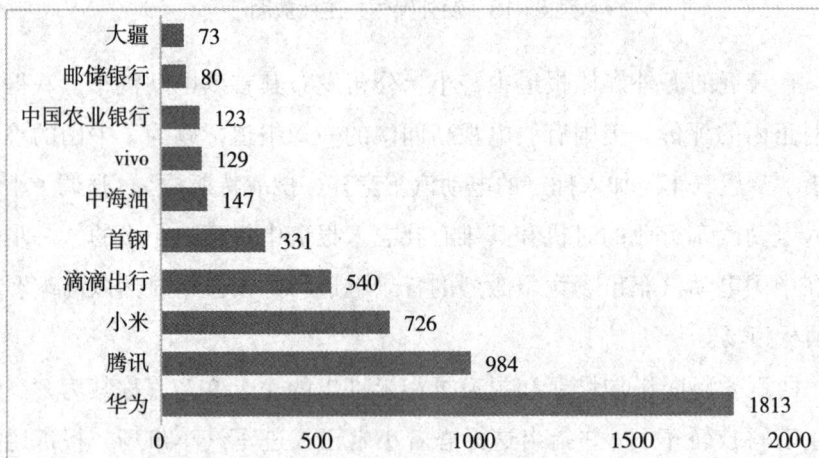

图 5-14 海外分享量图

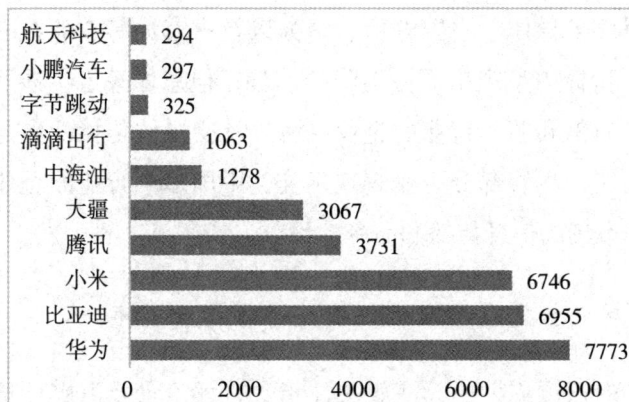

图 5-15　点赞量图

（二）大型科技企业对海外社交媒体传播参与度大幅提升

在 2024 年 3 月的监测周期中，中国企业在海外社交媒体中使用的网帖语种数量显著增加，从上一监测周期的 30 种语言增加至 53 种。这一增长反映了中国企业在扩展海外市场传播范围方面的积极努力。在这方面，小米和腾讯继续领先，形成了明显的"第一梯队"，与其他企业相比，小米和腾讯在海外社交媒体的语种覆盖上保持着显著的优势。如图 5-16 所示。

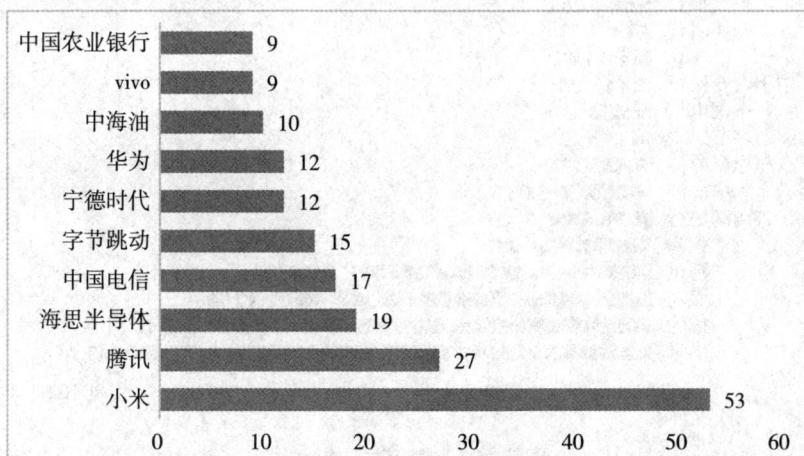

图 5-16　覆盖语种数量图

　　尽管海思半导体、中国电信、华为以及中海油等企业在"覆盖语种数量"这一指标中呈现出缓慢下降的趋势，但总体来看，涉及科技、能源、金融、通信和芯片行业的企业在海外社交媒体传播的参与度正稳步提升。这表明，尽管部分企业表现不佳，中国多个行业的企业都在努力加强对海外市场的信息传播和品牌建设。

（三）对目标受众"下沉"以提升传播触达率

　　在最近的监测周期中，海媒关注指数、评论量及海媒评价指数被用作衡量中国企业在海外社交媒体中触达度和美誉度的关键指标。如图5-17、图5-18及图5-19所示。在这些指标上，中国无人机制造商大疆表现突出，显示其传播策略在全球范围内取得了显著成效。这些成绩不仅反映了大疆在提升品牌知名度和受欢迎程度方面的成功，也指示了其在全球市场中影响力的增强。

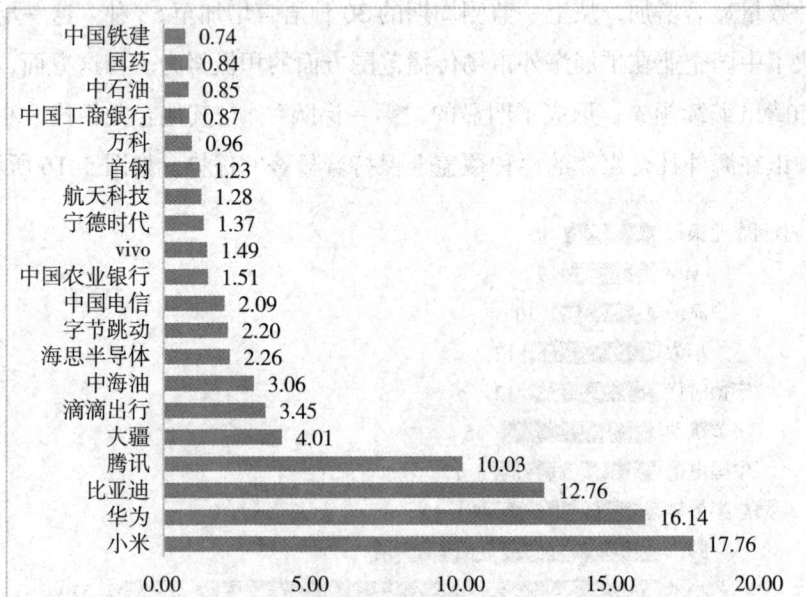

图 5-17　海媒关注指数图

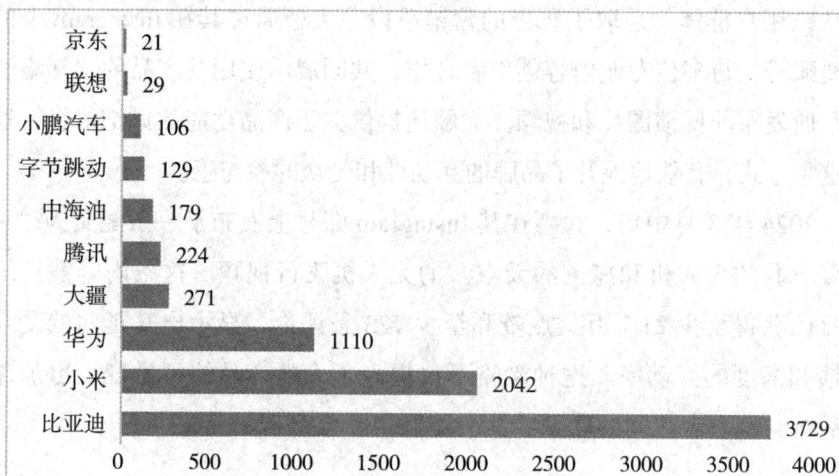

图 5-18　评论量图

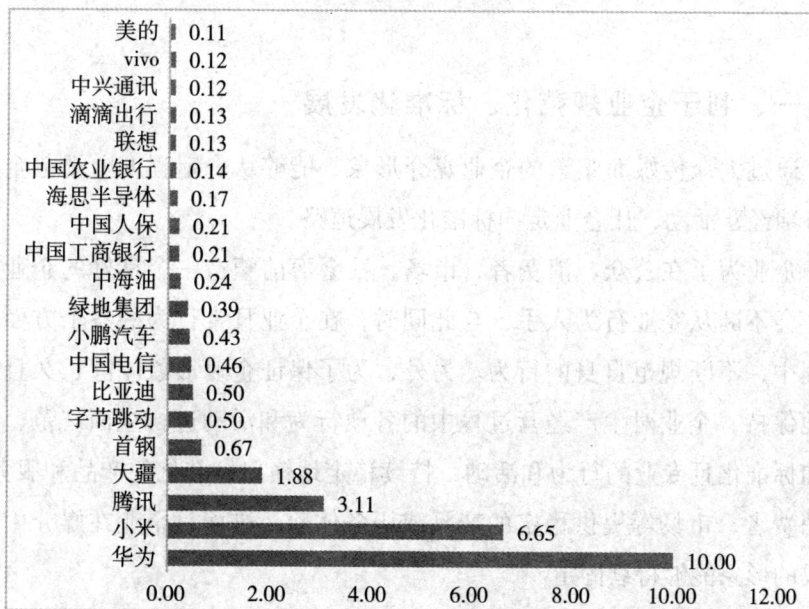

图 5-19　海媒评价指数图

在国际市场的传播策略中，大疆针对海外年轻受众，特别是 Instagram

的活跃用户群体，采取了积极的营销手段。大疆通过其在 Instagram 上的主要账号，与多位专业内容创作者合作，共同展示使用其产品的"网络红人"所发布的反馈图片和视频。大疆还提供关于产品功能的详细信息，通过这种方式，有效地提升了品牌的互动性和受众的参与感。

2024 年 3 月中旬，大疆在其 Instagram 账号上发布了一条配文为"只有我、我的无人机和凉爽的天空"的无人机飞行视频。这条内容截至统计日已获得至少 21.7 万次点赞和至少 723 条评论，显示出其正向的受众反馈和高度的互动率。这种策略不仅提高了大疆产品的可见度，也加深了品牌与消费者之间的联系。

第三节　大众传媒的正面作用

一、利于企业规范化、标准化发展

通过大众传媒而塑造的企业媒介形象，能够从一定程度上规范企业的各项经营活动，让企业走向标准化发展道路。

企业为了在公众、消费者、市场、社会面前塑造一个良好的企业形象，会不断从企业行为入手，与此同时，在企业日常行为的各个方面和流程中，不断规范自身的行为。另外，为了保证企业形象能够长久且稳定地保持，企业对生产经营过程中的各项行为和活动进行全面规范，以更加标准化且专业的行为和活动，持续稳定地输出标准化的产品和服务，为消费者、市场等提供稳定的产品或服务体验。进而，企业在媒介中所形成的形象能够持续固定。

企业行为更加规范化，产品和服务更加标准化，能够有效地统一企业内部思想，提升企业员工的凝聚力。与此同时，还能有效地提升产品和服务的生产效率，从而提高企业整体收益，企业生存发展的能力随之提高。

二、提高企业的综合竞争能力

大众传媒能够通过对企业形象的传播，促进企业产品和服务的销售业绩，提升产品和服务的市场能见度，大众传媒的广泛宣传提高了企业产品和服务的标准和要求，进而产品和服务的质量得到有效提升，企业各方面综合能力得到有效提升。

三、统一企业品牌形象

大众传媒能够对大型科技企业品牌形象的构建起到推动作用。企业有一个良好的媒介形象，能够影响人们对于企业品牌形象的感知，同时，这种良好的感知也可延伸到企业产品形象中。企业希望通过媒介在受众心中建立起一个稳定而持久的形象，因此，会在日常管理或制度上不断规范工作行为，对生产经营过程中的各项行为和活动进行严格把控。通过制度和规范的不断完善，企业各项生产经营活动逐渐有了统一的标准，员工能够在确定的标准与规范下从事自己的本职工作。企业的各项生产经营活动都形成了统一规范的标准，则企业所生产的产品及所提供的服务也会趋于标准化，进而企业的品牌形象更容易保持统一性。

四、增强企业员工的凝聚力

在大众传媒正向传播力的影响下，企业媒介形象不断提升，企业员工由于企业良好的媒介形象而有更强烈的荣誉感，并会为维护企业或组织的荣誉感而拥有更积极的工作态度。企业媒介形象不断提升，会为员工提供积极的奋斗标准，员工为了持续维护企业形象，会团结一心，在一个共同的奋斗目标下，将争取荣誉落实到自己的本职工作中，大家在工作中更加努力、勤奋。企业员工在大众传媒的正向激励下，凝聚力逐渐增强，与此同时，矛盾与问题逐渐减少。

关于企业的品牌形象对企业发展的关键性作用的调查数据统计，如

图 5-20 所示。

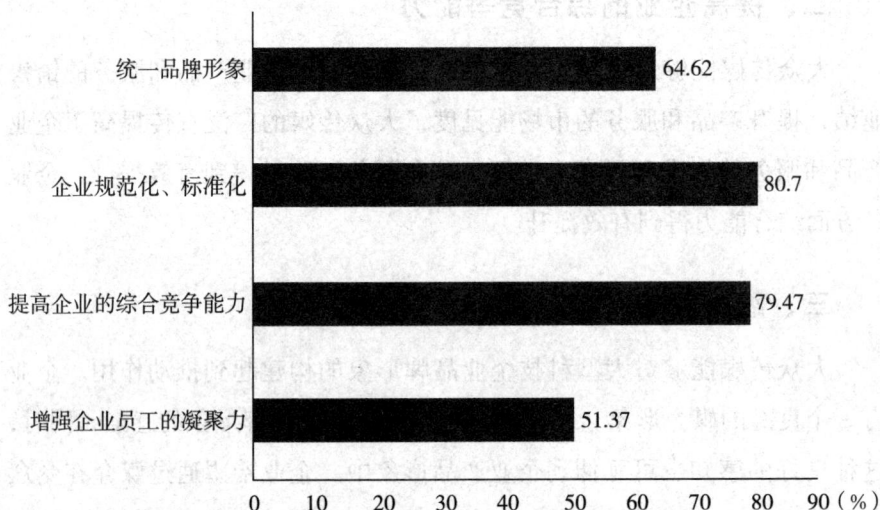

图 5-20 企业品牌形象对企业发展的关键性作用示意图

由图 5-20 可知，关于企业的品牌形象能为企业发展起到的关键性作用的调查数据来看，有 80.7% 的人选择了企业规范化、标准化，有 79.47% 的人选择了提高企业员工的凝聚力，有 64.62% 的人选择了统一品牌形象，还有 51.37% 的人选择了增强企业员工的凝聚力。

有超过八成的人认为企业的品牌形象对企业的发展起到的关键性的作用是企业规范化和标准化。企业的品牌形象的树立能为企业建立起一个稳定的标准，企业在日后的生产经营过程中，都会以这个标准为最低要求，同时，企业也会通过自己的实际行动不断塑造企业形象。企业为了塑造更加稳定和良好的形象，会在各个方面不断进行优化和调整，对表现得好的方面进行规范化和标准化设定，而对于日常工作和生产中的不足之处和有待改善之处，需要规范化和标准化手段对其不断进行优化。企业在不断做大做强的过程中，需要管理的员工逐渐增多，需要管理的业务在增加，需要处理的日常事务会随之增加，而企业进行规范化和标准化工作，能够在企业内部建立起一个科学且稳定的工作规范，以高效地指导企业员工的工作。

有将近八成的人认为企业的品牌形象对企业的发展起到的关键性的作用是提高企业的综合竞争能力。企业的综合竞争能力是企业的核心能力，其中包含企业发展过程中的各个方面的能力，并且是各个能力的一种综合体现。一家综合竞争能力强的企业，在市场上能够有出色的表现，其产品在市场上有着一定的市场占有率，进而企业在市场和消费者心目中的品牌形象将逐渐确立和稳固。企业的长远发展和规划，也会因自身强大的综合竞争能力而发展得更为顺利。

有64.62%的参与调查者认为企业的品牌形象对企业的发展起到的关键性的作用是统一品牌形象。在这部分人群看来，企业品牌形象的统一能够带给客户、消费者、市场一个稳定的预期，并认为企业一直在坚持自己的目标、方向、文化、理念等各个方面的内容，给消费者带来熟悉感，同时，能够引起消费者过往的消费感受。如果企业经常性地变换品牌形象，则很容易给消费者带来很大的困扰，以往消费者因为企业的品牌形象而选择购买产品，如今可能就会因为企业品牌形象的调整，而对企业所生产的产品产生怀疑，质疑其产品的质量，进而影响产品销量，影响企业的总体收入。另外，市场也可能对该企业未来发展和规划有不同看法，其产品在市场上的表现会出现相应的变化。

有一半以上的参与调查者认为企业的品牌形象对企业的发展起到关键性作用是增强企业员工的凝聚力。在这部分人群看来，企业员工的凝聚力能够反映出企业文化和理念、企业精神面貌等方面，员工能够团结一心，为着一个共同的目标而努力工作，没有离心离德的言行，企业内部有一个舒适而良好的工作环境，这些都能为企业塑造一个良好的品牌形象，进而推动企业的长远发展。无论是企业的品牌形象，还是企业文化、企业发展理念、企业精神面貌、企业发展目标等，都需要通过员工的凝聚力体现出来，而企业员工所做的一切工作，也是在无形中维护企业的品牌形象。

企业的品牌形象对企业的发展起到的关键性作用主要包含四个方面，首先，企业的规范化和标准化是其中一个主要的方面，其次是提高企业的综合竞争能力，再次是统一品牌形象，最后是增强企业员工的凝聚力。这四个方面分别从企业制度设计、企业竞争力、品牌形象、企业员工四个层面进行深入分析。

第四节　大众传媒的负面作用

一、信息的多量化与多元化，稀释企业形象传播的关键信息

大众传媒的出现和繁荣发展为人们日常生活提供了更加丰富而便利的空间，信息技术和互联网的兴起与发展成熟，各种媒体间的广泛融合与发展，给人们生活带来了巨大变化。由此而产生的信息，无论从数量上，还是类型上来看，都极为丰富，如此大量的信息和多元化的内容，充斥人们的日常工作和生活，人们所面临的首要问题就是如何从如此大量的信息中选取自己所需要的部分。信息技术与互联网虽然带来了更大的便利性和内容的丰富性，但甄别如此多量化和多元化的信息，需要花费人们更多的时间和精力，并且需要人们对信息内容的真实性有坚定的判断力。大量且多元化的信息会在很大程度上稀释企业形象所传递的关键性信息内容。人们浏览信息的时间只允许其关注最有吸引力的关键点，而这就很难让人们了解企业更深层次的内容和信息。

各种情况对于企业媒介形象的传播和推广也有相当程度的影响。人们由于处在当下这样一个信息大爆炸的时代，对于各种各样信息都会有一种谨慎小心的心态，人们对于大量信息会有一个初步筛选的过程，因此，也就不会在每一条见到的信息上花费大量的时间。人们对所有形式

的信息大多会以第一印象对其进行筛选，如果一条信息没有在第一时间引起受众的关注，则这条信息有可能就会永远失去这个受众个体。基于此，企业在进行媒介形象的传播与推广时，就会将更多的精力与时间投入到封面和开头的设计中，侧重于传播内容的第一印象。而相比于涉及企业的更为重要的信息，则可能没有更多空间和时间进行呈现。企业为了符合受众群体的需求，会以突出宣传与推广内容的外在表现为主，而相对弱化企业、产品、服务内涵的表现。企业形象中的一些关键性信息容易被忽视。

二、传播内容质量不高，影响主流价值观念，不能充分且准确呈现企业形象

当下所处的信息大量涌现的大环境中，无论在线上，还是在线下，信息无时无刻不充斥在人们的视野中，占用着人们大量的时间和精力。信息质量参差不齐，针对一些质量不高的信息，人们很难对其进行区分。受这些较低质量信息内容的影响，社会主流价值观念受到一定程度的冲击，这一状况的出现，让人们对出现的信息整体会有平淡的感知，这种感知不利于企业进行广泛的形象宣传。

人们一旦受大量信息的冲击，对信息整体感知度的下降，一些关于企业媒介形象宣传与推广的信息内容将不易于在公众面前完整地呈现，进而企业更加准确而真实的信息与内容也不易于让受众感知与了解，这不利于企业媒介形象的构建与管理。

三、受限于商业利益，降低受众审美情趣，进而影响企业媒介形象的构建

大量不同层次的信息内容在线上及线下广泛涌现，人们受其影响，其审美情趣也会相应降低。人与人之间更多沟通和交流的话题也会以这些信息和内容为主。一些轻松、简单、直白的信息不需要人们花费更多

的精力和脑力理解。如此,人们便难以向接触更高层次信息过渡。加之,当今社会,人们的工作和生活节奏逐渐加快,人们没有更多时间思考一些更深层次的内容和信息。因此,如若企业在进行媒介形象的构建和塑造时,加入了有深度的内容和信息,人们难以花费自己宝贵的时间去进行深度理解。

在这一整体的情形下,企业不易对自己的企业形象进行构建,企业不易加入更多企业文化、企业内涵、企业精神等更为丰富的信息。企业若想更完整地呈现企业文化等内容,则需要花费更大心力,在符合受众获取和理解信息习惯的基础上,融入自身想要呈现的信息与内容。可能企业需要在信息的通俗、娱乐化与企业的自我表达之间寻找到一个恰当的平衡点。

第六章　大型科技企业媒介形象建构的报道框架分析

第一节　大型科技企业媒介形象报道的基本情况

一、对于华为公司在媒体中企业形象的研究概述

江南大学的左铭瑶在其研究《美国媒体报道中华为企业形象转变研究》中，应用批评话语分析理论，对 2009 年至 2019 年间美国媒体中华为的报道进行了深入分析。研究发现，尽管美国媒体积极关注华为的企业竞争优势，如技术创新和市场扩张等，但同时也频繁强调华为与中国政府之间的关系，这种关系往往被描绘为具有潜在的政治和安全风险。美国媒体中对华为的负面报道，如公开抵制和安全威胁的指控，反而从侧面凸显了华为作为全球电信巨头实力的增强，这种报道不仅影响了华为在美国市场的业务，也影响了其全球品牌形象。

上海外国语大学的彭程在研究《英美媒体中中国民营跨国企业报道研究》中，选取《华尔街日报》和《金融时报》为样本，通过比较分析

两家报纸在相同时期对华为的报道策略，揭示了媒体如何构建华为的企业形象。研究指出，尽管两家媒体都关注华为的技术进步和市场表现，但在报道框架和议程设置上存在明显差异。《华尔街日报》倾向于强调华为的安全风险和政治联系，《金融时报》则较多报道华为的商业成就和国际合作，这种差异性体现了不同媒体背后的价值观和市场定位。

贾育楠的硕士论文《阿拉伯媒体中的中国跨国民营企业形象研究——以华为公司为例》通过分析阿拉伯媒体对华为的报道，发现相比于西方媒体的严厉态度，阿拉伯媒体对华为的报道相对客观且正面。即便在报道华为与其他地区发生冲突的新闻时，阿拉伯媒体也能保持较为中立的立场。这种差异可能源于文化差异和地缘政治的影响。即便阿拉伯媒体中的报道总体正面，华为在这些报道中依然面临塑造企业责任形象不足的问题，主要集中于展示其技术和业务能力，较少涉及其社会责任和文化交流的努力。这揭示了华为在全球不同区域媒体形象管理中需要考虑的多样性和复杂性。

二、《华尔街日报》对华为形象报道的基本情况

《华尔街日报》对华为相关事件的报道数量明显受到了美国政府态度的影响以及事件本身的发展进程。尤其在 2018 年 12 月和 2019 年 5 月，当事件达到关键性的节点时，报道的数量随之显著增加。这种报道的频率变化反映了媒体对于事件热点的敏感度及其报道策略，即在事件关键时刻增加报道力度，以吸引读者关注。从报道议题的分布来看，《华尔街日报》在涉及华为的报道中主要强调了事件对华为的影响，这种报道倾向显示了媒体在事件报道中对特定议题的关注重点，即突出华为受到的影响及其负面后果。

在议题的具体分布上，《华尔街日报》的报道中华为事件占据了最大比重，其次是关于美国的报道，然后是其他企业的情况。特别是在对华为的报道中，影响类话题占据主导，这表明《华尔街日报》更加重视事

件对华为本身的直接影响。对美国的报道则以政府的行动和政策做法为主，这体现了美国在事件中所扮演的主动角色。对其他企业的报道则关注其受事件影响的经济和业务层面，这与《华尔街日报》作为一家以财经报道见长的媒体的报道宗旨相吻合，即侧重于金融与商业领域的深度报道。

报道态度的分析表明，《华尔街日报》在涉及华为的报道中明显倾向于负面报道，尤其是突出事件对华为的负面影响。而在涉及美国的报道中，尽管也有不少负面报道，这些内容主要集中在对美国政府行动的批评以及事件对美国经济和政治形象的潜在负面影响。这种报道倾向不仅反映了媒体的编辑选择，也体现了美国媒体在国际政治事件中的立场和价值观。对于其他企业的报道同样呈现负面倾向，这再次强调了在商业与财经领域，《华尔街日报》对涉及广泛经济影响的事件给予特别关注的策略，尤其是在涉及美国国内经济与国际贸易争端时的敏感性和报道深度。这种报道风格和选择性不仅塑造了公众对事件的认知，也在某种程度上影响了公众对事件相关各方的看法和态度。

在《华尔街日报》的报道中，对华为相关事件的覆盖显著倾向于关注事件的即时和具体细节，反映出该报对重大事件动态的敏感性和报道的深入性。报道通常细化到事件的微观变动，每一个小的发展都可能独立成文，这种报道风格突出了"细致入微"的特点。该报在报道华为事件时，特别关注事件对华为本身的直接影响，将华为置于受事件影响的中心位置，突出其作为主要受影响方的角色。《华尔街日报》也不忽视事件对其他相关企业的影响，这种关注反映了其对商业和经济领域重大事件影响的全面覆盖。报道中关于事件结果的内容则主要集中在事件对各方行为和态度产生的变化上，而对历史背景和先前发展的探讨较少，显示出该报倾向于关注事件的即时性和前瞻性而非深挖其历史根源。

三、《纽约时报》对华为形象报道的基本情况

《纽约时报》在对华为相关事件的报道中显示出明显的波动性，尤其在关键事件发生时，如 2018 年 12 月华为首席财务官孟晚舟被捕事件以及 2019 年 5 月美国商务部将华为列入实体名单并伴随特朗普行政命令的实施，报道数量显著增多。这种报道趋势反映了媒体对于重大国际事件的高敏感性和对时事进展的迅速反应，凸显了新闻报道在关键时刻对公众信息需求的响应机制。报道议题方面，《纽约时报》与《华尔街日报》相似，以华为为核心的报道占据了主要位置，侧重分析该事件对华为的直接影响及其在事件中的处境，表明了媒体在处理企业新闻时，对企业遭受的冲击和挑战给予特别关注。

在国际视角的构建上，《纽约时报》展示了其较《华尔街日报》更广泛的国际关注度，报道不仅聚焦于华为本身，还涵盖了事件对其他国家的影响以及国际社会的反应。这种报道策略不是局限于分析美国的具体做法，而是扩展至更广阔的中美关系层面，探讨了此事件在更大国际政治框架下的意义和影响。这表明《纽约时报》在报道时不仅关注事件本身，而是在宏观的国际关系背景中评估事件的影响力和意义，从而提供了一个全局性的视角，使读者更全面地理解事件的多维度影响。

报道态度方面，尽管《纽约时报》在多数报道中持负面立场，尤其是在描述华为在事件中的被动和挑战时，文章经常强调华为面临的困境和对其产生的负面影响。对美国的报道虽然也包含负面评价，但分析角度倾向于探讨中美关系的复杂性和两国行动背后的战略意图。在处理其他国家对华为的反应时，报道同样倾向于突出这些国家对华为的怀疑和限制措施，增强了报道对于国际政治敏感性和复杂性的揭示。这种报道风格和立场的选择，不仅塑造了公众对事件的认知，也反映了媒体在国际大事件报道中所承担的角色和责任，以及在全球化语境下处理国际新闻的策略和挑战。

在《纽约时报》的报道框架中，对华为事件的结果类话题占据了显著的比重，主要聚焦于事件引发的各方行为和态度的变化。特别是实际行动的报道，这种关注点体现了《纽约时报》对事件结果的深度关注而非仅满足于表面的态度变化。该报在主要事件的报道上采取宏观的视角，不仅关注具体事件本身，更强调这些事件在中美关系或国际影响中的作用和意义，展现了其全球视野和对重大新闻背景的深入解读能力。《纽约时报》在影响类报道中虽然侧重于华为受到的直接影响，但相比《华尔街日报》，其在处理其他相关主体的影响报道上更为均衡，不过依然保持对事件深远影响的连续追踪，这反映了其作为全球领先媒体对国际大事件持续关注的责任感和使命。

关于国际关系对企业形象的影响的调查数据统计情况，如图 6-1 所示。

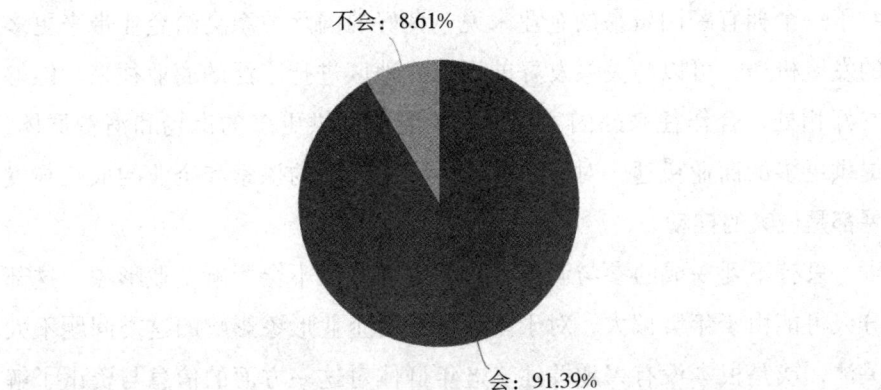

图 6-1　关于国际关系对企业形象的影响的调查情况示意图

由图 6-1 可知，有 91.39% 的参与调查者认为国际关系会对企业形象造成影响，有 8.61% 的参与调查者认为国际关系不会对企业形象造成影响。

在认为国际关系会对企业形象造成影响的九成以上的人群中，或多或少都听到过或是看到过与企业形象受到国际关系影响相关的新闻报道，或是听到身边人谈论过类似的事件。并且相关方面的新闻或资讯的数量通常很多，人们也对这方面的内容有极大的兴趣，不管各方的报道站在哪个角度，其所报道的新闻事件都是现实中所发生的。人们也主要通过媒体或是各个媒介渠道，接收到来自各方的消息。在大部分人看来，国际关系对企业的短期和长期发展都会产生某种程度上的影响，特别对于大型科技企业来说，其影响的程度会更大。

一个良好的营商环境、一个稳定的国际关系，对于一家企业，尤其是一家大型科技企业来说，是极为重要的发展因素。在一个稳定而良性发展的大环境中，大型科技企业能够获得更多便利的发展资源。良好的发展环境意味着能够获得更多国家和社会发展的红利，而社会不稳定的因素可能换来的是企业发展的不确定性，企业如果对未来发展没有了提前的预期，看不到未来发展的希望，则眼下不会进行长远的规划和投资。对于一个拥有跨国贸易的企业来说，良好的国际关系会给企业带来更多的发展机遇，可以与关系友好的国家或地区进行广泛的商业往来。能够友好相处、合作往来的国家和地区，能够提供更多的市场和消费群体，提供更多的商业机遇，对于企业的国际化之路的探索和企业的成长与发展都是极大的推动。

只有不到一成的参与调查者认为国际关系不会影响企业形象。这部分人可能由于年龄偏大，对于国际关系对企业形象影响的这类问题不太关注，或是根本没有兴趣关注。老年群体对这一方面的信息与资讯了解不多，因此，很可能认为国际关系不会对企业形象造成影响，同时，也就更不会理解国际关系到底会对企业形象造成哪些影响。当然，可能其他年龄层的人群对企业形象受国际关系影响的情况也了解不多，本身不知道两者之间有怎样的关联性。人们对这一问题了解得不全面或是不深入时，最后做出什么样的选择也都存在可能性，大多会有自己的理解。

第二节　大型科技企业媒介形象报道的内容分析

一、《华尔街日报》对华为形象报道的内容分析

在对《华尔街日报》的报道内容进行详尽的低层次框架分析中，研究主要聚焦于新闻报道的基础元素，如新闻标题、关键词及表达情感态度的字词。特别是在分析美国对华为事件的报道姿态时，可以明显观察到，新闻的选题和内容的表达集中强调美国政府的坚定立场和事件中的主导角色。这种报道方式不仅揭示了媒体对政府行为的态度表达，还凸显了媒体在表达中的直接性和尖锐性。例如，在报道美国政府对华为的限制措施时，使用了大量强调控制和优势的语言，这反映了媒体在传达政府政策时的明显倾向性。

通过对《华尔街日报》对美国影响和评价的报道进行分析，文章中所用的尖锐词汇和直接批评的语言，如分析美国金融市场的动荡和对政府政策的批评，展现了媒体在独立性和监督角色上的功能发挥。媒体报道在短时间内出现内容上的自我矛盾，如先后发布对立的报道，显示了在追求时效和响应政治需求中可能忽略了深度调查和逻辑严谨性。这种现象可能是媒体在追踪热点事件中，试图平衡新闻速度和准确性的挑战，同时也可能受到外部政治和经济压力的影响，导致报道质量和一致性的波动。

关于对华为的报道，通过系统地分析《华尔街日报》中的新闻标题和关键词使用，可以看到华为被描绘为具有挑战性和攻击性的形象，特别是在报道华为对美国政策的反应时。早期报道倾向于突出华为的负面影响和潜在威胁，而在事件进展的后期，报道逐渐转向更为中性或柔和的语调，减少了对华为的尖锐批评。关于华为面临的困境和审查，报道中频繁使用"麻烦""挫折"等词汇，连续性地强调了其在国际市场上的负面形象。这种从尖锐转向柔和的报道变化，可能反映了媒体对事件多方面信息的重新评估和对公众情绪的细致考量，以及在国际舞台上对中

国企业的持续关注和影响力评估。

二、《纽约时报》对华为形象报道的内容分析

在对《纽约时报》中关于华为相关事件的报道进行低层次框架分析时，笔者首先关注了新闻标题的构成。分析显示，在报道美国政府对华为的政策行动时，虽然新闻标题中的情感色彩不甚浓厚，但报道内容明显突出了美国政府的紧逼做法。这种选择性的报道策略在《纽约时报》中常见，通过突出特定行为，传递出美国在科技和贸易政策上的坚定立场。《纽约时报》在报道美国对华政策的影响时，明确指出了这些政策对美国民众生活的直接影响，如关税政策的放松导致的经济回暖等。报道中将这种政策解读为技术壁垒和新冷战的制造，显示了媒体对美国政府行为的批评立场，尽管这种批评采用了相对柔和的语言。

对于华为的报道，《纽约时报》在表达立场上显得较为中性和客观，尤其是在报道华为的企业行为和市场策略时。即便是这种中性立场的报道中，媒体也经常使用含有威胁性和误导性的语言来描述华为的行为，如将华为的市场行为解读为对全球通信安全的潜在威胁。这种报道策略不仅突出了华为在国际舞台上的争议性，也反映了西方媒体对中国科技企业的普遍警觉态度。在对华为的企业评价中，《纽约时报》使用了大量的不确定和选择性词语，这种隐蔽的态度表达和意见引导，使得读者对华为的真实形象和行业地位有了更为复杂的理解和解读。

在报道华为所面临的国际压力和挑战时，《纽约时报》始终强调了对华为造成的巨大创伤和困境，连贯地展示了一系列负面影响，如被迫退出某些市场、面临严峻的政治和法律审查等。这种报道不仅描绘了华为作为全球科技巨头所承受的外部压力，也突出了其在全球科技战中的孤立无援。通过这种连续性的负面报道，《纽约时报》构建了一个被国际政治和经济复杂关系所困扰的华为形象，深化了公众对这种多国政策冲突下企业所承受压力的认识和同情。

第三节　大型科技企业媒介形象报道的话语分析

一、《华尔街日报》对华为形象报道的话语分析

在《华尔街日报》对华为事件的报道中，字词的选择和运用显著体现了不同时期的报道基调和意图。在报道美国对华为的政策和行动时，报道初期使用了一系列主动性和攻击性较强的词汇，如"瞄准""拆除""摧毁"，这些词汇的使用不仅强化了美国行为的目标性，也强调了其行动的决断性和力度。这种语言上的选择反映了媒体在报道初期试图塑造一个强硬的美国形象，意在展现美国在国际舞台上对华为这类企业的零容忍态度。这些词汇的使用在视觉和感知上给读者带来了一种强烈的影响感和不可抗拒的强大感觉，这不仅塑造了美国的形象，也间接表达了华为在这种巨大压力下的困境。

随着事件的发展，对美国行为的报道中使用的词汇发生了变化，如"冲击"这一词汇的使用，相较于"摧毁"等词，其带有的攻击性和压迫感明显减少，目标性也相对模糊。这种改变在字词选择上反映了媒体在报道策略上的调整，可能是基于对事件全局的重新评估，或是对双方争议和冲突可能导致的长远影响的考虑。通过这种方式，《华尔街日报》在后期报道中更多地强调了事件的影响和后果，而非单纯突出美国的强硬行动，这种报道变化有助于营造一种更为客观和平衡的新闻氛围，减少不必要的紧张情绪。

在对华为的报道中，初期使用的"猛烈抨击""嗤之以鼻"和"攻势"等具有强烈感情色彩的词汇，突出了华为在国际舞台上面临的严峻挑战和广泛的非议。这些词汇的选择不仅加深了公众对华为处境的理解，也强化了华为作为争议焦点的形象。然而，在报道进入后期，类似内容的表达转而采用了如"指责"等相对缓和的词汇，这种变化在语言风格上从激烈转向克制，反映了媒体在处理复杂国际事件时对舆论导向的细致

调控。这不仅减少了对华为的负面影响，也在一定程度上为报道带来了更多的平衡性和多角度视野，为读者提供了一种更为理性和全面的信息解读方式。

二、《纽约时报》对华为形象报道的话语分析

在《纽约时报》对华为企业形象的报道中，字词的运用和话语选择体现了媒体对于事件双方不同的表现策略。该报对美国政府的报道中采用了相对中性和客观的语言，主要集中在描述美国的具体做法、行为以及官方态度。这种用词策略在报道中没有明显强化任何感情色彩，而是尽量保持了信息的客观传递，从而使读者能够更加清晰地看到美国在华为事件中的具体行动和政策立场。

相较于对美国的中性报道，当《纽约时报》描述华为时，使用了如"电信巨头"和"电子巨头"等带有一定前缀的形容词，这些形容词在一定程度上增强了华为在全球电信行业中的重要地位和影响力。该报采用"狼文化"这一修辞来描述华为的企业文化，这一描述不仅强调了华为企业文化的激进和竞争性，也暗示了华为的侵略性和对外扩张的动力。这种描述方式在塑造华为形象时，无疑增加了一种战略性和负面的感情色彩，使得受众可能会对华为的全球扩张和行业地位产生警觉甚至担忧。

《纽约时报》在对华为的报道中，通过连续使用具有战略性和潜在威胁意味的词汇，不断强调华为在全球市场中的侵略性和潜在的安全风险。这种报道策略与其对美国政府的中性描述形成了鲜明对比，从而在无形中加深了华为作为一个非西方企业在西方主流媒体中可能面临的形象挑战。通过这样的对比分析，可以看出《纽约时报》在处理国际大企业相关报道时，如何通过不同的语言和描述方式，来构建和调整公众对相关国际事件和企业形象的认知与感受。

第七章　大型科技企业媒介形象的构建与传播

第一节　传播内容的多元化

一、保持多元化企业的核心竞争力

企业以多元化的生产经营战略应对各种不确定的竞争环境时，应当紧紧抓住企业自身的核心竞争力，企业也只有在具有核心竞争力时，才能让企业在激烈而不确定的市场竞争中占据有利的位置，保持竞争的主动性。如果企业始终找不到自身的核心竞争力，或是不能明确自身的核心竞争力，在激烈的市场竞争中将表现得更为被动，容易导致企业生产经营陷入危机中，并对未来自身的发展失去信心，损害企业形象。

二、把握新产品与原有产品的关联性

企业在不断的发展中会逐渐拓展自身的业务范围，其包含的产品和服务的种类也会逐渐增多。企业所拓展的新业务与原有业务通常都会有

一定的关联性。一般来说，新产品是在原有产品的基础上开发出来的，因此，新产品与原有产品之间必然有着一定程度的关联。这种联系的关键之处在于，其保证了新产品保持了原有产品一定程度的产品特性与品质，受众群体能够自然地将原有产品与新产品联想到一起。进而，新发产品借助原有产品所形成的市场认可度和客户群体，能够更快地打开市场，提升其销量。

尤其对于大型科技企业来说，技术的不断进步需要不断对产品和服务进行创新，推出新的产品和服务以满足市场的需求。更加多元化的产品和服务进而会带来传播内容的多元化。但企业需要注意的是，传播内容的多元化不应让企业失去发展的方向，要紧抓产品和服务的核心内容，不断明确和强调自身的企业文化和理念。

新产品与原有产品保持一定的关联性，但并非适合任何场景。有时，企业在设计研发新产品时，需要摆脱原有产品的束缚，需要将从新的空白领域中寻找新的发展机遇，重新开辟新的产品赛道，这样的企业目标是要开创革命性的产品和服务。

三、要重新正确、准确地进行企业形象再定位

当企业走向多元化道路时，企业的业务结构会发生变化，这就要求企业重新考虑企业形象，并塑造全新的企业形象，确定企业形象的大方向和目标之后，还要对企业的商标、产品包装、建筑式样和门面装潢、产品广告等作出统一安排，强化多元化企业鲜明个性特征的企业形象。

四、要打造良好的品牌

好的品牌对企业有着重要的积极作用，对多元化企业尤甚。品牌，就是企业信用，是企业赖以生存的基础。知名品牌有助于企业塑造良好的企业形象。在打造品牌时要同时注意提升企业的知名度和美誉度。多元化企业一旦拥有良好的品牌，当其在推出其他产品和服务时，更易被消费者接受。

五、可以适当采取品牌延伸或多品牌策略

企业追求多元化能够让企业接触各种不同的领域，从不同的领域或行业中获取更多的灵感与想法。企业进行品牌延伸通常会在两种情况下进行：一是当企业产品间关联度较弱时；二是当企业业务之间关联程度较弱时。企业在进行品牌延伸时，应当注重明确产品范畴的界限，不应为了延伸品牌而进行无限制的扩张。

通常多元化企业也会选择多品牌策略，企业需要根据自身经营的特点与优势进行选择。通常来说，业务之间关联程度高时，企业选用品牌延伸策略成功的概率较高；多元化的企业新产品与原有产品间的关联程度较弱时，或是根本没有关联度时，企业选择多品牌策略成功的概率更高。

简单来说，当企业的新产品与原有产品，或是新业务与原有业务的关联度较高时，企业适宜选择品牌延伸战略。对已成功的原有产品或服务做进一步拓展，将原有产品或服务所积累的各方面的资源加以充分利用，并将其转移到新的产品或服务上，企业通过新产品或服务获得更多效益。

反过来说，当新产品或业务与原有的产品或服务关联程度较弱时，企业适宜选择多品牌战略。有时，企业原有的产品或服务已经产生不了更多的利益，或是销量处于下降阶段，此时，企业需要另开辟新的产品或服务的市场，重新构建新的用户群体和市场资源，在新的产品或服务的赛道上以期获得新的效益。

对于大型科技企业来说，不断进行各方面的创新，对于企业的长远发展至关重要，创新是大型科技企业生存发展的根本动力，也是其生命线。不管企业通过什么样的方式进行创新，都是在不断寻求新的业绩增长点。企业在保证稳定生存的基础上，通过不断的创新为企业自身寻求更多业绩增长的机会。特别对于大型科技企业来说，未来充满了不确定性，只有主动探索新的可能性，在快速发展的时代中牢牢抓住创新和发展的主动权，以更积极的心态应对各种不确定性，企业才有可能一直保持发展。

作为民族企业，在企业宣传方面应该从哪些方面着手的调查数据统计，如图 7-1 所示。

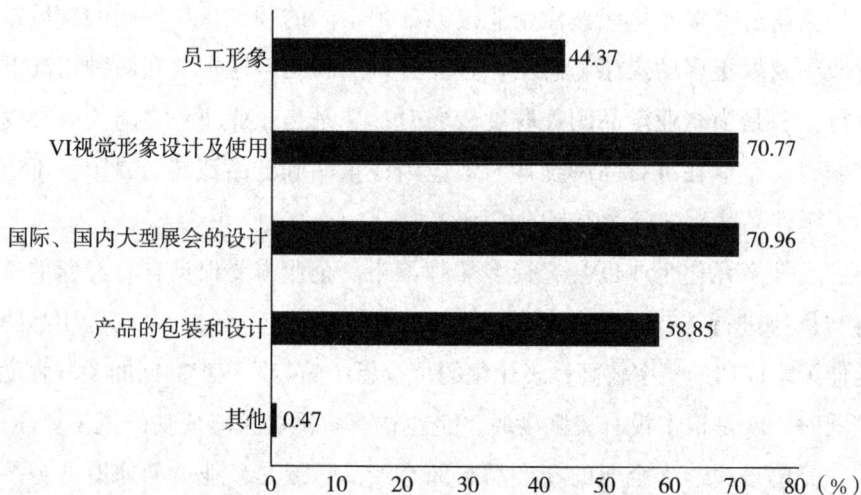

图 7-1　民族企业在企业宣传上提升维度的调查数据统计示意图

作为民族企业，在企业宣传方面应该从哪些方面着手加强，调查统计中，有 70.96% 的人选择了国际、国内大型展会的设计，有 70.77% 的人选择了 VI 视觉形象设计及使用，有 58.85% 的人选择了产品的包装和设计，有 44.37% 的人选择了员工形象，有 0.47% 的人选择了其他方面。

有七成多的人认为民族企业应当从国际、国内大型展会的设计这一方面着手加大企业宣传的力度。国际和国内大型展会的设计是一个大舞台，对于每一家大型企业，或是中小型企业来说，都是一次难得的与世界、同行、合作伙伴、目标群体等沟通交流的机会。在这个大平台上，企业能够全方位地展示自身的企业形象，展示企业的新发产品、服务、理念、文化、精神面貌等方面的内容。同行、意向合作伙伴、目标客户、潜在消费者等群体都能够以这种直观的方式对企业有一个全方位的了解与深度接触。相比于互联网、传统媒介、户外广告等一些企业形象的宣传推广方式来说，大型展会能够创造人与人面对面沟通的最有效的机会，彼此间能够更加真诚且真实地交流相互之间的感受与想法。此外，对于企业来说，无论是国际大型展会，还是国内大型展会，都能够为企业带来更加广泛的国际资讯、行业最新动态、竞争对手信息、消费者的最新需求等方面丰富的信息内容与资讯。因此，可以说，大型展会是企业学习和提升自身发展水平的平台。除此之外，大型展会也是企业检验自身产品、服务、理念、想法、创意等的一个试验场，通过与其他各方进行探讨与交流，企业能够及时得到第一手的反馈信息，同时，这种更为直接而真实的反馈，能够为企业未来的产品设计、开发、销售等各环节提供重要的参考依据。

同样有七成多的人认为民族企业应当从 VI 视觉形象设计及使用这一方面加大企业宣传的力度。VI 的基本要素设计包含企业标志、企业标准颜色、企业标准字规范等。VI 视觉形象设计能够帮助企业在企业标识、广告、造型（吉祥物）、品牌营销等方面发挥重要作用。经过 VI 视觉形象设计的企业元素和内容，能够展示企业独具特色的一面，通过线上方式让网络受众看到，或是打印出来，让线下受众感受到企业的重要信息。VI 视觉形象设计能够将企业文化、企业理念、服务内容、企业规范等抽象的概念和内容转换为具象的、清晰的记忆点，以及可识别的形象符号，从而塑造出全面的企业形象和标志。通过 VI 设计，可以有效地提升企业在行业中的辨识度，提升产品、服务的个性化呈现。通过系统化的 VI 设计整合，可以彰显企业品牌的价值，提升企业的整体形象，增加产品和品牌的附加值，有利于企业全方位的推广与宣传。

将近六成的人认为民族企业应当从产品的包装和设计方面加大企业的宣传力度。产品的包装和设计可以看作产品呈现在消费者面前的外在形象，产品能否让消费者在看到的第一眼时就能对该产品产生好感，并产生购买并使用的欲望，是产品销售成功的第一个关键性的因素。产品包装和设计中并不仅仅包含产品的相关信息，同时它还应包含企业的相关信息，让消费者在选购产品时，能够通过产品包装，深入地感知企业的文化、理念、精神面貌等内涵。产品在设计时，应当将企业文化等方面的相关信息与产品本身的信息结合在一起，让消费者既能清楚产品的基本信息，同时也能通过产品包装和设计了解更多企业的内涵与文化。因此，可以说，民族企业应当注重产品的包装与设计，在这方面下更大的功夫，以提高企业形象，有效地将企业文化传递给消费者。

44.37% 的参与调查者认为民族企业应当从员工形象方面加大企业的宣传力度。员工是企业中重要的生产经营的主体，企业中无论是日常工作，还是各级管理事项，都需要员工来实现。企业在与外界沟通时，员工形象即代表了企业的形象，员工作为企业的代言人，与客户洽谈生意，参与商业活动，参加论坛、展会等公开活动，在外界看来，员工的行为和形象就代表了企业的行为和形象。因此，从员工形象着手，也能够有效地加大企业对外宣传力度，并进而提升企业自身形象。从员工形象着手，员工首先要对企业文化、企业经营发展目标和理念等方面都充分认可，员工还要经过严格的企业内部的培训，不管是外在还是内在都应有一致化的表现。如此一来，才能在对外交流和沟通时，更完美地展现企业形象，为企业赢得尊重。

0.47% 的参与调查者认为民族企业可以从其他方面来加大企业的宣传力度。说明在加大民族企业宣传力度的措施中，除了上述的四个方面外，还有其他的方式，在进行深入研究时，可以进一步分析多个方面对加强企业宣传的作用。

第二节　传播符号的多义性

符号传播深刻地反映着社会规约，与社会生活、社会实践、历史发展紧密相连。新媒体兴起，传播主体极端多元化，很多原有社会规约被打破、被颠覆或被极化。在互联网群体传播中，传统现实社会规约下的很多符号规制、符号传播模式，都可能被改变。因为现实社会中人与人的关系与互联网群体传播中人与人的关系有很大区别，而符号终究是人与人、人与社会关系的反映。

网络语言的产生主要有两方面原因：其一，网络语言不产生于大众传播形态，而产生于互联网群体传播。网络语言唯有历经了互联网群体传播之后，大众传播才会逐渐接受。其二，网络语言具有强烈的符号性，往往是现实社会的互联网符号表达。笔者研究互联网群体传播又研究符号学，网络语言恰恰是这两个研究领域的结合点。

一、从含指项推导出的意义移植机制、借力传播模式

两个或多个符号并置到一起，拥有共同的所指时，就成了含指项。巴尔特给了含指项概念，但是功能和意义并没有说清楚。笔者认为两个符号并置在一起，它们之间一定发生了某种关系，即产生了意义的移植。广告里人们的社会判断是意识形态，香水作为一种商品，没有商品交换之前作为一种物，原本是没什么性感不性感的，而把产品代言人与香奈儿 5 号并置在一起，香水就变得具有了人的情感，就拥有了原本属于人的社会属性，意义的移植就产生了。

二、从能指的丰富性推导出的选择性传播模式

经典符号学把重心放在所指的多义性上而忽略了能指的丰富性，巴尔特提到了能指的选择性，但是还不够。尤其是对电视这种技术，以及后来更可怕的网络世界来说，能指的丰富性使得能指更具有欺骗性，更值得研究。因为这些技术制造出来的能指更具超真实性但实际上是更具有虚拟性。

三、从元语言推导出的部分传播整体的传播模式

隐喻是两个符号的含蓄意指的所指之间存在着相似；而换喻，即雅

各布森的转喻，是两个符号对应的所指事物之间存在着实质的关联和逻辑延伸，是元语言的等值转换，是人类的认知视角。元语言这个机制揭示了，部分不等于全部，但是一定可以代表全部。另一个机制是多个元语言传播产生共振现象。元语言共振可以用于很多研究，比如产品营销、企业宣传、国家形象传播等。

"同构"传播霸权式传播模式，如君臣如父子就是同构。一个能指在不同语境中往往对应多种所指。然而，意识形态总是期待能指所指的关系是唯一性的。语境在变，能指与所指关系不变，这是最大的阴谋，建构起同构。比如一些国家，不管在任何语境中，一些事件中，都宣称自己代表民主、自由、公正，这就是同构带来的传播效果。同构带来的霸权传播，是人们极为反感的话题。

强符号传播，强符号有几个特点，比如，社会使用频率高，意义具有唯一性、不变性，能指形式的独特性，传播的持久性等。强符号是人类交往中最具有传播效果的符号。

关于标志的主要设计元素的调查数据统计，如图7-2所示。

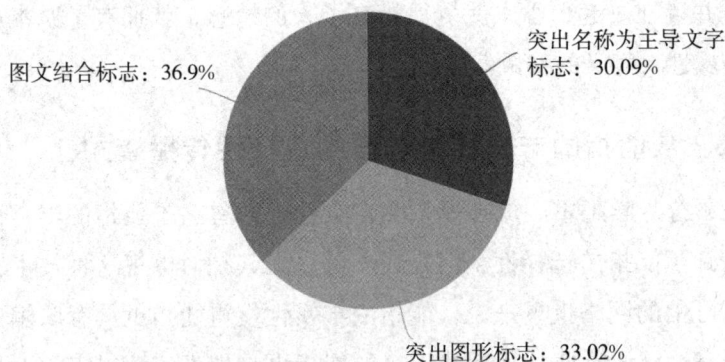

图7-2 标志的主要设计元素的调查数据统计示意图

由图7-2可知，36.9%的参与调查者认为图文结合应是标志的主要设计元素，而33.02%的参与调查者认为突出图形应是标志的主要设计元素，30.09% 的参与调查者认为突出名称为主导文字应是标志的主要设计元素。

首先，从整体上来看，三个选项所选人数的占比相差不多，人们最为关注的是图文结合的标志元素设计形式。图文相结合，受众既能容易地明白标志中文字部分所表达的内容，也能结合文字，理解图形所表达的意味，让可能不太具象的图形变得更易懂。同时，借由图形的烘托，文字的表现力也更强，图形增强了文字所传递的信息，前者也进一步巩固了文字的内容。图形与文字相结合的方式既不会让受众一头雾水，不知所云，也不会让受众理解偏颇。

其次，人们最关注突出图形的标志元素设计形式。一些大家熟知的企业标志，人们一眼看上去便知道这是哪家公司，文字部分可以相应地缩小比例，将大部分空间让给图形，发挥图形的特长与优势，通过吸引人的图形，表现企业的内涵与理念。根据标志设计需要，图形可以表现偏具象的内容，但也可表现偏抽象的内容，这一切都应根据企业标志设计的需要而定。

最后，人们认为突出名称为主导文字应为企业标志的主要设计元素。这部分人群倾向于感知文字的信息，而对图形的表达效果持保留态度，或是这部分人群不习惯欣赏图形信息，这与每个人的喜好有很大关系，这并没有一个统一的标准，只能从概率上对这种现象进行统计，通过综合各方因素，以满足各个群体的不同喜好。

在对企业标志进行设计时，图形与文字间也可以相互借鉴，文字可以向图形的方向靠拢，同样，图形也可以向文字靠拢，或是文字与图形统一于一体，形成图形文字，抑或是文字深度融入图形中，生成更具设计感的企业标志。当然，所有这些方式都需要根据企业文化、经营理念、发展方向等方面而定。设计元素和设计方式只是用来服务企业标志的呈现，以达到传递全面且有效信息的目的，而不是为了设计而设计，也不是为了追求花里胡哨而刻意为之。因此，企业在进行标志设计时，要时刻明确设计的目标,所做的全部设计的流程和工作都应围绕设计目标展开,以避免设计出的效果偏离主题。

通过这一调查数据,也能够清晰地感受到,人们对于这三种图形与文字的搭配方式的关注程度相近,因此,企业标志的设计者在进行设计前,可以将这一调查结果作为重点考虑因素,可以从这三种主要方式入手,设计三种企业标志,以满足不同人群的需求。在采用这种设计方式时,应当以一个设计主题为主,图文结合、突出图形、突出名称为主导文字,这三种方式都应当在同一种主题风格下进行设计。如果设计风格相差过大,则容易让受众理解为这是三种产品,或是三家企业,这对于统一的企业形象的构建会产生很大的影响。将主题风格进行统一的方式,可以选用同一种主题颜色,或是选用同种类型的图形,而只在基本图形的基础上进行微小调整,保留图形的主体特征。

企业在其形象宣传推广时,如果想要提升传播的针对性与有效性,可以进一步做更深入的市场调查,针对每一种方式,参与调查者的年龄段、职业、性别等特征信息的情况,在全面了解了不同人群的喜好后,可以更有针对性地推送企业标志信息。在大数据时代,对用户进行个性化信息推送变得更便利,企业宣传推广的效率也更高。

第三节　传播方式的生动化

一、充分利用大众传媒

在大众传媒广泛使用的当下,企业如若想构建起一个更为持久且良好的企业媒介形象,需要充分借助和利用大众传媒的广泛性和便利性。如今,人们逐渐熟悉了印刷媒体和电子媒体等受众常见的传播形式,这些人们所熟悉的传播形式,能够给人以更深刻的印象,能够在社会层面带来更广泛的影响力。

　　对于企业来说，在进行企业媒介形象的构建与传播的过程中，要紧紧抓住受众的最真实和最迫切的需求，同时，还要深度理解受众的生活习惯及信息浏览的习惯，以受众最喜欢的方式，为其提供最乐于接受的内容，让受众在轻松愉快的氛围中接受企业关于媒介形象宣传的信息内容。

　　企业在进行媒介形象宣传时，可能会从各个方面对媒介形象进行推广，而每一个方面都可以根据所要宣传的具体内容，选择最适宜的传播方式，有效提升企业形象传播的有效性，尽可能地扩大宣传范围和力度。每种传播方式都有其独特的优势，并非可触达的受众数量越多，其宣传推广的效果就会越好，有时企业可能花费了较多的宣传推广的成本，却不一定能收到与之相应的宣传效果。因此，最为重要的一点是，企业要选择最适宜自身媒介形象宣传与推广的传播方式，最适合的有时往往也是最有效的。

二、充分利用宣传性传媒

　　宣传性传媒是用于企业形象传播的展览、各类会议、板报专栏、影视资料、图书画册等形式。充分利用宣传性媒介，能够让企业形象通过更多渠道，从更多角度更全面地展开。

　　虽然新媒体时代，人们能够接触到更为丰富而大量的信息，能够通过各种媒体传播的方式，享受种种便利性。但一些传统的、线下的传播方式仍有其存在的意义与价值，展会、展览、板报、图书画册等形式，因其可与受众面对面接触，产生近距离的真实的观赏体验，能够给人带来无可替代的欣赏感受。因此，充分利用宣传性传媒，能够紧紧抓住这部分受众群体。这类群体懂得对事物进行深入理解与分析，更愿意花费更多心思理解与感受更深层次的信息内容。

三、精心组织公共关系活动

　　公共关系活动能够有效地发挥人际传媒作用，是建立更加稳固而长效情感关系的一种绝佳形式。在公共关系活动中，人与人之间能够通过直接面对面接触的方式进行沟通交流，其中不仅包括信息的交流与互通，还有更为重要的情感交流，人与人之间能够建立起更深层次的联系，企业媒介形象的信息能够通过活动建立起更为具体而真实的联结。

人与人之间、人与企业之间、人与信息之间关系的联结，可以是表面的联结，也可以是深层次的内在联结。而公共关系活动能够在更深的程度上建立彼此的联结。新媒体能够提供更加便捷的传播效率和广泛的传播范围，同时也不受时间和空间的限制，但相对于公共关系活动来说，具有更低的传播有效性。因此，企业可以针对特定的人群，精心组织公共关系活动，将企业文化、企业理念、企业对未来发展的规划与展望融入其中，通过这种方式，企业能够达到更为良好的宣传推广效果。

通过面对面举办活动的方式，企业更为丰富而深层次的内容和信息能够更加充分而生动地进行展现。这对于企业媒介形象的宣传与推广来说，是极为有效的方式，虽然公共关系活动所能够涉及的人群数量有限，但在有限的人群中，能够收获更佳的传播效果，并且通过定期举办的方式，也能够让公共关系活动成为一个常态化开展的沟通交流的形式。与此同时，参与过活动的人群也可以通过自身的体验，与身边人进行分享，达到口碑宣传的良好效果。但需要注意的是，企业在公共关系举办之初及举办的过程中，要对活动的策划和执行尽可能做到尽善尽美，把活动的每一个细节都充分考虑到位，保证活动举办的良好效果，同时，也是保证企业媒介形象保持良好、持久而稳定形象的重要方面。

第四节　传播效果的量化分析

随着中国媒体行业从传统三维（报纸、电视，广播）走向多维（新闻网站，手机 App、视频及短视频、微信、微博等），对传播效果的评估也从受众规模、受众组成、传播到达率、媒介流动率等几个简单的指标，扩展至受众态度和心理参与、受众与新媒体关系评估、互动模式评估、传播内容价值评估等层面。

针对这一现象，中国人民大学传播学博士修宇，以媒体与用户、社会之间的关系为研究核心，以媒体对用户的认知、态度、行为上的影响，以及用户对媒体的影响为研究对象，基于中国新媒体行业的快速发展状况以及对于传统媒体在新媒体环境下变化的深入研究，于 2018 年 9 月提出传播效果四度评价法。

传播效果四度评价法的底层理论基础是美国广告学家 E.St.Elmo Lewis 提出的 AIDMA 消费者行为学理论模型，以及后来出现的 AISAS 评估理论模型，即注意—兴趣—搜索—行动—分享（Attention-Interest-Search-Action-Share），其中两个具备互联网背景特质的 "S" ——search（搜索）和 share（分享）的出现，强调了互联网时代下受众主动行为的重要性。

移动互联网的出现创造了全新的传播与营销生态。基于用户关系网络，企业与用户可以相互联通，互动的地位也越来越重要。与这种新生态对应的消费轨迹与行为模型——SICAS（Sense-Interest&Interactive-Connect&Communicate-Action-Share）由此产生。

传播效果四度评价法的底层理论结构是由 SICAS、AIDMA 和 AISAS 三个底层理论模型构成，并加入了用户喜好度、六大媒介平台以及媒体平台影响度划分等内容。

传播效果四度评价法以媒体与用户、社会之间的关系为研究核心，以媒体对用户的认知、态度、行为的影响和用户对媒体的影响为研究对象。传播效果四度评价法将衡量传播效果的多种表征转化为传播度、影响度、友好度、互动度这四个方面的可测指标，并赋予不同的权重，形成全面系统的传播效果量化评估体系，实现评估结果的可比性。

传播效果四度评价法可以跨媒体平台对传播效果做精准定量评价，适用领域包括品牌传播、舆情管理、公共关系、口碑管理等。

一、研究方法

传播效果四度评价法按照德尔菲法（又称专家调查法）的实施要求和流程，对来自企业管理层、学术界、公关传播界的多名相关专家进行了两轮意见咨询，并对专家征询结果的相关数据进行了整理和分析。

通过层次分析法（AHP）测算各指标权重，得出传播效果四度评价法的相关指标，具体包括4个一级指标、近20个二级指标及多个三级指标。

传播效果四度评价法中涉及各评价指标的性质不同，且各指标之间相差很大，因此在测算和评估时，为了保证结果的可靠性，该方法对各项指标进行数据标准化处理，使得各指标之间可以量化对比。

传播效果四度评价法以定性和定量相结合的方法构建体系，采用德尔菲法和层次分析法为各指标进行权重分配，通过层次分析法中的层次单排序和一致性检验方法，确保各指标权重分配的合理性和有效性。

二、主要内容

传播效果四度评价法包括4个一级指标、近20个二级指标及多个三级指标。传播效果四度评价法四个一级指标如下。

（一）传播度

传播度是衡量信息扩散效率的指标。传播度反映的是传播内容对于用户的曝光度和触达率。传播效果四度评价法将新媒体所处互联网领域分解为"微博、微信、App新闻客户端、传统PC网页、内容垂直网络媒体及论坛、视频+VLOG+博客"六类新媒体平台，研究每一个平台上分别的播放或者点击数量，新媒体转载量、视频下载量，搜索引擎搜索量等。

（二）友好度

友好度是衡量受众情感倾向的指标。友好度衡量内容传播所造成的用户态度，包含了满意度和美誉度，正负向意见比例，正面评论与评论总数的比例等。友好度与传播渠道和传播方式关系并不紧密，而与传播内容紧密相关。一个策划精良、对受众友好的传播内容，更容易被受众接受并扩散，进而引发受众共鸣，所以，友好度更多指向传播内容。

（三）影响度

影响度是衡量参与信息扩散的媒体对受众影响程度的指标。影响度着重反映参与传播的媒体影响力，包含了媒体的重要等级程度、社交媒体粉丝数量、媒体账号活跃程度、潜在访客数量、论坛议题数量等，还包含了内容传播在媒体上是否显著、推荐和曝光，涉及呈现位置、内容传播持续时间等。传统媒体的影响度也在考量范围之内，研究范围包含媒体等级、覆盖人群数量、播放时段和时长、报刊刊发频率和位置等。

（四）互动度

互动度是衡量受众因信息传播而卷入程度的指标。互动度是新媒体的重要特征，媒体通过互动了解用户的想法，媒体也因为互动而产生内容的变化。研究包含了新媒体六大平台下的用户评论数、新媒体转发、点赞、收藏、打赏、分享至其他平台等。此外是否因此产生新的话题，导致二次传播也在整体考量范围之内。

三、功能

传播效果四度评价法可以跨媒体平台，对于时下的传播环境和传播效果做精准定量评价。可以实现以下功能。

（一）可量化

品牌事件、品牌或者产品、专题性活动的传播效果可量化评价。

（二）可对比

可进行品牌自身传播效果不同时期的对比，发现品牌不同阶段的传播特点。可进行品牌自身与竞争品牌或者行业整体传播水平量化对比。

（三）可考核

传播效果能够进行科学考核，帮助实现公关传播的科学决策。

（四）可选择

根据对不同媒体影响力的评价，内容传播在媒体上是否有效等多方面定量评价，品牌方可有效进行媒体选择性传播。

（五）可预判

根据品牌和产品自身传播效果四度评价法数据的积累，可以总结传播规律，进行传播效果和传播危机的预判，并可根据传播特点和品牌需要，对传播提前进行有效干预。

（六）可提升

根据传播效果四度评价法，分析不同品牌或者行业不同传播阶段中用户的关注因素、评价变化状况，便于品牌方后续对影响沟通点进行有差异的设计，并找出自身传播方法的不足，提升传播效能。

第八章 大型科技企业媒介形象管理潜能分析

第一节 公关机制

一、企业媒介形象与公共关系间的关系

企业媒介形象，是指公众通过各种媒介渠道接触到的企业信息汇总后形成的一种综合性评价。这种形象不仅是企业在生产、经营活动中表现的直观反映，也是企业文化、价值观及社会责任感等非物质属性的集中体现。企业形象的好坏直接关系到企业的市场表现和发展前景，良好的企业形象能够为企业带来更多的发展机会和市场竞争力，而负面的企业形象可能成为企业发展的阻碍。构建和维护一个正面的企业媒介形象是每个企业持续发展的重要战略任务。

公共关系作为一种战略管理工具，主要通过有效的传播活动来管理企业与公众的关系，从而赢得公众的信任和认可。企业通过公共关系活动，可以优化自身形象，增强在市场上的影响力和竞争力。公共关系通

过组织新闻发布会、CSR活动、危机公关处理等多种形式，帮助企业及时传递信息、构建良好的企业公众形象。公共关系还涉及对外部环境的监测与分析，通过收集反馈信息，帮助企业更好地了解外部环境变化，预测市场趋势，从而在竞争中抢占先机。

从宏观的视角来看，公共关系的实施不仅关注企业的内在形象塑造，更注重通过外部传播活动影响和塑造企业的社会形象。优秀的公共关系策略能够帮助企业在内部文化建设与外部形象塑造之间找到平衡，通过精准而有效的信息传播，增强企业的社会责任感和行业影响力。这种全面而深入的影响传播不仅提升了企业的公众信誉，也为企业带来了长远的市场信任和客户忠诚度，是现代企业竞争中不可或缺的战略资源。

二、公共关系在塑造企业形象中的作用

（一）使企业及时有效地了解各方消息

在企业的生存和发展的过程中，企业不可避免地会与社会公众产生各种各样的矛盾。企业需要正确且谨慎地处理与公众的关系，在解决和处理各种矛盾的时候，企业应当及时总结其中的经验。

企业在参与各种社会公共活动时，能够了解到更多信息，能够让企业与社会实践活动的接触范围更大，切实对具体活动有最真切的感受。企业在参与社会实践活动的过程中，能够更深入地建立起良好的公共关系，当企业能够处理好公众关系，其企业的自身形象也会相应地构建起来。

（二）能够系统地、明确地维护企业品牌形象

每一个面向市场的企业，都会与公众形成各种形式的关系，特别是对于大型科技企业来说，其与公众的关系更为密切。人们在日常生活之中接触更多的大型科技企业的产品，对企业的了解程度更深。因此，大

型科技企业若想进一步拓展其产品、服务和业务范围，需要走进公众视野，与公众深度沟通与交流，了解公众诉求，处理好与公众的关系，并以此构建起良好的企业形象。企业也只有明确了与公众的关系，才能更好地解决与公众之间出现的任何问题与矛盾，才能更好地维护企业的良好形象。

（三）有助于企业统筹发展战略

企业不管处于什么发展阶段，都离不开市场。没有市场，企业便没有生存发展的土壤。企业想要了解市场信息，就需要通过各种方法获取最真实的市场信息。其中，调查是其中一个较为有效的方法。企业可以通过调研，了解市场的变化与走势，了解大众对产品或服务的诉求及其心理变化。企业所能获得的信息越完整、客观、系统、真实，企业统筹发展所制定的决策就会更具实效性。

三、公关机制方面潜能分析

但是，随着企业形式的多样性增加和社会需求发展的加快，关于企业形象表现形式的细化正在基于研究目的的不同而不断细化，这也恰恰证明了企业形象塑造越来越被社会和学界关注。

关于企业在公关机制方面潜在能力的提升，可以从以下三个方面展开论述。

（一）企业形象有助于协调企业发展的外部环境，使企业赢得各行各业的合作与支持

企业的生存与发展需要一个稳定而良好的外部环境，其中不仅包括生产经营的营商环境，还包括国内国外稳定安全的大环境。尤其对于大型科技企业来说，稳定而良好的国际大环境，有助于企业更健康、更持久地发展，企业在生产经营的过程中，能够获得稳定可靠的生产资料、

生产设备、技术和人才支持等。如果外部环境不稳定，企业所面临的最大挑战可能是自身发展严重受影响，影响自身生产经营的模式，甚至关乎企业在市场的生存。

在公关机制方面，近些年，华为公司受到有关国家持续性抵制和限制，不管当事方出于何种目的，其所呈现的结果是，华为公司在关键性的产品生产和质量提升方面受到极大的冲击。虽然其中一些因素并不是华为一方所能避免和解决的，但这足以看出，国际公共关系在一家企业未来发展的进程中所起到的决定性作用。从这一方面来看，也容易得到一些启发，一家企业如果想进行长远的发展规划，长久地维持自身在国内和国外市场上的稳固地位，需要不断加强自身建设，包括人才、技术、管理、公关等方面。对于一家大型科技企业来说，保证自有技术的绝对领先地位，对企业未来的发展至关重要。

（二）企业形象决定了企业在发展过程中所会遭遇的不可抗力及其所能获得的帮助和支持

企业有良好的形象可以帮助企业更好地规避风险，同时尽可能多地获取发展的所需资源和良好机遇。在市场化不断深化的今天，企业优胜劣汰的丛林法则正在不断地证明企业形象在经营过程中的重要地位。企业形象有助于加强企业员工的凝聚力，是企业生存发展的重要保证。

对于企业而言，"硬资本"固然重要，但是作为"软资本"的企业员工在企业运营和发展过程中将对企业的发展起到无可替代的重要作用。好的企业形象意味着企业内部有一种和谐友好的氛围，员工之间相互协作、团结共进。企业员工凝聚力的增强往往会提高公司整体的运营效率，而运营效率的提高往往意味着效益的提升。

企业通过各种方式和渠道，尽最大努力所塑造的企业形象，与通过媒介传播，在受众群体眼中所呈现的企业形象之间，有可能存在着一定的差异性。或是一些出于自身利益考虑的主体，有意对一家企业的形象进行曲解，最终严重影响企业在广大受众群体中的形象，进而影响企业的长远发展。从这方面能够看出，企业在引导和管理受众对企业形象的理解和认识方面所做的工作和努力还有待于提高。企业不应只关注自身形象如何能够更多元化地传播，以及如何能更广泛地触达更多受众群体。企业应当更加关注企业形象传播和触达的有效性，关注受众群体对企业形象传播内容的及时反馈，了解受众群体的真实想法，从而引导舆论向更利于企业形象构建的方向发展。

（三）企业形象有助于提高企业的竞争能力，拓展销售领域和销售能力

对于企业而言，竞争力是企业持续发展的动力。而企业形象对该企业顾客群体的稳定性和质量起到了决定性作用。与消费者之间有效的沟通是企业发展的关键环节，消费者的选择很大程度上受企业形象的影响。因此毋庸置疑，良好的企业形象是企业竞争力不断增强的"助推器"，也是盈利能力的重要保障。

在对消费者的观察和分析方面，企业应当持续加强相关方面的工作。企业对于消费者行为和心理的分析不只流于表面，而应深入本质，探求其行为背后的真实原因。在此基础上，企业还应当对消费者未来的行为趋势作预判，预测消费者行为未来发展的变化，判断其可能发生的行为表现，提前制订预案，以更好更快地应对消费者行为的变化和调整。一方面，企业需要不断提升其产品、服务等质量标准与技术水平，根据消费者不断更新的产品和服务需求，打造能够持续满足消费者需求的产品和服务，赢得消费者的信任和认可；另一方面，企业需要在企业形象塑造上持续发力，与消费者间构建良好的沟通交流机制，时刻关注消费者心理动态和需求，对消费者行为和心理方面的变化做出相应的调整和应对措施。

第二节 用户沟通机制

企业建立持久且良好的媒介形象需要同用户进行有效的沟通，建立一个稳定而持续的沟通机制，为用户提供一个稳定的预期。而通过对华为公司相关用户行为和反馈信息进行充分调查可知，企业在用户心中形成了一定的印象，受众也更熟悉华为公司所塑造的形象，对其产品、服务、技术都有一定的了解。华为公司的产品也更受人们的喜爱，不管是产品质量、产品技术、售后服务等方面，都有优异的表现。但在性价比、美观和品位方面，华为产品还有待进一步提高与加强。虽然华为产品有着出色的销售表现，但在更深层次的产品表现方面仍有提升空间。

出现这种情况的原因，有可能是华为公司与用户的沟通的程度和层次还不足，有效性不强。需要企业建立完善而有效的用户沟通机制，保证企业与用户间能够无障碍沟通交流，企业能够及时了解用户的最新需求，并能够将一些想法和建议及时而有效地提交到企业。在此基础上，企业应当对这些宝贵反馈和信息进行细致筛选，选出对改善自身产品质量与服务有帮助的内容。而后，将这些反馈信息进行整理和归纳，选取其中迫切要解决的问题和有价值的内容。

虽然华为产品已被更多人熟知，但并未覆盖到每一个人，华为产品仍有向空白市场和空白人群发展的空间。华为产品对 60 岁以上人群的覆盖较为薄弱，如何打开这部分人群的市场，得到老年群体的认可是企业发展的着力点，与此同时，18 岁以下人群对华为产品的了解也有限，如何充分利用这部分人群是未来华为要着力做的具体事项。

第三节　传播机制

一、企业媒介形象传播的深度和广度有待加强

从整体上看，大型科技企业在媒介形象传播中具有一定的影响，大部分人处在对华为比较了解的程度和水平，一部分人属于对华为一般了解的水平，而处在十分了解的人群占比较小，不足十分之一。从这一数据中能够看出，企业在媒介形象传播时，其深度与广度不足，对于宣传推广的质量把控标准有待提高。

二、对各种传播媒介的利用率有待提高

新媒体时代，各种传播媒介可供企业选择，如何选择最适宜企业自身生存发展的方式，也会决定着企业在媒介中塑造的形象效果。企业应当充分了解和利用传播媒介的优势和作用，再结合自身现有情况，根据不同需求，选择更适宜的传播方式。无论是新媒体，还是传统媒体，都有其特有的优势和目标人群。企业在选择前，应当先对各媒体方式进行全面分析，预测其传播效果，再根据初步预测的效果有针对性地选择媒体方式，进而有效地提升传播媒介的利用率。例如，针对年轻人群体推广产品，可以选择互联网方式进行宣传，充分利用年轻群体广泛使用网络的习惯。如若针对老年群体进行产品的推广与宣传，则可考虑选择传统媒体或促销活动，利用老年群体日常获取信息的方式，提升老年群体对于促销活动更大的关注度，有效地提升企业产品宣传效率。

三、大型科技企业对自身定位准确性有待加强

大型科技企业对于自身准确的定位能够帮助企业明确生存发展的目标。通过对受众群体的调查数据统计，能够看出，人们倾向于认为华为公司是一家科技型企业，其次是一家电子企业，再次是一家通信企业，

而认为其是一家服务型企业的人数较少。从数据中能够看出，在受众心目中，华为公司具有多种形象，而这些形象是否对企业的生存发展，以及企业媒介形象的塑造产生一定的影响，有待于进一步的调查数据进行支撑。从中得到的启发是，企业需要首先明确自身的定位，明确企业发展的主要根基、发展理念、发展目标等方面。其次，企业需要明确在受众心中塑造一个什么样的企业媒介形象，这些关键性的问题将决定企业生产经营的各个方面。

对于大型科技企业来说，其对自身定位是否准确，将影响其后的长远发展，企业日常的一些工作都可能受这一因素影响。由此可见，企业管理者应当明确企业的定位，其中包括各个方面的定位，这也决定了企业发展过程中各个方面的具体内容和行为，直接关系到企业的每一名员工。

四、针对产品美观、品位和性价比方面，传播力度有待增强

企业如何通过媒介传递出想要的形象表现，一方面取决于传播过程能产生什么样的效果，另一方面取决于企业自身真实的形象。

华为产品给受众带来的直观印象是科技先进、性价比高、美观有品位，另外，还有一小部分人认为有其他印象，但这部分人所占的比例较少，可以先不考虑。从对受众的调查数据统计中能够看出，人们选择性价比高和美观有品位两个选项的人数较少。由此可以理解为，华为产品在这两个方面还需要进一步加强，即企业应当从成本上对产品进行严格把控，降低产品生产成本的同时，还要保证产品的质量与品质不降低。无论通过规模化生产的方式，还是通过技术突破，根本上降低产品的生产成本，企业都可以通过各种可利用的方式对产品进行不断优化和升级。

第四节　媒介资源与传播内容

在新媒体被广泛应用的大背景下，加之信息技术几乎全面普及的当下，媒介资源也更为丰富，与此同时，也产生了大量信息和数据。企业如何充分利用如此庞杂的资源和信息，决定着企业媒介形象传播和推广的时效性和有效性。

另外，华为公司媒介形象传播的内容维度较少，企业的一些关键的形象元素，不能充分呈现在受众面前。媒介所传播的信息与内容，不能充分呈现出企业想要传达的意愿。这一方面受限于华为对自身产品和服务的了解和认识程度，另一方面，在选定传播方式后，传播媒介能否全面、客观、完整地表现企业形象，其传播的有效性是否能够达到企业的要求。这两个方面都需要企业进行充分的分析和研究。

针对媒介资源的利用率不足和企业形象传播内容维度较少的情况，企业应当从这两个方面开展大量具体而切实的工作。在企业媒介形象宣传推广前，主要侧重于这两个方面的全面实施。与此同时，将媒介资源与传播内容两个方面进行有效的结合，充分利用媒介资源的有效性，并且提升传播内容的维度，从各个层面对企业的媒介形象进行最广泛的宣传。

第五节　媒介形象识别体系

企业媒介形象识别系统通常包含三个方面内容，即理念识别、行为识别和视觉识别。

企业在理念识别方面，应当让企业理念的相关内涵更明确化，将企业对于生产经营过程中各个方面的理念进行全面分析，根据重要程度对其进行划分，将企业理念聚焦于一个点或有限的几个点，让企业理念更加明确而有力。企业理念过于分散时，容易让消费者产生误解，同时，也不利于消费者加深对企业理念的记忆。总体来说，企业理念越精简越聚焦，则越利于企业媒介形象的推广与宣传。

企业在行为识别方面，企业员工在企业内部和外部的各种行为表现直接代表着企业形象，企业员工应根据企业理念的指引，规范和约束自身行为，无论是在企业内部日常工作中，还是在对外沟通洽谈过程中，抑或是在产品的售后服务等方面，企业员工都应时刻以企业形象和利益为出发点，兼顾消费者、客户、市场的需求。

企业在视觉识别方面，企业应当将企业理念充分融入视觉化表现上，通过商标设计、企业形象设计、企业内部环境设计、产品包装设计等，真实而全面地呈现企业理念。在这一方面，企业应当先对市场、大众、消费者等相关各方进行全面、系统的调查研究，充分了解各方最真实诉求、心理和喜好，再结合企业自身发展的特性和优势，展现企业最完整而生动的形象。

参与调查者认为市场上出现的企业标志有哪些个性化特点的调查统计，如图 8-1 所示。

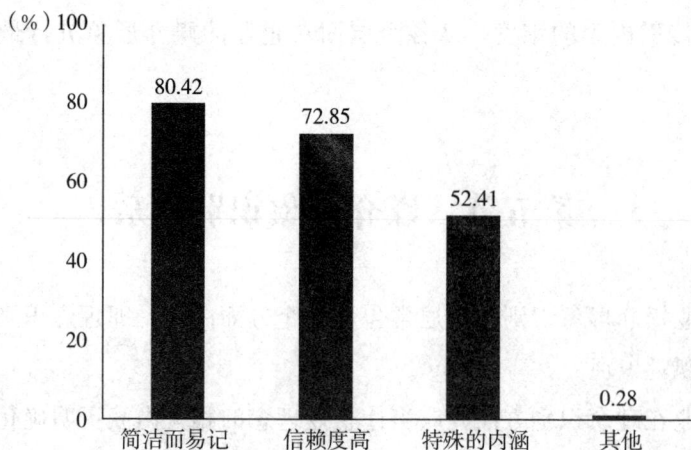

图 8-1　参与调查者对市场上出现的企业标志个性化特点的了解情况示意图

　　由图 8-1 可知，参与调查者对市场上出现的企业标志个性化特点的了解情况统计中，有 80.42% 的人选择了简洁而易记，有 72.85% 的人选择了依赖度高，有 52.41% 的人选择了特殊的内涵，还有 0.28% 的人选择了其他。

　　80.42% 的参与调查者认为市场上出现的企业标志具有简洁而易记的个性化特点。当下社会逐渐流行了一种极简风格，其中的部分原因可能是，人们的工作和生活节奏逐渐加快，人们没有更多时间耐下心欣赏和理解一家企业的标志。另外，更加简洁而易记的企业标志，有其独特的艺术美感，能够带给人以丰富和广泛的想象，受众可以赋予其更多的意义与故事。因此，企业为了迎合这种社会发展和审美的趋势，将企业标志设计得更为简洁，并且让受众更容易记忆。另外，一些企业标志设计为简洁的风格，能够给人以简洁而有力的视觉感受，企业标志将企业文化、企业精神、企业道德等一些内涵融入企业标志中，更能积蓄视觉冲击力。

　　72.85% 的参与调查者认为市场上出现的企业标志具有信赖度高的个性化特点。企业标志能够传递丰富的信息，一些企业标志能够直接给人以依赖感和亲切感。通过色彩的选取、图形构造搭配和线条的组合使用等，能够营造一种适合企业标志和企业形象推广宣传的良好效果。消费者对一家企业的信赖并不是一朝一夕产生的，而是经过长期使用企业产品或服务，与企业有着长时间的往来与接触中培养起来的。而所培养起来的信赖感，会随着时间的推移逐渐增强。因为消费者与产品接触时间长，产生了一定的感情，因此，一个具有高信赖度的企业标志，能够让消费者在购物、消费或使用时，能自然地产生一种安全感和稳定感。

　　52.41% 的参与调查者认为市场上出现的企业标志具有特殊的内涵，这也是其个性化特点的一个重要的表现。通常来说，企业标志不会随意进行设计，而是广泛征求意见，并结合企业自身的发展、企业目标、企业文化等各个方面，综合设计而出。企业标志中可能蕴含着丰富的内涵或是特殊的内涵。可以说企业标志是企业带给消费者的第一印象，这种第一印象的好坏也会长期伴随消费者。企业需要通过企业标志与消费者进行第一次重要的情感沟通与联系，需要通过企业标志将企业重要的理想与追求，对产品和消费者的态度传递给消费者。消费者能够通过企业标志，快速地感知企业想要表达的重要信息，以及消费者想要获得的企业信息。企业标志可以看作企业与消费沟通的一个重要的渠道，通过这一渠道，企业与消费者之间能够建立初步的情感联结。

0.28% 的参与调查者认为市场上出现的企业标志具有其他个性化的特点，这部分人群占比极小，在分析企业标志的个性化特点时，可以将这部分数据忽略，可仅作为参考项。

综上所述，在参与调查者看来，市场上出现的企业标志主要具有三个方面的个性化特点，即简洁而易记、信赖度高、特殊的内涵。从中能够看出，企业在设计标志时，主要围绕这三个方面进行设计。相比简洁而易记的个性特点，企业应当在信赖度高和特殊的内涵上下功夫，通过相应的设计方法，增强企业标志的信赖度，增加标志的特殊内涵。

关于参与调查者认为市场上出现的企业标志不足之处的调查数据统计情况，如图 8-2 所示。

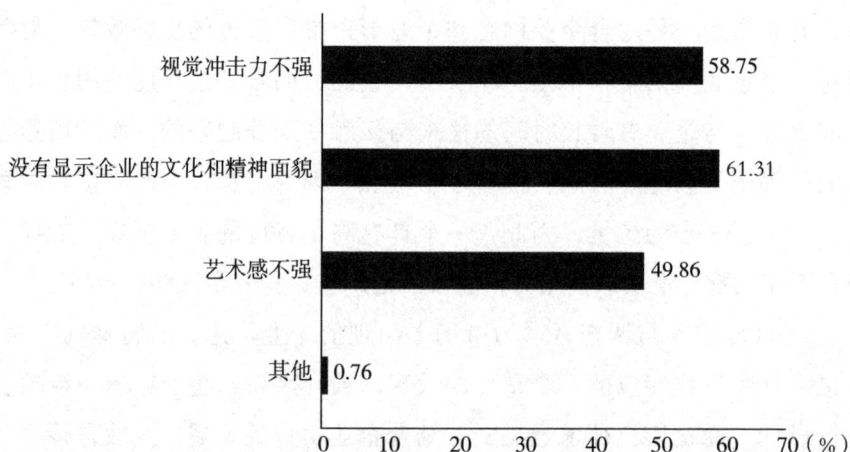

图 8-2　参与调查者认为市场上出现的企业标志不足之处调查情况示意图

由图 8-2 可知，在所有参与调查的人群中，认为市场上出现的企业标志不足之处是没有显示企业的文化和精神面貌的人占比为 61.31%，而选择视觉冲击力不强的人占比为 58.75%，选择艺术感不强的人群占比为 49.86%，选择其他方面的人占比为 0.76%。

六成以上的人群认为市场上出现的企业标志的不足之处是没有显示企业的文化和精神面貌。由此可见，参与调查的人群认为企业标志中更应当显示出企业的文化和精神面貌。在这部分人群看来，企业的文化和精神面貌是一家企业的灵魂，同时也是支撑企业得以长远发展的最大动力源。企业文化包含有多个维度的内涵，其可以在企业产品和服务中充分体现，与此同时，企业的设计、研发、生产、销售、售后服务、流程管理等各个方面，都能彰显企业文化的内涵。企业的精神面貌是由企业文化所带动的，是企业生产经营等各个方面自然展现出的一种状态。这种状态发自内心，源自最深层次的企业基因，是由企业中的每一员通过行动和思想不断积累凝聚所形成的。它离不开每一个人的付出，是企业中所有人，甚至包括社会、同行、消费者等共同营造出的状态。

有将近六成的人群认为市场上出现的企业标志的不足之处是视觉冲击力不强。企业标志在设计之初就应当吸引受众的注意力，首先企业标志要能够吸引受众足够的关注度，让其不至于初看企业标志，便没有继续欣赏的欲望。因此，企业要在标志外在呈现上多下功夫，可选取一些易吸引人的视觉元素。在此基础上，再加入更多企业自身的文化和内涵。企业标志较强的视觉冲击力能够让消费者多关注一些，这样消费者才有机会进一步了解企业的深层次的文化和精神面貌。企业增强企业标志的视觉冲击力是为了让消费者更好地了解企业更丰富的内涵信息，打开了解企业产品、服务、文化等方面的大门。

有几乎一半的人群认为市场上出现的企业标志的不足之处为艺术感不强。当今时代，人们接触到了越来越多的信息，见识了更加多元化的内容。人们在满足了最基本的物质需求之后，逐渐开始对更高层次的艺术有更强烈的需求，这就要求企业标志不仅能够传递企业的各个方面的主要信息，除此之外，还要追求独特的艺术享受。消费者希望在企业标志中感受到艺术气息，有艺术感的加持，能够扩展企业标志的表现力，增加标志表达的丰富性，拓展受众群体。艺术感也并非独立和独特的，其应当源于生活，与消费者的日常工作和生活息息相关，企业标志所要表达的艺术感不应高高在上，而应当与消费者建立起紧密的联系与亲切感。从调查数据上看，企业在企业标志的艺术感营造上还有待加强，企业标志还应当在更高的层面上进行精心的设计，融入更多切合消费者需求和实际的艺术元素。

有不到 1% 的人在认为市场上出现的企业标志的不足之处的问题上，选择了其他这一选项。这一比例占比较少，几乎可以忽略不计，但这部分人群的数据能够为以后在这方面需要进行深入研究和分析的课题提供参与。

从整体上来看，市场上出现的企业标志的不足之处，主要在三个方面：没有显示企业的文化和精神面貌、视觉冲击力不强、艺术感不强。消费者在这三个方面上更为关注，因此，也就要求企业在进行企业标志设计时，首先应当从这三个方面上下功夫，无论从外在的视觉冲击力方面，还是从内在的企业文化和精神面貌和艺术感两个方面，都应投入更大的精力与时间。让受众和消费者更能理解企业标志所传达出的企业的相关信息，同时，通过企业标志，企业能够有效地与消费者建立起稳定且长久的联结。

关于企业的标志设计应该包含哪些方面的调查情况统计，如图 8-3 所示。

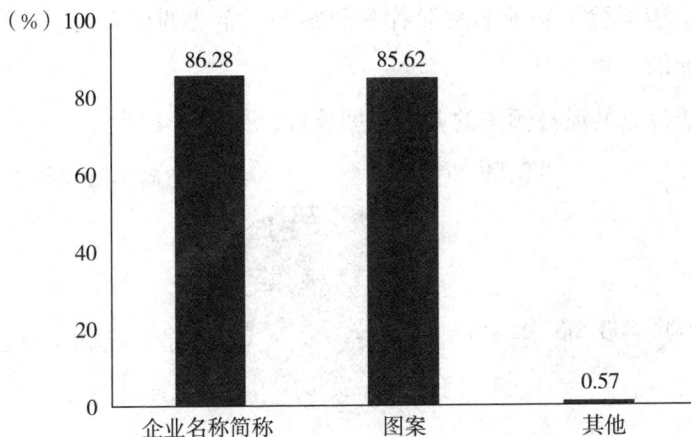

图 8-3　关于企业的标志设计所包含元素调查统计示意图

由图 8-3 可知，关于企业标志设计应该包含哪些方面的调查统计中，选择企业名称简称的比重为 86.28%，选择图案的比重为 85.62%，选择其他方面的比重为 0.57%。

将近九成的参与调查者选择了企业名称简称，表明在这部分人看来，企业名称简称是企业标志设计中最为重要的部分。而实际上，企业标志中最应当呈现的内容就是要告诉消费者这是哪家企业的标志，消费者能够通过名称简称就能知道企业名称，而后会联想到这家企业主要生产哪些产品、从事哪些业务，逐渐会对这家企业的形象更清晰。企业名称简称应当放在企业标志的哪个位置更醒目，能够更显著地呈现企业名称这一重要信息，也不会影响其他设计元素的呈现效果。

有 85% 左右的参与调查者选择了图案，认为图案是企业的标志设计应当包含的元素，图案是一种具象表达的形式，在企业的标志设计中，能够很好地表达出企业文化等多个方面的内涵。但图案也并不是能将所有信息都表达完整，图案与企业名称简称相结合，能够相互映衬，表现出企业想要表达的主要内容。

有 0.57% 的参与调查者选择了其他，认为企业的标志设计还包含其他方面。表明除了企业名称简称和图案外，企业的标志设计中还应包含其他方面的元素。

关于标志的风格倾向的调查数据统计，如图 8-4 所示。

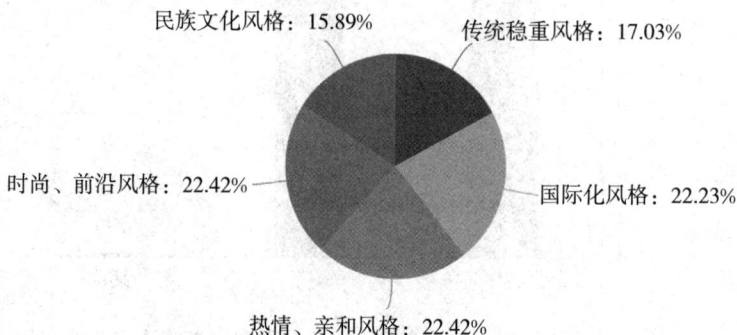

图 8-4 标志风格倾向的调查数据统计示意图

由图 8-4 可知，在标志风格倾向的调查数据统计中，时尚和前沿风格、热情和亲和风格均有 22.42% 的参与调查者选择，有 22.23% 的参与调查者选择了国际化风格，有 17.03% 的参与调查者选择了传统稳重风格，有 15.89% 的参与调查者选择了民族文化风格。

有两成多的参与调查者倾向于时尚和前沿风格的标志，这一选项是占比并列最高的一个。结合前文提到的关于参与调查者年龄的统计数据，七成以上的参与调查者的年龄处于 19—35 岁的青壮年期，这部分人群对于时尚、前沿的信息与内容有着极大的兴趣，并在日常的工作和生活中，对这方面的信息有更大的关注度，一部分人是出于工作的原因，一部分人出于对新生事物的极大兴趣，大部分人由于自己所处的年龄层，本身就对与自己性格相符的事物有更大的亲切感。

同样有两成多的参与调查者倾向于热情、亲和风格的标志，这与时尚、前沿风格的标志有着同等的占比。结合上文所述，处于 19—35 岁的青壮年人群，通常对工作和生活保有极大的热情，掌握着更多的信息，但看待事物也会采用更加亲和的方式，心智更趋于成熟。这部分人群可能会通过标志中所体现出的热情和亲和力，来充分表达自身的热情与亲和。年轻人有时会选择一些方式或渠道宣泄自己的一些情绪，有时可能通过一个图案或画面就能满足自己情绪表达的需求。另外，热情、亲和的风格通常也是大部分人倾向于选择的风格，只是由于这一调查提供了五个选项可供选择，人们在对于这一选项进行选择时，或多或少会受到不同程度的影响。人们倾向于具有积极因素和正能量的事物，本身更可能对这些积极的内容有更强烈的好感。亲和力本身就能够适应更多的受众人群，通常在进行标志设计时，会主要选用更柔和的暖色调或是偏向于热烈的色彩，赋予标志更丰富的情感。

两成多的参与调查者倾向于国际化的风格。由此，可以看出人们对于国际化的追求和喜爱。随着社会的发展和技术的不断进步，全世界的联系更加紧密，人们能够更方便地接触到全世界的信息，进而对于世界各地不同的信息，有更深入的了解，同时，在不同程度上受到各个方面信息的影响。全球文化的多元化，让人们对各个国家和地区的文化和风俗有了更多的了解。随着人们对于多元文化了解的不断深入，对国际化风格也更加偏爱。从企业长远发展的角度考虑，企业为了自身更长久且保持持续性增长，应当在企业标志的初期设计时，就考虑未来企业国际化发展的规划，将标志设计偏向于国际化风格，与此同时，也要以本土设计元素为基础，以及两者结合的方式，能够让企业标志能够长久且稳定地保持统一性。

有不到两成的参与调查者倾向于传统稳重风格的标志。结合参与调查者年龄的调查统计结果，36 岁以上的人占比有 25.73%，在这一年龄段的人群中，受自身年龄与经验等方面因素的影响，这部分群体更倾向于选择传统稳重风格的事物，因此，也更乐于看到具有传统且稳重元素的内容或信息。由此，能够看出，不同年龄段的群体，其喜爱的标志设计风格不同。当然，还有其他多种因素会影响标志风格的选取。这里只是选取一个年龄维度进行分析，其他因素的影响，也会随着分类的不同，可能会有不同的选择倾向。企业需要注意的是，在进行标志设计前，企业应当对于市场和目标人群进行尽可能详细的调查，要充分了解和掌握目标对象尽可能多的信息与内容，如此一来，才能在进行企业标志设计时更有的放矢，所设计出的标志才能发挥最大的效用。另外，还有一点可以关注，人们喜爱的风格与其个人的性格、脾气秉性有着某种程度的关联性，什么性格的人便会有什么样的喜好与需求，在其他维度和方面上也是如此。

有不到六分之一的参与调查者倾向于民族文化风格的标志。如今，随着社会和科技的不断发展，信息传递效率逐渐提高，中国优秀的民族文化也在随着科技的进步，国内外交流的深度与广度逐渐增强，民族文化也在这一潮流中得到良好的传播机遇。世界文化就是由一个个民族文化发展而来，因此，借助民族文化的独特魅力，企业在标志设计上，能够体现出明显的个性化优势。中国有着悠久的历史与文化，优秀的民族文化中有着丰富的文化基因，企业在设计标志时，可以侧重于民族文化元素的提取与使用，在传承与发扬传统文化内涵的同时，也能够丰富和提高企业标志设计的文化性、艺术性和审美性。

虽然在标志的风格这一调查数据中，五个选项都有不同数量的人选择，但每一种风格并不是独立存在的，在进行企业标志设计的过程中，可以将不同的风格融合起来，例如，既体现时尚、前沿风格，同时，也可以体现传统稳重风格。或是既体现国际化风格，同时也现出民族文化风格。需要注意的是，企业需要根据自身企业的发展情况，以及企业对自身文化的解读方式，对企业标志进行综合设计，尽可能考虑更多方面的因素。由调查数据中能够看出，参与调查者的选择也较为均衡，人们对于更加多元化的内容有越来越强烈的兴趣，人们接触的信息和内容逐渐增多，进而也就倾向于欣赏更加多元或是更加多维的信息和内容。这一维度的调查中，还有一点需要注意，人们做出选择时，可能还会受到日常所接触到的不同风格特色的企业标志的影响。由于众多企业从事着不同的业务领域，自身的企业文化、企业理念、企业长远发展目标等各个方面均不尽相同，因此，其企业标志呈现出的效果也会多元化，这些多元化的企业标志，为受众提供了一个丰富且精彩的标志素材库。人们在日常工作和生活中长时间与诸多企业标志接触，也会不同程度地受其影响，因此，参与调查者在完成这项调查时，就会从以往经验中选择自己倾向度更高的因素。进而，调查统计的结果更加多元而均衡。

　　关于企业标志色彩应倾向的色系的调查数据统计，如图 8-5 所示。

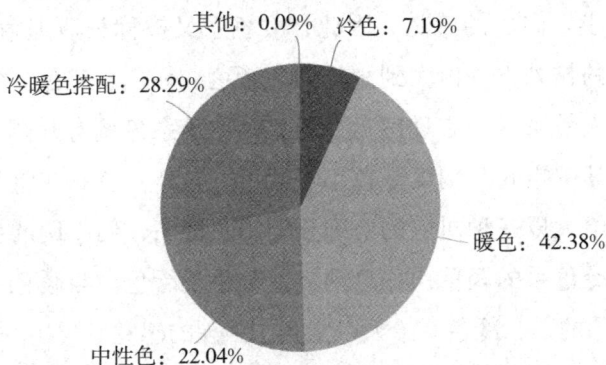

图 8-5　关于企业标志色彩应倾向的色系调查数据统计示意图

　　由图 8-5 可知，在关于企业标志色彩应倾向的色系的调查中，有42.38% 的参与调查者选择了暖色，有 28.29% 的人选择了冷暖色搭配，有 22.04% 的人选择了中性色，有 7.19% 的人选择了冷色，还有 0.09%的人选择了其他。

　　42.38% 的人认为企业标志色彩应倾向于暖色系。暖色系是由太阳、大地的颜色衍生出来的颜色，其中红色、黄色、棕色给人以温暖柔和的感觉。暖色系包括红、橙、黄、红紫、黄棕等，暖色系象征着太阳、大地、火焰。暖色系中的橙色给人温和、愉悦、活泼、兴奋的感受。红色和黄色有突出背景向前、扩大、凸起的感觉，也称为前进色或膨胀色。色彩还能给人带来重量感，黄色能给人轻的感觉，而红色和棕色给人感觉较重。富有动感、暗色而又偏暖色调的颜色具有稳重感，因此，可以说暖暗色调偏重。从这方面来看，按轻重次序对暖色系进行排列，由轻到重应为黄、橙、棕、红。

7.19% 的人认为企业标志色彩应倾向于冷色系。冷色系是由冰雪、天空的颜色衍生而出的颜色，其中，紫色、绿色、蓝色等均属于冷色系。冷色系象征着大海、天空、森林，冷色系的亮度越高，越偏向于清冷。青色、青紫色、青绿色能够给人以凉爽、安静、通透、开阔的感觉。色彩能够在大小、凹凸的维度上给人以一种心理感觉，例如，蓝色能给人以凹陷、缩小、向后的感觉，因此，冷色系又被称为后退色或收缩色。在大小感觉的排列上，由大到小排列为紫色、绿色、蓝色。色彩在空间上也能够给人带来一种心理感觉，蓝色等冷色系色调有开阔、收缩、遥远的感觉，其中空间开阔度绿色小于蓝色。另外，色彩在重量感和软硬度方面也能给人以一种对应的心理感觉，明度高，偏冷调的色彩给人以轻的感觉，冷色系的轻重次序排列，蓝色小于绿色。与暖色系柔软、柔和的感觉不同的是，冷色系给人以坚实、强硬的感觉。

22.04% 的人认为企业标志色彩应当倾向于中性色。黑、白、灰为典型的中性色。在大小的心理感觉上，黑色最小；在空间感上，白色偏向于开阔；在重量感上，由轻到重的排列次序为白色、灰色、黑色；在软硬度的心理感觉上，中性色为过渡色。

28.29% 的人认为企业标志色彩应倾向于冷暖色搭配。通常来说，冷暖色的搭配可以让企业标志的整体设计呈现更加平衡与和谐的效果。选择冷暖色搭配的人群数量仅次于选择暖色的人群，由此可以看出，人们也偏爱于这种均衡搭配的色彩配置方式。选择这种方式进行企业标志设计的公司也具有一定的数量。另外，冷色系与暖色系的色彩搭配，能够提升企业标志画面表达的丰富度，有时，也可以通过强烈的冷暖色调的对比，来营造一个独特的视觉表达效果。

在企业标志色彩应当倾向的色系的调查中，有 0.09% 的人选择了其他这一选项。这部分人所占比例较小，在进行整体分析时，可以忽略不计。但如若需要进行深入的调查与分析，可以再设置更为具体的细分选项进行调查研究，通过调查进一步了解这部分人真实的想法。

在企业标志的色彩设计中，标志上部的颜色应选用较浅颜色、较亮的色调，标志下部宜选用较深颜色、较暗的色调，以加重、加暖，整体标志就能给人以更加稳重的感觉。如若标志上部的色调搭配较深、较暗的颜色，而下部搭配较浅、较亮的颜色，很容易给人以不稳定感，头重脚轻。在冷暖色系的选择上，企业标志上部也更适于选择具有轻质感觉的冷色系，而下部则选择具有厚重感的暖色系，或是中性色系，以维持一种心理感应的平衡感与舒适感。

从这一维度的调查中可以看出，人们最偏爱于欣赏暖色系的企业标志，其中原因最可能与暖色系代表着热情、温暖、扩大、向上、积极、柔和的意味有关，人们都希望通过企业标志，或是说通过对这家企业生产的产品的使用，带给自己一种力量，一种积极向上的精神。人们也希望自己所使用的产品能够伴随着自己成长。其次，人们乐于选择冷暖色搭配的企业标志色彩的倾向，选择这一选项的人比选择冷色的人高出两成以上。其中的部分原因，可能由于人们对于暖色系的热衷，能够延伸到冷暖色系的搭配上。再加上冷暖色系的搭配能够为受众带来更多的丰富内涵，企业标志能够表达更多的信息与内涵。人们对中性色也有着一定程度的偏爱，有两成以上的人选择了这一选项，能够感受到人们对于不温不火的中间色彩的喜爱。受众中，可能存在着一部分人，不喜欢太热烈、太鲜艳的色彩，不喜欢太张扬，但与此同时，这部分人也喜欢太低沉、低调的表达，从内心深处也渴望被身边的人关注到，因此，便处在了中间的状态。进而，这部分人群对于具有中间状态的色彩也就有了更多的热爱。人们选择冷色系的比例较少，从中能够感受到冷色系所代表的安静、收缩、凉爽等不能吸引大部分人的兴趣度与关注度。

由上文所述可以看出，人们偏向于暖色系，而只有少数人对冷色系有偏爱，人们也倾向于中性色系及冷暖色系的搭配。根据调查的数据结果，企业在进行标志设计时，色彩应尽可能选择暖色系、中性色系以及冷暖色系的搭配，尽量避免冷色系的使用。当然，这只是基于本次调查的数据统计结果得出的结论。具体到实践中，企业还应当根据自身企业文化、企业精神、企业发展目标等一系列要求，来搭配企业标志的色彩，尽量考虑更多方面的因素，为企业标志的元素融入更多内涵。

第九章 大型科技企业媒介形象管理提升策略

第一节 企业形象与媒介形象相结合以建立媒体公关常态化机制

一、危机前：夯实企业实力，建构海外战略公关体系

企业的战略公关体系构建是一项综合、长远且系统的公关活动，关键在于危机前的预防和准备。战略公关从一个高度宏观的视角出发，强调通过沟通和传播手段实现组织的战略目标，着重于组织声誉的长期和全面管理。从这一视角来看，公共关系不是简单的信息传播，而是与企业战略紧密结合的、系统的管理活动。这种管理活动涉及企业战略规划的每一个方面，旨在通过建立和维护良好的企业形象，促进组织的整体发展和战略目标的实现。例如，华为公司在全球市场的发展战略中，通过长期的技术研发和市场布局，推出了"海思芯片"和"鸿蒙操作系统"，展示了其危机管理和技术自立的战略公关成效。这些成果的取得不是一

蹴而就的，而是基于长远的规划和持续的投入。

在具体的战略公关操作中，中国企业如华为在国际化进程中，通过战略公关积极管理外部声誉，准确地识别和利用所在国的社会文化和市场环境。对于如华为这样的科技企业而言，其"科技自立"的战略目标不仅是企业发展的需求，也是其公关战略中的核心内容。企业通过在关键技术和市场上的自主创新，增强了应对外部压力和市场变化的能力，这在一定程度上是对过往经验的总结和危机公关能力的一种展示。在这一过程中，企业需要根据自身特点和市场环境，构建符合自身发展的公关战略管理模型，以确保在面对潜在危机时能够有效地转危为机，甚至在危机发生之前便已采取措施阻止其发展，展现企业的危机管理能力和战略远见。这种前瞻性的战略公关活动对于企业塑造国际竞争力具有重要意义。

就企业海外公关战略体系的基本构成而言，明确目标公众显然是基础的构成，是人力资源与物力资源得到高度集中的关键条件。就中国企业而言，在海外的公关活动往往都会面临极为严峻的考验，具体表现就是必须跨越层层阻碍，由此才能让海外公关活动得以顺利进行。其间，企业要做到将有限的人力资源和物力资源有的放矢，让企业的利益关系与公众之间的联系变得更加紧密，并且运用合理的危机公关策略实现对企业海外声誉的有效修复。在这里，公众在公共关系中以客体身份存在，同时这一身份又包括"公众"和"非公众"两个概念。华为公司在不同情境、不同供应商、国内外不同目标公众所采用的危机公关策略也有着明显的差异，由此也让华为公司在处理危机事件过程中，采用的危机公关策略更加具有针对性。

在国际公关战略管理中，明确目标公众是构建有效危机公关响应的关键。对于跨国企业而言，针对性的公关行动不仅是危机管理的需求，更是日常公关策略的重要组成部分。例如，华为公司通过在日常运营中深入了解和确定其在海外市场的目标公众，使得在危机发生时能够迅速而有效地实施公关行动，针对性地解决问题。此策略不局限于危机时的应对，还涉及如何通过公关活动，将资源有效地集中于与企业利益相关的公众群体上，从而优化公关资源的分配，提升公关活动的效果。这种方法不仅增强了公众对企业的积极感知，还促进了公众与企业之间的良性互动，为企业构建了稳定的公众支持基础和积极的品牌形象。

就企业高效运营的全过程而言，公共关系活动的重要性不言而喻。众所周知，企业在发展过程中，形成一套极为全面的海外声誉管理体系，这也是一项系统工程，具有长期性的特点，而危机公关的最终效果往往也会受到企业海外声誉的影响，可见企业本身的危机史和关系史通常会直接影响企业的危机归因。企业在日常发展道路中，一切公关活动都是企业维护自身声誉和形象，并且有效应对危机的关键。在这里，企业在日常经营中全面强化自身的公关管理则应置于战略高度，要客观而又准确地制定出日常公关活动基本目标，以及声誉塑造的具体性方案。其间，该项工作不仅可以体现在公众关系的维护方面，也可以体现在企业内部的关系管理方面。针对前者而言，企业的公关活动应强调与公众之间保持良好的沟通，其目标要强调公众对企业的高度认可，并且要通过各种传播手段让企业与公众之间的沟通渠道变得多样化。华为公司在日常经营活动中，对海外经济的发展和公益事业的发展作出了巨大贡献，根据华为公司所公开的相关数据可以看出，早在 2018 年华为全球员工总数已经有 18.8 万人，他们来自全球 160 个国家和地区，海外员工本地化率约为 70%，还在全世界范围内开展了 177 个社区公益性项目，其中涉及海外救济、海外救灾、海外人才培养等多个领域。

这些贡献显然都是通过华为公司公关活动得以实现，而在公司面对危机之时，全面组织日常公关行动和进实现社会贡献最大化往往也可以成为危机公关极为重要的资源。在此期间，面向社会公众的公关管理应将有效运用传播手段，与公众之间进行紧密的沟通和交流放在首要位置。针对传播手段的应用而言，要确保其创新性的不断提升、传播渠道能够被公众充分识别、对行业的前瞻性发展有推动作用，这样才能确保与公众之间的沟通效果达到最大化。华为公司在海外发展强调以主动的姿态融入本土化，让更多的当地居民有更多就业机会，并且始终将生产的安全性和对当地经济的贡献充分记录下来。这样华为公司显然与海外公众之间实现了良好沟通。针对企业内部之间的公共管理而言，其重点应体现在对组织与员工之间的关系管理方面，让危机公关实践活动的全面开展获得理论层面指导，以达到防患于未然的目的。

危机公关策略的应用中，显然要遵循"一致"性原则，然而这一原则指的并非"一成不变"，而是要确保对危机责任的认知保持前后一致。除此之外，这一原则也并不局限于同一类危机事件，其他类型的危机事件或者在危机事件发生之前的公关策略运用中也要高度秉承这一原则。在此期间，需要做到企业始终保持公关战略管理，这样才能保证危机公关策略应用与海外战略发展相适应。华为公司在进行危机公关策略应用过程中，其策略运用的一致性显然还有进一步提升空间，虽然有的危机公关策略并不会引发企业危机，但是企业的形象也会在一定程度上受损。众所周知，最近几年华为公司在市场竞争道路中一直在打"贸易战"，作为民族品牌的代表，让公众的爱国情感得到了最大限度激发，进而形成了一种"用华为就是爱国"的舆论声音，这样不仅让企业在打赢这场"贸易战"中迅速建立了良好的企业形象，企业声誉也由此在最大限度上得到维护。但是，还有一些危机事件恰恰与之形成了鲜明的对比，如企业员工纠纷等，这些危机公关策略显然体现出华为公司在处理国内和海外危机事件过程中应用策略的不一致性，引发了国内媒体和公众的激烈争议，为企业发展造成了一定的不良影响，随之而来也会对企业形象和声誉造成负面影响。通过以上观点的论述，充分说明国内企业的海外传播应该放在战略层面，要加以高度的规划和管理，这样方可确保企业在身处危机中能够始终明确自己所肩负的责任，并且可以正确选择具有一致性的危机公关策略，进而将由于危机公关策略应用不一致所造成的负面效应降到最低，甚至能够避免。

二、危机中：加强外媒沟通，善用媒介控话语主动权

在跨国企业的危机管理中，有效的媒介运用和话语权控制是至关重要的。面对危机，企业必须及时通过各种媒介渠道对外发布信息，以正确引导公众的认知与态度，特别是在海外市场，由于文化差异和媒体环境的不同，负面报道往往可能加剧危机的影响。企业需在日常经营中就构建并维护与海外媒体的良好关系，同时利用社交媒体直接与公众对话，这样不仅可以在危机爆发时迅速反应，而且可以在第一时间进行情况说明，控制舆论走向。企业应主动掌握信息公开的权利，确保传达给公众的每一条信息都经过精确考量，避免误解和信息扭曲的可能。在危机发生时，通过预先建立的媒介关系和社交媒体平台，可以更有效地管理公众的期望和反应，减轻危机对品牌声誉的潜在伤害。跨国企业应将海外媒体关系管理视为一种战略资源，通过日常的积极互动，积累信任和支持，以备不时之需。

华为公司在激烈的国际市场竞争中打赢了一次又一次伟大"战役"，并且以及时、合理、准确、合法为原则，将组织信息积极进行披露，让海外媒体资源在危机公关中发挥出不可替代的作用。1987 年至 2019 年，华为公司董事长任正非接受正式媒体采访的次数不超过 10 次，2018 年后却频繁出现在媒体面前，接受外媒采访的次数和频率陡然增加，这正是华为公司想让媒介将自己的观点和声音传播至海外的直接说明。任正非在接受媒体采访的过程中曾经提到随着华为公司不断壮大，国际媒体有关报道通常都存在极强的负面性，公司公共关系部也在这种压力下不断将危机澄清，让公司在媒体面前始终能够保持本来的企业形象。通过这一重要举措，可以看出华为公司在身处危机环境高度重视与海外媒体之间形成密切沟通，让海外媒体的报道能够有华为自己的"声音"。另外，还有一点需要得到高度关注，即华为公司在身处危机之时通常国外媒体都有负面报道倾向，这样不仅造成一些国家出现"跟风"现象，而华为

公司所采取的公关行动并没有在海外得到全面报道。这一普遍现象的产生显然是信息不对等所造成，因此国内企业遭遇海外危机事件时应将积极与海外媒体沟通放在首要位置，日常公关活动也要始终维护好与海外媒体的关系，这样企业媒介管理在危机公关中能够发挥出重要作用。

企业在与海外媒体之间保持有效沟通，并且始终能够与之保持良好的关系无疑是一个漫长的过程，就中小企业而言，需要善于将社交媒体平台充分利用起来，这样才能确保企业身处危机之中可以通过媒体第一时间做出有效回应，并将相关信息及时发布出来。格鲁尼作为卓越公关理论的创始人，他认为企业在危机出现之前就应该做好危机公关的准备工作。具体而言，就是在危机决策工作正式开始之前，要与公众之间保持密切沟通，而这正是解决危机最为理想的方法。在这里，他还提到与公众之间的密切沟通应该是双向性的，让协商均衡作用能够从中充分体现出来，这样所传达组织信息的渠道才能真正发挥出作用，为危机决策的提出与实施打下坚实基础。华为公司在应对危机的过程中，针对社交媒体资源的应用还有待进一步提升，通过案例分析就能够充分证明这一观点。以"实体清单"为例，该危机发生之时，华为公司第一时间发布了一则危机声明，后期则是针对华为社交媒体所提出的质疑做出回应。除此之外，海外媒体平台关于该事件也引发了公众广泛关注，让公众对华为公司产生了情感变化，而这也是造成该危机长达13个月的主要原因。结合该案例，不难发现华为公司应该在危机公关中始终高度秉持"走出去"的思想，让社交媒体平台所具有的特质能够得到牢牢把握，与公众之间始终保持"双向沟通"，确保企业信息的传达具有高度时效性，进而让企业与公众之间的关系始终处于良好状态。

通过以上观点的阐述不难发现，在危机发生的第一时间，相关信息的来源必然会直接影响公众对于危机事件的看法，而海外公众针对危机事件的认知和评价往往是受到海外媒体的直接影响，其间信息源的使用程度和信息披露程度也是掌握在海外媒体手中，企业对于海外媒体的信息公开过程和公开程度并不能做到全面控制。企业在进行海外媒介管理工作中，要通过其他途径来达到这一目的，让信息使用和信息公开的主动权能够攥在自己手中，而最有效的方法莫过于运用国内社交媒体对危机事件予以第一时间回应，并在官方网站中第一时间发布危机公告和危机事件处理的切实情况。除此之外，还要通过全网线上直播等形式，让国内媒体的时效性能够超越海外媒体，这样无疑让危机事件信息使用与公开的主动权牢牢把握在企业手中。

经济学家库姆斯认为，当今的时代是全面发展的时代，企业在危机传播过程中要善于通过社交媒体平台来实现"盗雷"，也就是企业先向全世界发声，将相关信息披露给公众，这一结论已经得到研究证实。具体而言，如果危机事件信息源是由企业发出，先向公众通报企业自身所发生的危机，那么企业在危机中所受到的声誉影响通常会被弱化，所获得的负面影响也会较小。所以中国企业在经营与发展的过程中，"走出去"不仅体现在业务发展方面，更要体现在与海外媒体关系管理方面，同时还要加强对社交媒体平台的利用，这样会让企业虽处危机之中但在声誉上带来的负面影响较小，甚至可以帮助企业重新树立形象和赢得声誉。

三、危机后：尊重地域差异，运用情感因素重建价值

社会化媒体时代，公众的个人情感表达也获得更多的机会。公众在危机发生时，通过使用社交媒体平台获得情感支持，在虚拟社区交往中获得情感联系。史安斌认为，验证危机情景与公众情感表达的相关性，发现当危机情景的伤害越大，公众所表达的负面情感越强烈。而公众对危机事件的归因与公众情感之间存在相关性。中国企业在海外进行危机公关时，应当关注危机对于公众的情感影响，注重运用情感因素重建价值，而在情感因素运用过程中还应关注各国的地域差异，将情感因素运用于危机公关中。

就企业发展的可持续性而言，商业利益和社会责任是必须具备的两

个基本条件。其中，社会责任的重要性要远高于商业利益。尤其是在海外，企业寻求海外业务的可持续发展必须主动承担起社会责任，这样可以确保企业在危机发生的一刻起得到海外的高度支持。其原因在于企业在高度履行社会责任时，能够在公众面前体现出企业的责任感与担当力，这不仅让企业的海外声誉能够得到长期维持，更能让企业在发生危机时以最快的速度脱离危机，让企业始终处于可持续发展的状态之下。

华为公司在某些危机发生时就充分体现出了履行社会责任的重要意义，很多海外民众为其提供了强有力的声援，这显然是华为公司身处危难之际其他国家民众挺身而出、伸张正义的一种直接体现，也是该公司在海外积极履行社会责任的价值体现。具体而言，华为公司在海外业务发展过程中，积极为当地民众提供就业岗位，让其生活能够得到质的改变，同时还为海外民众提供人道主义帮助和人文关怀，这样不仅让华为公司与海外民众之间建立了长久而良好的组织关系，也让公司在海外的声誉得到了维护，真正成为化解危机的中坚力量。

这些都充分说明企业在海外广泛开展公益事业是全面维护和提升企业声誉的有力抓手，华为作为中国具有代表性的民族企业，也是国际公认的影响力较高的企业，在海外业务全面开展过程中，公益事业的全面开展已经做到与之同步，这不仅体现出华为公司所履行的社会责任，更能说明华为公司作为一家中国极具影响力的企业，不仅拥有一颗包容之心，更有为全世界造福之情。这不仅让华为在全世界范围内打造了良好口碑和赢得了良好声誉，更让该企业在身处危机之时能够以最短的时间脱离危机并将声誉修复，为其始终处于可持续发展姿态提供了有力保证。

在跨国经营中，中国企业面对危机公关时，须深刻理解和尊重海外文化差异，以适应不同地区的文化背景和公众心理。任正非在处理与美国媒体的沟通中，便体现出了对目标文化的敏感和尊重，这种文化敏感性是有效公关策略的关键。例如，他在表达对危机事件的看法时，巧妙地避免了与当事人直接冲突的情绪表达，而是通过调整沟通策略和语言选择，展示了企业的开放性和包容性。这种策略不仅是应对即时危机，更是在长期的海外市场运作中积极构建和谐的品牌形象。企业在危机发生时采取的行动应基于对当地文化的深刻理解，包括公众对危机归因的心理分析和情感需求的把握。通过有效的情感沟通，企业不仅能表达其对公众损失的同情和关怀，还能逐步重建受损的公众信任。企业需要不断地在国际传播和本土文化理解中寻找平衡，运用恰当的情感元素，强化与公众的情感连接，以达到危机公关的最优效果。

第二节　媒体形象与用户感知价值相结合以建立用户网络沟通机制

一、概述

国内外学者对感知价值进行了大量的分析和研究，普遍认为用户感知价值的形成是关于"获得"与"给予"之间的动态权衡，当用户感知"获得"大于"给予"时，便会形成感知价值。因此，现有研究者大多是从"利得"与"利失"这两个层面来进一步分析用户感知价值的构成要素。

越来越多的研究者发现，仅靠物美价廉的产品还不足以让企业在市场上立于不败之地，即"性价比"高的产品对用户的吸引力是有限的。更多研究发现，服务质量成为越来越多的用户或消费者在购买产品时所考虑的一大因素。

二、用户感知价值特征

用户感知价值就是用户对于所购买的产品或所享受的服务在感知上的评价，是基于感知"利得"与感知"利失"得出的。根据用户感知价值的定义及相关描述，其主要特征包含以下三个方面。

（一）主观性

感知价值是用户通过自身的主观想法做出的一种评判，因此，主观能动性是用户感知价值的一个明显特征。最显著的表现为，不同的用户对于同一产品或服务会有不同的感知价值评判标准，对相同产品或服务做出的评价结果也不尽相同。因此，用户的感知价值是用户通过主观性所感知到的价值。

用户在消费的过程中，其消费心理活动的基础以感知心理活动为主，每个人都会有不同的经历和个人特点，因此，用户的感知价值也会有差异性。

对于企业，尤其是大型科技企业来说，要根据用户不同的消费喜好对其进行细致的划分，对市场进行细分，针对不同的用户群体，为其提供更有针对性、更优质的产品或服务。

（二）层次性

层次性所强调的是用户感知价值在实现的过程中，遵循着一定的流程。根据信息处理的流程，期望价值的形成所采用的是一种"手段—目的"的方式。

在现实的实践过程中，当用户选购产品或服务时，已经知道自己想要什么样的产品或服务，用户也会事先确定所选产品或服务的目标。

用户的各个方面诸如成长经历在内的个人信息都是价值的来源，都会影响用户的感知价值。因此，企业要在产品设计和推广的过程中，考虑多个层面的因素，而不只是与产品或服务相关的信息。

（三）动态性

研究显示，用户感知价值具有明显的动态性，这种价值感受受到外部环境变化的影响，体现在时间维度和个体特征上的不同。同一用户在不同时间点对相同产品或服务的感知价值存在变动，这种差异性表明感知价值不仅与用户的个体特征有关，还与具体时间节点相关。在新媒体环境下，用户感知价值的研究尤为复杂，因为新媒体的内容和特征对用户的价值感知产生重要影响。例如，新媒体内容的不断更新和变化导致用户的感知价值同步波动，而新媒体的固有特征可能导致用户感知价值的稳定性。

从用户感知价值的结构维度考虑，可以将其细分为经济价值和社会价值两个方面，其中社会价值不仅包括了用户通过产品或服务质量与价格所得到的经济收益，还涉及由公益活动等无形资产带来的附加价值。认知价值作为一个分析框架，考虑用户的个体认知能力和需求，有助于理解用户在特定新媒体环境下如何实现感知价值。综合这些维度，新媒体用户感知价值的研究不仅可以揭示用户价值感知的动态变化，还可以指导新媒体内容和策略的优化，以更好地满足用户的多元化需求。

三、媒体形象与用户感知价值共同构建的用户网络沟通机制

用户对于产品或服务的感知并非一成不变，会随着时间的变化而发生变化，从大范围上来看，其处在动态变化之中。

当外界的各种因素发生变化时，用户对于同一产品或服务的感知也会随之发生变化。用户感知价值的主观性、层次性和动态性，三者之间有相互依存的关系，三者可能同时存在于购物或消费的行为中。

对于企业来说，如何让用户在与提供产品或服务的供应商之间保持良好的认知与形象是非常重要的，这是用户感知价值形成的首要因素。此外，用户感知价值的动态性也说明用户所形成的感知价值并非一成不变，用户对供应商所提供的产品或服务的评价会受到外界因素的影响，且当用户对供应商所提供的产品或服务第一印象不佳时，通过后续接受持续的满意度，能够扭转或改变用户对供应商所提供产品的感知价值评判。

对于企业来说，其在与用户获取、使用其产品或服务的整个接触过程中应当充分理解用户感知价值的三个特点，即主观性、层次性、动态性，尽可能提供给用户所需要的价值要素，以使自己的产品或服务能够达到甚至超过用户的目标期望，进而获得用户持续的满意度。

当媒体形象与用户感知价值进行充分结合时，大型科技企业能够站在用户角度分析自身在企业形象构建过程中的着力点，从不同角度、不同层次、动态性三个方面全面构建用户网络沟通的有效机制，让企业与用户间的沟通更加客观、理性、科学、全面、系统、合理而有效。

第三节　新媒体端企业形象传播与大型科技企业新媒体传播机制的创新

对于传统的品牌传播方式，大部分都由大型企业所掌握，并且定价较高，这些企业与传播对象少有互动，其传播方向也大多为单方面的。数字新媒体的出现对传统的品牌传播方式造成极大的冲击，并对企业整体形象及品牌传播产生极大影响。

一、新媒体背景下企业形象传播的特点

随着时代发展，技术的不断进步，每个时代企业品牌的传播方式不尽相同，特别是在数字媒体大背景下，企业形象及品牌传播的特点更加凸显。

（一）企业形象传播复杂化

新媒体凭借技术上的优势，对于企业形象和品牌的传播，更加便捷化、多元化，新媒体的出现对传统品牌传播方式产生巨大影响，对传统媒体的发展也将带来极大的生存压力。新媒体带来巨大变革的同时，还

能通过连接传播双方来达到提升互动性与参与性的目的。新媒体丰富的多样性与便捷性能够将企业形象和品牌更多的功能呈现出来。而对于传播方式单一且固化的传统媒体来说，这是一场革命性的变革。传统媒体以往对于品牌传播市场的垄断地位也将被撼动。通过新媒体方式，人们能够更加便捷地获取企业形象资讯和品牌相关信息。更为丰富的信息能够给受众提供更加多元化的选择，受众可以根据自己的喜好，对丰富的信息进行筛选，更加轻松而自由的信息获取方式能够从另一方面提升企业形象和品牌形象的传播效果。另外，传播技术的变革让企业形象和品牌形象能够传递更多的信息与内容，进而企业形象的传播能够更加复杂化，更具内涵。企业需要注意的一点是，企业形象或品牌形象的传播是否真正需要将传播的内容复杂化，如果不是必须复杂化，则应当根据企业自身发展状况，选择简洁而有力的方式传递企业形象内涵信息，让企业信息能够得到充分表达与展示。

（二）传播形式多样化

传统的品牌传播由于受到传播媒介的限制，只能依靠声音、文字、电视、视频等手段。数字新媒体则是将这几种传播方式加以糅合，制作出精美的小视频，在网上供有需要的消费者点击观看。这种传播方式改变了以往公众被动地接收信息的状态，给公众以更大的选择自由，让公众在信息化社会多一些主动权。并且由于互联网这个平台比传统的广播电视更具有开放性，互联网上的信息传播的范围更加广泛。再者，利用广场大屏幕播放广告，使用手机平台推送广告等手段将大众的碎片化时间加以有效利用也是信息传播不断发展的表现。这些多样化的信息传播方式丰富了当前人们的信息传播方式，满足了企业品牌传播推广和大众获取信息双方面的需求。

（三）用户制造品牌内容

以往，大众只能通过传统媒体所提供的传播内容了解多方面的信息，大众只能被动地接受信息，对于信息没有选择的主动权，这在某种程度上使相关企业对于传统品牌传播领域具有难以撼动的主导地位。此外，传统的传播方式只是单向地向受众传递信息与内容，即使受众有再强烈的互动意愿，也没有相应的渠道和途径。如今，新媒体为受众提供了这方面的便利条件，受众可以根据自己的感受，表达自己的想法。

在线上平台，人们可以根据自己对企业形象的感观与理解，发表对企业形象的看法和观点，或是他人进行谈论。这些内容和信息都会被线上平台收录，这些信息与内容对企业的生产经营至关重要，这是人们对企业各方面表现的一个集合和汇总。基于此，企业能够更加清楚外界对自身产品的反馈意见，能够更清楚企业自身的定位。用户通过自己对产品和服务的使用，制造出独具自身特色的内容时，这些信息与内容对于企业未来的发展以及产品和服务品质的提升来说更为重要。企业在生存发展的过程中，需要不断获取外界对自身发展及产品和服务的即时看法，通过这些反馈，企业能够制订出更有针对性的发展战略。

二、新媒体对品牌企业形象传播的影响

（一）对企业形象传播者的影响

数字新媒体时代的到来，为品牌传播带来了机遇的同时也伴随着很大的挑战。随着互联网和移动设备的普及，信息的传播渠道更为多样化，这虽然为品牌传播提供了广阔的平台，但也让目标消费者的注意力更加分散，难以通过单一渠道实现广泛覆盖。智能设备上的信息屏蔽功能让消费者能够轻易避开不感兴趣的内容，这对于企业来说，意味着难以通过传统的广告方式有效锁定目标群体。互联网的开放性也容易被竞争对

手利用，通过网络水军等不正当手段对品牌进行攻击，误导消费者，损害品牌形象。这些网络攻击及谣言的传播，因其速度快和覆盖广，给企业的品牌管理和公关工作带来了巨大的挑战，需要企业在这一多元化传播环境中寻找更有效的应对策略。

（二）对企业形象传播渠道的影响

新媒体的不断发展为企业形象传播提供了线上和线下两种传播方式，两种方式之间有着一定的互动性。企业可以将线下传播行为与线上传播方式进行有效结合，让线上传播方式丰富线下传播活动，增加传播方式的传播维度，对于企业产品和服务的传播，对于企业形象的传播，都有很大的助力。更为多元化的传播渠道能够进一步刺激受众的欣赏感官，人们对传播内容兴趣度的提升，对于企业形象的传播有极大的助力。

新媒体的传播方式能够引起人们尤其是年轻人更大的好奇心，年轻群体更乐于尝试新生事物，他们倾向于新鲜的信息刺激。此外，新媒体更多样化的传播渠道也能满足年轻群体的需求。企业形象通过各种传播渠道的传播，对其自身的企业形象传播起到极大的推动作用。

新式的传播渠道能够让受众真正参与企业形象传播的活动中，受众一旦亲自参与活动中，其对企业形象传播的行为的感知和理解也与以往有所不同。受众会因自身的参与而可能认为传播行为与自己有关联，其投入的关注程度也会更深，进而对传播的内容与信息的认可程度也会更深。

（三）对企业形象接受者的影响

数字新媒体的兴起极大地改变了品牌与消费者之间的交互方式，其开放性的网络平台为各种兴趣社区的形成提供了土壤，从而使得品牌信息的接受者从被动变为主动，更加积极地参与到品牌信息的传播和讨论中。这些网络社区通过汇聚具有相似兴趣和需求的消费者，不仅加强了消费者间的互动，还形成了具有共同价值观和消费观的群体。在这些社区中，消费者能够自由地交换意见、分享经验，形成具有影响力的消费导向。品牌必须更加注重与消费者的平等对话，尊重他们的选择和需求，以适应数字化时代消费者主动性增强的新趋势。这种互动性和群体性的增强，不仅改变了消费者的购物习惯，也重新定义了品牌与消费者之间的关系。

三、新媒体在企业形象传播中的创新

（一）整合媒体资源库

对于大型科技企业来说，企业根据自身的经营状况和未来的发展规划，对现有的媒体资源进行广泛的整合，将重要资源进行整理与汇总。企业在进行企业形象宣传推广前，企业应当对所建立起的媒体资源库进行及时的更新和发展。虽然传统的传播方式早已没了当日的市场地位，但这些传统的传播渠道仍保留着一定数量的观众，一些受众仍然保有对传统媒体的使用习惯，而新媒体通过扩展更大的受众群体，两者结合在一起，能够为企业形象的传播带来更大数量的受众群体。企业在进行自身各方面形象的宣传与推广时，不应局限于一种传播方式，而应当将现有的各种媒体传播方式进行有效整合，将各种资源进行全方位的整合，再结合企业发展所需，选择更为有效的传播方式，时刻关注传播的目的性，关注传播的效果，及时对传播行为进行调整，以更适应良好传播效果为出发点。

无论是传统传播方式，还是新媒体的传播方式，都只是企业进行形象传播的一种工具，只要能更好地达到企业传播形象信息与内容的目的，可以选择其中任意一种传播方式，或是将两种方式有效地结合起来。企业不应自我限制必须使用某一种方式进行传播，而是可以根据传播过程、传播效果进行实时调整。对于媒体资源库中的各种资源形式，企业应当选择使用其中对企业形象传播最为有效的某些资源。

对于各种能够呈现企业形象的传统媒体或是新媒体，企业都应当注重其中所呈现的企业形象的品质与质量，发现其中存在的一些问题，要及时予以调整或更新。与此同时，企业也应当重视自媒体的构建，任意呈现企业形象的媒体形式都能够为企业提供不同品质和来源的媒体资源，这对于企业未来的发展和规划，都是极为重要的数据和信息来源，企业可以通过这些数据信息来判定用户、市场、社会、媒体，甚至是竞争对手的行为和动向，进而分析其中的利弊得失，为下一步决策作总体谋划。

（二）整合消费者品牌接触点

新媒体时代的到来极大地丰富了公众获取信息的渠道，并使得公众在信息交互过程中生成的数据痕迹变得可追踪、可分析。这种变化为企业捕捉消费者偏好和行为模式提供了新的机会。传统的市场调研如问卷调查等方式，虽能一定程度上反映消费者意见，但在成本、时效和精准度上存在局限。相较之下，新媒体和大数据技术的应用，使得企业可以通过分析互联网上的用户行为数据，更加精准地把握消费者需求和市场动态。这种技术不仅降低了调研的经济成本，还增强了信息的实时更新能力，为企业提供了一个高效率、低成本且具有较高准确性的市场调研工具，有效支持企业的决策制定和策略调整。

（三）构建企业形象信息场

企业在构建企业形象前，要充分了解用户群体的需求与喜好，并对其心理要有充分的认识。企业在进行自身形象的宣传推广活动时，其目的并不是让有意向或无意向用户知悉企业想要传递的信息内容，而更深层次的用意是要在用户心中留下良好的印象，让用户能够一看到关于企业的相关信息、画面就能联想到一个健康良好的企业形象。市场和用户是对企业形象良好与否进行检验的最好主体，企业只要赢得市场和用户的广泛认可，其企业形象自然便会树立。

在新媒体的加持下，企业能够获得大量与企业形象相关的信息，并因此而形成强大的信息场，企业通过对大量信息的分析与使用，并站在用户角度思考企业形象构建的相关问题，能够更有针对性地解决出现的各种问题。从根本上来说，企业所提供的产品和服务，最终都是为了给用户提供更好的服务，以满足用户各种需求为最终目的。因此，通过所获得的大量信息以及站在用户角度思考生产经营过程中的各种问题，让大部分问题解决得更为彻底，同时也更为有效。企业有了企业形象信息场的辅助，在未来的发展过程中，能够解决企业经营过程中的大部分问题。由此，还能得到更多的启发，企业应当关注新技术新科技的引进，以更加宽容的心态拥抱时代的变化，企业应当进行广泛的尝试，以谦虚谨慎的态度面对更多的不确定性。

（四）通过多维互通增加分享

在当今信息传播的多元化时代，企业面临新旧媒体融合的复杂景象，这一时期为品牌推广带来了前所未有的机遇与挑战。随着传播方式的多样化，负责品牌推广的企业人员需密切关注信息传播途径的变化，积极利用社会热点进行品牌推广，同时强化与公众的互动。有效的互动不仅能够增强公众对企业产品的体验，还能促使他们成为品牌的自发推广者。这种自发的口碑传播往往比传统的电视或网络广告具有更持久和深远的影响。

数字新媒体环境日益成熟，企业在制定传播策略时，应全面把握媒介环境的动态变化，并从消费者的需求出发，设计与消费者兴趣紧密相关的品牌推广活动。通过为消费者提供展示和表达自己意见的平台，如社交媒体和在线论坛，企业能够更有效地与目标群体进行互动，从而深化消费者对品牌的认同感和忠诚度。这种策略不仅有助于品牌深入人心，也能增强品牌的市场竞争力。

第四节　媒介资源的整合与传播内容的丰富

在新媒体时代的发展过程中，各种媒体形式间能够进行大量的融合，媒体间的融合已不可阻挡，并且在实践中得到了强化与推动，在现实的商业活动中，得到了更多的验证。随着媒介传播方式的多元化，企业能够选择更多的渠道和形式传播企业形象，并且更为多样化的媒介形式能够传递更为丰富的内容。此外，所传递内容的信息更加饱满。

媒介资源的整合，更需要媒体间的融合，各种形式媒体间的融合都希望能够扩大媒体的影响力，需要的是尝试的融合，而不只是表面形式的简单融合，如果两家媒体融合不能达到"1+1>2"的效果，则其融合的过程没有任何意义与价值。媒体进行深度融合后，其各自的媒介资源也会进一步得到整合。各种信息只有不断扩大信息范围，才能让信息发挥更大的作用。

大型科技企业在进行媒介形象管理的过程中，最重要的管理要素就是信息，归根结底就是对各种信息的管理，信息也是大型科技企业构建企业形象的基础，与企业媒介形象构建和管理的各项工作都需要建立在大量相关信息之上。

大型科技企业一方面需要获得大量信息与资源，另一方面更要对信息和资源进行全面筛选与整合处理。最为关键的是企业如何使用已掌握的信息与资源，以及如何让媒介资源发挥最大效用。大型科技企业所要解决的一个问题是如何平衡传播内容的丰富性与有效性。传播内容丰富时，内容的有效性与针对性会相应地受到影响。企业所要做的是从大量信息中选出最为有效的信息内容，并让其发挥最大效用。

大型科技企业还需要在媒介资源的整合与传播内容的丰富性这两方面进行有效的整合，此两方面的内容和工作需要大型科技企业同时进行，另外，这也需要大型科技企业花费更大的精力和时间对所有资源和信息进行全方位的整合和处理，以有效地使用，还要结合企业未来发展的总体规划与企业当下现有的优势与能力。大型科技企业在进行这项工作时，应当尽可能考虑更多方面的内容和信息，兼顾更多方面的利益。但其中仍需要注意的一点是，考虑的方面必须是对企业形象宣传与推广有利的方面，其他方面则不需要企业过多参考，企业应将主要的精力与时间集中于目标方向，时刻明确处理信息的根本出发点，以使媒介资源经过整合后更能够集中发力，而所传播的内容更具有传播效力。

第五节　建立规范的大型科技企业媒介形象识别体系

一、企业形象识别系统的构成要素

企业形象识别系统（CIS）作为企业文化的具体表达，涵盖了理念识别（Mind Identity,MI）、行为识别（Behavior Identity, BI）和视觉识别（Visual Identity,VI）三个核心组成部分。企业文化作为现代企业管理中的重要方面，不仅反映了企业的经营理念和发展方向，而且直接影响到企业的经营战略和行为准则。CIS战略，作为企业文化的外在体现，通过塑造一致而具有吸引力的企业形象来传递企业的核心价值和理念。企业文化的成熟与深入不仅为CIS的有效实施提供了坚实基础，也确保了企业形象与市场定位的高度一致性。

从实施层面看，理念识别主要通过明确企业的核心理念和价值观念，将其融入企业的日常经营和决策过程中，确保企业各项活动反映这些基本理念。行为识别则关注企业内外的行为表现，包括员工的职业行为、企业的客户服务标准以及公共关系活动等，这些都是企业文化的实际运作和体现。视觉识别则通过视觉元素如标志、统一的色彩和字体、制服设计、产品包装等，构建企业的视觉形象，使公众能够在多种触点上识别并记住企业。通过这三个层面的有机结合和相互支持，CIS战略有效地传达了企业理念，增强了企业的品牌影响力，提升了市场竞争力。

二、企业形象识别系统的建构原则

企业形象识别系统（CIS）的构建不仅涉及人员、财务、物资等基础要素的综合运用，还关乎这些要素如何协同作用以发挥最大效能。有效的CIS应能体现出系统的灵活性和适应性，确保资源配置的合理性，从而提升企业的市场竞争力。CIS的实施还应增强员工的凝聚力和向心力，促进员工素质的自我提升和发展，以支持企业的持续成长和创新。企业应通过CIS向外界传达积极的企业形象，正确引导媒体报道和消费者认知，确保公众对企业的正面理解和支持。这些原则是企业在构建形象识别系统时必须综合考虑的关键因素。

（一）时代特征原则

大型科技企业在宣传推广企业媒介形象时，应当充分考虑时代发展的关键性因素，不同的时代，企业形象所涵盖的时代精神均不尽相同，进而企业形象所表现出的时代特征也带有鲜明的时代印记。大型科技企业所需要抓住的关键点是以企业自身经营发展哲学为核心，广泛应用信息技术、新媒体等手段，以宽广的胸怀拥抱先进技术，在此基础上，聚焦当下受众的日常工作和生活实际，将眼光放长远，紧跟时代发展的需要，让企业形象高品质、高效能地进行展示。

（二）民族特色原则

CIS虽然起源于国外，但在中国得到了很好的应用，它紧密结合我国的民族精神、良好的社会道德、优秀的传统文化、良好的社会风尚等，结合我国当前政策和国情、管理水平、经济能力，各企业的战略思想和产业特点，员工素质及消费群的承受能力等创建。因此，中国的CIS一方面体现出重构核心（共性），另一方面体现特色（个性）。

（三）科技进步原则

企业媒介形象与 CIS 的充分结合，不仅反映在企业生产经营方式和企业文化观念上，还会体现在企业内部员工整体素质上，员工会受企业形象传播效果的影响，在日常工作中注重自己的一言一行，并在各个方面的行为和言语上对自己提出更高的要求。与此同时，企业也会对自身的管理与经营方面的事务制订更高的标准。

企业科技研发方面的能力也会相应得到加强，全体员工的主观能动性也会得到全面提升。企业内部各个业务板块将得到同步提升。企业内部管理水平受到企业媒介形象的积极影响，会做出相应的调整和改善，组织形式和工作方式相应地调整能够最大限度地激发企业创新力，从而不断提升企业的劳动生产率。

（四）系统协调原则

企业识别系统要具备协调性，即强调企业内外协调、上下一致，只有这样企业活动步伐和企业形象才能一致和协调，才能更好地体现出企业良好的形象和魅力。

（五）柔性活化原则

与 CIS 系统相协调，需配以柔性及人性化的原则，作为企业形象构建的主题。对于员工来说，需要为工作付出自己最大的努力，而对于企业来说，要为员工提供更加柔性化的工作环境，在构建企业文化时，应以"人性"为本，让员工感受到企业的人文气息，对每一名员工给予足够的重视。通过这种方式，在员工心中，企业能够树立一个更为良好的企业形象，这为企业形象的宣传与推广起到极大的助力作用。在企业内部所形成的员工对企业形象的认同，能够让企业形象在形式与内容上得到统一，物质与精神得到统一，内部建设与外部环境得到统一。

三、企业形象识别系统的创建要点

（一）重视"企业形象"的评价及其在公众中的地位

企业所塑造的形象良好与否，通过企业自身来进行评判没有任何意义，CIS 设计的先进性与实用性是否能够满足企业形象宣传与传播的需要也不应由企业自身对其进行评判，而是需要经过现实的检验才能体现出其价值性和有效性。基于此，企业需要建立一个系统而完整的评价体系，通过完善的指标评价体系对企业形象发展的质量进行全面评价。公众对企业形象进行评价，能够及时为企业反馈外界信息，让企业及时调整自身经营和管理行为，以便更好地维护企业形象。

（二）"企业文化"建设

建立良好的企业文化，需采用先进的经营哲学，提升生产率和企业的凝聚力、向心力；营造良好的企业环境和团结紧密的氛围，形成企业全体员工共识的价值观和经营观念；等等。树立企业文化建设全新的经营价值观，对培养企业形象来说具有得天独厚的优势，可以作为 CIS 建构的前期工程和内核成分，加速员工意识的培养。

（三）"企业经营方式"调整创新

企业的生产经营方式需要不断地进行创新和调整，不能只依靠一种方式，刚性或柔性的生产经营方式都不适宜企业短期和长期发展。企业应当侧重于人情方面，通过人力资源管理的方式，更多地呈现企业的人文理念，并始终坚持以人性为主的生产经营方式，不断创新企业形象，通过在企业内部和外部各项工作的开展，来全面落实和优化企业的良好形象。

（四）"企业标识"的规范化管理

企业形象的系统性，公众的视听、评价等有序化管理是企业视觉规模化的重心。CIS要素管理与组合系统结构简单化，更利于系统的稳定与强壮，同时使公众与媒体宣传与识别的正导向功能最大限度地释放，减少负诱导作用，也可使民众尽量保护自己不受到伤害和侵权。

（五）重视"公益事业"

树立一个良好而健康的企业形象，只通过企业员工单方面的努力仍显不足，企业还需要借助媒体和公众的参与，共同筑起企业积极的形象。企业可以通过积极参与社会公益事业，最大限度争取社会各界，特别是媒体、公众、消费者自发地、有意识地宣传和引导。企业引导消费者导向，让其转化为企业塑造自身形象的有效途径。

（六）维护"企业信誉"

作为体现企业形象与CIS建设主体的企业员工，其表现与行为对企业有着重大影响。要使企业员工充分发挥主人翁精神，就必须通过各种奖惩机制来实现对员工表现的奖励与惩罚，从正反两个方面来激发员工对企业的向心力和敬业、创新精神。这项战略应当作为重点来抓，企业员工应积极参与，充分调动其积极性、主动性、触动性和创造性。

（七）加强公众视听、记忆"企业识别"的宣传

企业形象识别是否具有显著的效果，与企业形象在公众心中的印象有着密不可分的关系。企业形象在公众心中能够留下多少印象，与公众接受企业形象视听的频次与快慢有着直接的关系，这是由人记忆的生理本能所决定的。通常来说，公众接受企业识别的宣传是在无意识之间发生，也可以说是在被动情况下发生的。因此，企业需要考虑企业形象需

要通过哪种方式加深在公众心中的印象，这需要企业慎重对待。企业除了需要在企业形象设计方面追求独特而新颖的呈现效果，还要在商标形象设计、品牌策划、广告策划设计、产品包装设计等企业重要的形象要素方面力求创新，寻求新的突破。

第十章 结 论

一、企业形象与媒介形象结合以建立媒体公关常态化机制

大型科技企业在进行形象构建时，首要应当做好全面且系统的机制与预案，在事件或问题出现前就有充足的准备。危机来临前，企业应当首先要将自身的实力夯实，为生存和发展打下一个坚实的经济和能力基础，无论针对国内公关事项，还是国外公关事项，都应建构科学、系统、完善的战略公关体系，以应对各种突发或未发事件。

在危机事件到来时，企业应当加强与媒体的沟通，不应刻意回避关键性问题，善于运用媒体控制话语的主动权，分步骤、有计划地解决发生的事件，尽可能通过及时而有效的行为和举措，逐步解决问题。

在危机发生之后，企业应当对危机事件及时进行总结，通过情感因素重新建立企业价值和企业形象。对于在海外发生的事件，要尊重地域的差异性，通过情感和同理心，逐步缓解和解决发生的问题。

大型科技企业应当将自身形象与媒介形象进行有效结合，建立媒体公关的常态化机制，不断从事件中积累经验，并不断完善现有机制与体制，以动态化视角解决当下问题，从实际问题出发，结合企业自身现有资源和优势，将危机事件最小化，真实面对危机，找出危机的内在根源所在，从根本上对其进行处理。另外，在解决危机的过程中，还应当兼顾企业文化的对外宣传与传播，将表面上不利于企业生存发展的危机事件转化为企业对外宣传推广的平台和宝贵机遇，借力用力，让外界通过事件本身重新对企业形象进行全面认识。

二、媒体形象与用户感知价值结合以建立用户网络沟通机制

企业媒介形象的构建与企业同用户是否进行有效沟通有紧密的关联性，因此，建立一个科学、高效、深度、全方位的用户网络沟通机制是大型科技企业媒介形象构建的重要内容。企业应当将自身媒介形象与用户感知价值进行深度结合，充分理解并掌握用户感知价值，企业应当站在用户角度，利用用户思维思考所发生的问题，利用换位思维和同理心重新分析事件全过程，从中找出有效的切入点。企业可以充分利用用户感知价值的主观性、层次性、动态性三个典型特征，从这三个方面切入，找出事件的根本抓手，彻底而有效地解决相关问题。在充分了解用户的感知习惯与规律后，企业可以通过媒介的高效传播力，有针对性地引导用户感知，营造一个良好、稳定、合理的企业媒介形象。

三、通过新媒体方式建构与传播大型科技企业媒介形象

在新媒体的背景下，大型科技企业在进行媒介形象的构建和传播时，应当充分借助新媒体的技术优势和平台资源，增加企业形象传播的厚度与深度，在合理的范围内增加企业形象的内涵与层次；让企业形象传播的形式更加多元化；通过用户自身打造的企业品牌内容，企业能够不断优化和丰富品牌的内涵与价值，增强与用户的互动交流程度。

新媒体使得企业媒介形象传播的效率和有效性更高，辐射范围更大，形式更加多元化，企业能够在更多的传播形式中选择适宜自身的宣传推广方式，让企业形象传播和管理更具针对性。对于企业形象的受众来说，

更为精彩丰富的传播内容能够持续提升受众的关注度，进而可以有效地增强企业形象传播的有效性，有助于受众对企业产生良好的第一印象。

新媒体能够有效地整合媒体资源库，将优质信息与资源集中聚合，发挥更大的宣传推广势能。对企业形象信息和数据的整合，将有效信息筛选出来，排除无效信息和数据的干扰，提升宣传推广效率的同时，为企业节省了大量的时间和资金成本，能够让企业在第一时间应对突发事件，对社会和市场上的变化和调整做出及时反应，提升企业的行动能力，进而企业能够将更多的时间和精力用到企业生存发展中。通过新媒体的方式，企业能够利用大数据深入了解消费者行为，并分析出消费者行为的背后逻辑，帮助企业针对不同消费群体制订不同的企业形象宣传策略。有了新媒体的加持，企业能够构建系统且完整的企业形象和品牌的信息场，企业对于自身形象的管理也更加清晰且高效。基于此，企业更加清楚企业在媒介中的形象表现和定位，为后续企业长远规划的谋划与制订提供坚实可靠的数据支撑。新媒体为企业和消费者提供了一个便捷而丰富精彩的沟通载体，新媒体能够通过多个角度和维度对企业形象及相关企业发展信息进行全方位报道。与传统方式相比，新媒体提供了更为多元化的交流分享形式，有效地提升了用户感知程度，用户不用直接接触产品或服务，就能更深入地感知产品或服务所带来的更为真实的使用体验。

四、科学合理整合媒介资源，丰富传播内容

新媒体能够通过新技术、新手段对媒介资源进行有效整合，能够对各种与企业相关的信息与数据进行筛选。进而，企业能够及时掌握用户对企业形象的感知信息，并根据这些重要的信息与数据及时采取科学、合理的应对措施和方法，借助和利用信息的倾向性，融入企业文化、企业理念、企业精神内涵、企业长远发展规划，进而让用户深入地了解和感知企业，真实地融入企业发展的全过程。

新媒体使得所传播的内容更加丰富。在新媒体时代，信息大爆炸，大量信息出现，充斥人们的视听，加之新技术、新手段的广泛应用，此时，企业如何更好地利用信息的广泛传播，如何有效利用新媒体所带来的新的传播方式和习惯对于企业的长远发展来说尤为关键。在信息和数据不断丰富的当下，企业可以将更多精力聚焦于企业自身优势的一个点或是有限的几个点，以专注的聚焦来应对信息的广泛性，以应对信息和数据所营造的鱼龙混杂的环境。需要注意的是，企业可以针对每一专项宣传推广活动，分别聚焦，而从企业整体宣传营销活动来看，每一专项活动所聚合的整体，应当保证宣传推广的全面性和逻辑性。因此，企业应将单一性与整体性进行有效结合，进而从不同角度宣传和推广企业媒介形象，提升其有效性和实用性。

五、持续规范大型科技企业媒介形象识别体系

大型科技企业媒介形象的构建和管理需要规范的形象识别体系，并且在企业媒介形象建构的过程中要始终坚持建构原则、时代特征原则、民族特色原则、科技进步原则、系统协调原则、柔性活化原则。

首先，企业应当时刻关注时代发展的脚步和规律，及时掌握时政信息，关注社会发展的基本规律，及时了解时代发展的特性，迎合时代发展的要求，并应充分利用时代发展所创造的红利，走在时代发展的前列。其次，把握民族特色，在企业媒介形象构建过程中融入民族特色元素，以民族自信引领企业媒介形象自信，借助民族特色中宝贵的文化资源，增强并丰富企业媒介形象的内涵。再次，企业应当充分利用科技进步所带来的丰硕成果，充分结合企业现有的资源与文化，以企业文化和精神为主导，巧借新科技、新技术的手段，提升企业文化、企业精神、企业媒介形象的表现形式和内容。而后，企业应当注重企业媒介形象构建过程中的系统性与协调性，将各方资源、信息、数据等方面，进行有效衔接，让各相关方发挥最大效用。最后，企业应当对企业媒介形象进行柔

性和活化处理，以消费者更容易接受的方式宣传推广企业媒体形象。前提是企业要先对消费者的需求与喜好进行深入而全面的认识与理解，而后再针对不同消费群体，制订与之相适应的营销政策与方案，让消费者融入企业的长远发展战略中，与企业一同成长发展。

企业要创建符合自身发展的企业形象识别系统，主要可从七个方面展开。

（一）重视外界对企业媒介形象的评价，及其在公众中的地位和所发挥的作用

企业应当实时关注外界各方对自身形象的评价，包括评价内容、形式、频率、影响、效果等各方面的信息内容，并及时对这些评价进行总结与归纳，随时关心企业媒介形象在公众中的地位变化情况，对超出预期的内容和现象的信息，及时获取并采取相应有力而有效的行动。但需要注意的是，企业不应过度在意外界的评价，不应过于受一些消极评价的影响，而要站在客观、理性的角度看待所发生的问题和事件，始终保持清醒的头脑，企业决策者要始终坚持企业的理念和长远规划，站在企业发展的角度，把眼光放长远，站在更高视角思考当下所遇到的问题和挑战。

（二）建设更加稳定长久的企业文化

企业的决策者要将眼光放长远，以长期战略思维思考企业生存发展的各个问题，不应只关注眼前短暂的利益与优势。企业应当始终向着更高的目标迈进，并将这一理念与精神融入企业文化中，再通过企业文化落实到企业发展的各个方面。由于企业文化涉及企业生产经营的方方面面，因此，企业在创立之初或是发展成长的过程中，都应当即刻重新审视企业文化，对企业文化中阻碍企业发展的一些方面进行及时调整或优化。坚持长期发展思维，以更长远发展的眼光处理和解决眼下的一切问题。无论是企业的决策者，还是企业员工，都应当培养长远发展的意识，以长远思维和心态应对各种问题，并将这种意识融入日常工作的每一个流程和环节。

一个良好的企业文化一旦形成，企业内部员工将其内化为自己的精神与意识时，会大大降低企业的日常管理成本，企业内部的凝聚力将更集中。企业的各项行为和活动都会以更高效和有效的方式推进，任何问题和挑战都会迎刃而解。

（三）持续创新企业经营方式

在不断发展的社会环境中，企业要想得到更好更快的发展，不能只坚持一条成功的经营模式，而应当根据时代的发展和技术的进步速度，及时对企业的经营方式进行调整和优化，以更好地适应各种新情况、新挑战和新的不确定性，只有不变才能应对各种变化。

对企业经营方式进行持续性的创新，企业管理者和企业基层一线的员工应当随时保持学习的心态，不断更新自己的思维模式和理念，以更灵活的思维对问题进行全面而深入的思考。企业不应满足现有的成绩和结果。企业在经营方式创新方面，应当鼓励每一名企业内部员工参与其中，可以设置相应的奖励机制，并将其形成长期稳定的制度，让经营方式的创新常态化，为员工营造一个稳定的创新预期。

对于一家企业，尤其是大型科技企业来说，不只是经营方式的创新，其他各项工作的创新都是企业生存发展的关键所在，企业只有不断依靠创新，才能在激烈竞争的市场中占据有利的竞争位置，才能不断推动企业发展壮大。

（四）对企业标识进行规范化管理

企业标识是企业对外形象展示的一个重要方式，对其进行规范化管理，能够保证企业标识形象的稳定性，在消费者、市场、客户等外界各方面前塑造一个持续稳定的形象。而一个稳定的企业形象是外界对一家企业产生信任的基础。企业标识能够反映企业各个方面的重要信息，诸如企业文化、企业理念，甚至也能反映出企业长远的发展规划。因此，企业标识对于企业当下的生存发展和未来发展都发挥着重要作用。企业标识也可看作外界了解一家企业的第一印象。

企业在对标识进行规范化管理时，应当及时关注企业标识在市场上的表现，对模仿本企业标识的各种行为要及时予以制止，必要时，还应拿起法律武器，对侵权行为给予严厉打击，以维护企业良好的媒介形象，维护自身利益。

（五）积极参与社会公益活动

企业除了从事生产、经营、发展等经济活动外，还应当积极参与社会公益活动，与社会建立广泛的联系，通过公益活动，不断塑造更加正面的企业形象，以良好的企业形象促进企业更好地发展。当企业通过社会公益活动不断建立起优质且良好的社会形象时，很可能会为企业带来更多商业机遇，推动企业的业务增长。

另外，通过社会公益活动，企业员工从中能更深刻地感受企业文化的存在，让无形的企业文化、企业理念、企业精神等更加具体化，员工从公益活动中能够感受到精神的升华与提升。经常性的、定期的活动开展，同样能够促进企业内部员工间情感的交流与沟通，增进彼此间的了解和联系，提升企业凝聚力的同时，能够从更多方面为企业的长远发展提供或大或小的助力。

（六）始终维护企业信誉和信用

企业信誉和信用是一家企业生存发展的关键性要素，一家没有市场信誉和客户信用度的企业，未来将很难发展。因此，企业维护自身信誉和信用对于企业的生存发展、生产经营都是至关重要的事项。良好的企业信誉和信用，并非一蹴而就，而是需要企业不断通过日常基本的行为规范，各项事宜持续以高质量的标准落实到具体事项上，长久保持和积累所形成的。从这方面来看，企业应当时刻关注生产经营活动、言语行为，关注每一个细小环节，持之以恒。

无论是企业决策者，还是企业基层的员工，都应当对日常工作中的行为和言语负责，并以高标准要求自身行为，不断反思自己工作的亮点与不足之处。企业通过对细小环节进行严格把控，以更为严苛的标准落实各项工作，才有可能长久保持良好的信誉和信用。

（七）不断加强公众视听，通过个性化的企业识别对外进行全方位宣传推广

企业要想塑造一个良好的企业媒体形象，需要不断加强公众视听，以更加个性化的企业识别对外进行全方位的宣传推广。企业应当根据自身发展情况，利用自身优势和特长，通过媒介的宣传推广作用，突出和优化这些优势和特长，不断加强公众视听，为公众创造一个特殊的、具有记忆点的视听感受。企业可能通过各种新技术的使用，进行个性化企业识别，让企业媒介形象以更加鲜明的呈现效果，第一时间抓住公众的眼球，最大限度吸引受众的关注。

但需要注意的是，企业不应只为个性化而刻意为之，而要关注其背后的企业文化和设计理念作为支撑，同时，要自然地融入企业各方面内涵与精神。与此同时，企业还应当充分了解消费者需求和心理，分析市场需求等方面，综合各方因素，综合研究并制订营销方案，对外进行全方位宣传推广，通过对外界进行有效的引导，将企业媒介形象宣传的主动权掌握在自己手中，以获得更持续性的良好媒介形象。

参考文献

[1] 张波 .O2O 移动互联网时代的商业革命 [M]. 北京：机械工业出版社，2014.

[2] 陶海森，季远航，房俊呈，等 . 企业国际竞争战略研究——以华为公司为例 [J]. 中国市场，2022（34）：75-77.

[3] 冀雨晴 . 华为公司企业发展战略实施研究分析 [J]. 商场现代化，2022（12）：11-13.

[4] 宋歌 . 新环境下华为企业营销渠道策略研究 [J]. 商展经济，2022（6）：60-62.

[5] 仇雪 . 品牌标识视角下华为企业文化发展研究 [J]. 现代商贸工业，2022，43（3）：38-40.

[6] 邹欣，牛向洁 . 新闻驯化：美国媒体关于"华为事件"的议程网络研究 [J]. 传媒观察，2021（9）：33-38.

[7] 葛君，范晶晶 . 互联网背景下品牌营销策略研究——以华为为例 [J]. 现代商业，2020（5）：39-41.

[8] 杨晶晶，焦振铎 . 基于形象修复理论的华为危机公关话语修辞分析——以美国打压华为系列事件为例 [J]. 新闻研究导刊，2019，10（19）：23-24，78.

[9] 黄盈佳，程卓婷，范博文，等.中美经贸摩擦背景下华为与国家形象的媒介建构——以《中国日报》和《纽约时报》为例 [J]. 对外传播，2019（9）：49-52.

[10] 周伊诺."一带一路"战略背景下国际市场营销跨文化障碍及营销策略——以中国华为技术有限公司为例 [J]. 商业经济，2019（6）：101-102.

[11] 崔颖，王玲.浅析华为技术有限公司的国际化战略 [J]. 全球科技经济瞭望，2019，34（5）：24-32.

[12] 田洁，翟志芳.高科技创新型企业品牌价值提升研究——以华为成功入围全球百强品牌为例 [J]. 科学管理研究，2015，33（5）：82-85.

[13] 刘丹.视觉语法视域下竖屏微电影广告的多模态隐喻构建——以华为广告《悟空》为例 [J]. 华侨大学学报（哲学社会科学版），2020（1）：154-160.

[14] 张克旭.中西方主流媒体的国际议题话语权竞争——基于"华为危机事件"的实证分析 [J]. 新闻大学，2019（12）：50-66，120-121.

[15] 杨慧荣.融媒体视阈下提升主流媒体舆论引导力策略探析——以"美国制裁华为事件"为例 [J]. 视听，2019（9）：171-173.

[16] 庄学敏.基于华为的战略转型分析 [J]. 科研管理，2017，38（2）：144-152.

[17] 舒咏平."信息邂逅"与"搜索满足"——广告传播模式的嬗变与实践自觉 [J]. 新闻大学，2011（2）：80.

[18] 张金海，段淳林.整合品牌传播的理论和实务解析 [J]. 黑龙江社会科学，2008（5）：102.

[19] 周建波，邢哲，曹艳爱.基于过度信息市场环境的品牌传播战略 [J]. 商讯.商业经济文荟，2010（6）：96-97.

[20] 熊澄宇.整合传媒：新媒体进行时 [J]. 国际新闻界，2012（7）：7-11.

[21] 檀辉霞.浅析市场营销观念的演变和发展新趋势 [J]. 经济师，2011（4）：272-273.

[22] 杜浩月，李玲，郭立甫.中国跨国公司的国际化经营与战略分析——以华为公司为例 [J].中国商论，2022（24）：50-52.

[23] 王宗水，赵红，刘霞，等.社会化媒体环境下的品牌传播及品牌形象差异——基于华为与海尔的比较研究 [J].中国管理科学，2022，30（6）：178-187.

[24] 李静.中美有关华为新闻报道的介入资源分析 [J].湘南学院学报，2022，43（1）：93-99.

[25] 仇雪.品牌标识视角下华为企业文化发展研究 [J].现代商贸工业，2022，43（3）：38-40.

[26] 颜珍妮.认知隐喻下华为企业形象的建构分析 [J].武夷学院学报，2021，40（10）：51-55.

[27] 朱雍华，朱雷.评价理论视野下英美政治新闻人际功能探略——以《华盛顿邮报》和《卫报》的华为事件报道为例 [J].衡水学院学报，2021，23（5）：83-88.

[28] 席运江，邓雨珊，廖晓，等.基于互动行为的企业微博传播效果评价与分析 [J].现代情报，2021，41（5）：149-158.

[29] 李晴，赵凯娇.5G 时代背景下华为手机品牌营销策略分析 [J].中小企业管理与科技（中旬刊），2021（1）：136-137.

[30] 陈闽璐，柏涛.融媒体时代短视频广告的变革与创新——以华为竖屏宣传片《悟空》为例 [J].传媒，2020（5）：68-69.

[31] 刘启孟.安全化理论视域下的华为事件 [D].北京：外交学院，2022.

[32] 白净.华为手机在泰国市场的经营策略研究 [D].哈尔滨：黑龙江大学，2022.

[33] 李家梁.舆论冲突议题下网络群体的话语表达与情感演化 [D].广州：暨南大学，2021.

[34] 严冉.华为品牌故事化传播研究 [D].石家庄：河北师范大学，2021.

[35] 王一妃."华为"手机国际化经营中的双品牌战略研究 [D].天津：天津商业大学，2021.

[36] 何雪菲.批评话语分析视角下的华为5G新闻[D].上海:上海外国语大学,2021.

[37] 徐奕琳.基于语料库的华为企业身份建构话语历史研究[D].广州:广东外语外贸大学,2021.

[38] 程尹.华为在拉美媒体中的企业形象与企业公共外交[D].北京:国际关系学院,2021.

[39] 伍丽颖.英美媒体关于华为公司的媒介网络议程设置研究[D].南充:西华师范大学,2021.

[40] 张蕾."一带一路"背景下华为公司在俄罗斯媒体中的企业形象研究[D].呼和浩特:内蒙古大学,2020.

[41] 张南捷.俄罗斯媒体华为议题报道的内容分析[D].北京:北京外国语大学,2020.

[42] 程晔彤.《纽约时报》和《人民日报》对华为事件的报道框架研究[D].广州:暨南大学,2020.

[43] 万爽.华为公司品牌国际化影响因素研究[D].长春:吉林大学,2020.

[44] 金铭.境外媒体报道中国企业的消息来源卷入度研究[D].广州:广东外语外贸大学,2020.

[45] 卢敏思.中美贸易战背景下华为危机公关策略研究[D].广州:广东外语外贸大学,2020.

[46] 郭阳.《泰晤士报》华为品牌报道框架研究[D].兰州:兰州大学,2020.

[47] 于鹏飞.华为手机品牌国际化战略研究[D].西安:西北大学,2019.

[48] 徐烨.华为手机在欧洲市场的营销战略研究[D].兰州:兰州财经大学,2019.

[49] 杨珊.科技型企业品牌战略管理研究[D].重庆:重庆理工大学,2019.

[50] 刘羽.华为品牌国际传播中的自媒体研究[D].广州:华南理工大学,2018.

[51] 彭可.华为公司品牌国际化战略研究[D].南昌:江西财经大学,2018.

[52] 徐美琼 . 华为终端产品在欧洲市场的品牌传播策略研究 [D]. 兰州：兰州大学，2018.

[53] 吴令 . 华为企业品牌国际传播策略研究 [D]. 重庆：四川外国语大学，2018.

[54] 丁伟 . 华为手机中国市场营销渠道策略研究 [D]. 北京：北京交通大学，2015.

[55] 廖娅妮 . 华为公司市场营销战略研究 [D]. 成都：西南交通大学，2014.

[56] 鲍立泉 . 数字传播技术发展与媒介融合演进 [D]. 武汉：华中科技大学，2010.

[57] 李蓉 . 品牌传播的媒介整合方法研究 [D]. 长沙：湖南大学，2012.

附　录

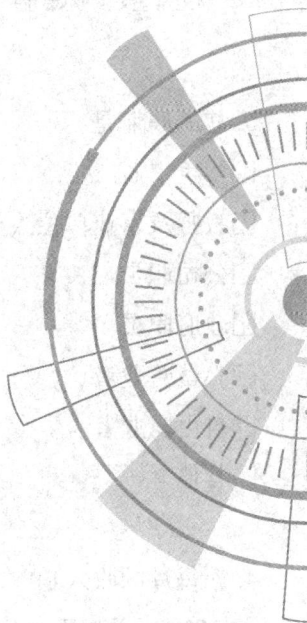

科技企业媒介形象调查问卷

您好！我们是工商管理专业的博士生，我们现在正在做一份关于科技企业形象的调查问卷，希望您能在百忙之中抽空真实地填写这份问卷，在此向您的积极参与表示衷心的感谢！

一、基本信息（单选）

1. 您的性别是？

□男

□女

2. 您的年龄？

□ 18 岁以下

□ 19—35 岁

□ 36—59 岁

□ 60 岁及以上

3. 您的职业是?

☐学生

☐教师及事业单位人员

☐公司职员

☐政府职员

☐私营营业者

☐自由职业者

☐其他

4. 您每月的收入是?

☐ 2000 元及以下

☐ 2001—5000 元

☐ 5001—8000 元

☐ 8000 元以上

二、关于华为

5. 您对华为的了解程度是? (单选)

☐十分了解

☐比较了解

☐一般了解

☐不太了解

☐不了解

6. 您是通过什么渠道了解到华为的? (多选)

☐传统媒体(广播、电视、报纸)

☐互联网

☐促销活动

□他人介绍
□其他

7. 您觉得华为是一家什么样的企业？（多选）
□科技企业
□电子企业
□通信企业
□服务企业

8. 华为标识给您的第一感觉是什么？（多选）
□新颖独特
□简约大方
□单调乏味
□时尚创新

9. 您对华为公司的总体印象如何？（单选）
□非常好
□好的
□较好
□较差
□差的
□非常差

10. 您购买或使用过华为产品吗？（单选）
□购买过（使用过）
□没有

11. 您身边有人使用华为产品吗？他们主要是在什么年龄段？（单选）

☐没有

☐有，20 岁以下

☐有，20—30 岁

☐有，30—40 岁

☐有，40 岁以上

12. 您对华为产品，最直观的印象是什么？（多选）

☐美观有品位

☐科技先进

☐性价比高

☐其他

13. 您觉得华为公司的产品哪些地方会吸引您去购买？（多选）

☐有新意

☐实用性强

☐质量好

☐售后服务好

☐性价比高

☐其他

14. 您认为影响华为产品销售的主要因素是什么？（多选）

☐广告宣传

☐产品质量

☐企业文化

☐服务态度

☐其他

15. 您觉得华为公司领导者的领导能力怎么样？（单选）

□非常强

□较强

□还行

□较弱

□非常弱

16. 您觉得华为公司的售后服务怎么样？（单选）

□很好

□好

□不好

□非常不好

17. 您认为华为的 5G 技术在世界上处于什么地位？（单选）

□行业领先地位

□行业模仿地位

18. 您认为华为公司在同行竞争中脱颖而出的原因是？（多选）

□营销策略

□企业文化

□产品本身设计功能

□口碑力量

□其他

19. 您觉得华为公司在推广企业形象方面力度如何？（单选）

□完全没推广

□力度不足

□一般水平

□推广力度明显

20.您会推荐给您的亲戚朋友购买华为公司产品吗？（单选）

□会

□不会

三、有关企业形象

21.目前企业形象的传播途径是什么？（多选）

□广播、电视、报纸、杂志

□互联网

□户外广告

□促销活动

□国内和国际的大型展会

□口碑宣传

□其他

22.你认为市场上出现的企业标志有哪些个性化特点？（多选）

□简洁而易记

□信赖度高

□特殊的内涵

□其他

23.你认为市场上出现的企业标志有哪些不足之处？（多选）

□视觉冲击力不强

□没有显示企业的文化和精神面貌

□艺术感不强

□其他

24. 作为民族企业在企业宣传方面，应该在哪几方面加强？（多选）

□员工形象

□ VI 视觉形象设计及使用

□国际、国内大型展会的设计

□产品的包装和设计

□其他

25. 您认为企业的标志设计应该包含哪几方面？（多选）

□企业名称简称

□图案

□其他

26. 您认为企业的品牌形象，能对企业的发展起到什么关键性作用？（多选）

□统一品牌形象

□企业规范化、标准化

□提高企业的综合竞争能力

□增强企业员工的凝聚力

27. 您认为标志的设计元素以哪一个为主？（单选）

□突出名称为主导文字标志

□突出图形标志

□图文结合标志

28. 您更倾向于什么风格的标志？（单选）

□传统稳重风格

□国际化风格

☐热情、亲和风格

☐时尚、前沿风格

☐民族文化风格

29. 您认为企业标志色彩应倾向于什么色系？（单选）

☐冷色

☐暖色

☐中性色

☐冷暖色搭配

☐其他

30. 您认为国际关系会影响企业形象吗？

☐会

☐不会